Crime 1877–1879

Luiz Gama

OBRAS COMPLETAS   volume 7

edição brasileira© Hedra 2023
organização© Bruno Rodrigues de Lima

edição Jorge Sallum
coedição Suzana Salama
assistência editorial Paulo Henrique Pompermaier
revisão Luiza Simões Pacheco
capa Lucas Kroeff

ISBN 978-85-7715-733-4

conselho editorial Adriano Scatolin,
Antonio Valverde,
Caio Gagliardi,
Jorge Sallum,
Ricardo Valle,
Tales Ab'Saber,
Tâmis Parron

Dados Internacionais de Catalogação na Publicação (CIP)
(Câmara Brasileira do Livro, SP, Brasil)

Gama, Luiz, 1830-1882

Crime 1877-1879 / Luiz Gama; organização, introdução, estabelecimento de texto, comentários e notas Bruno Rodrigues de Lima. 1. ed. São Paulo, SP: Editora Hedra, 2023. (Obras completas; volume 7). Bibliografia.

ISBN 978-85-7715-733-4

1. Abolicionistas – Brasil 2. Crimes (Direito penal) 3. Escravidão 4. Falsificação 5. Homicídio I. Lima, Bruno Rodrigues de. II. Título. III. Série.

23-164687	CDU: 343.232

Elaborado por Tábata Alves da Silva (CRB-8/9253)

Índices para catálogo sistemático:
1. Crimes: Direito penal 343.232

Grafia atualizada segundo o Acordo Ortográfico da Língua Portuguesa de 1990, em vigor no Brasil desde 2009.

Direitos reservados em língua
portuguesa somente para o Brasil

EDITORA HEDRA LTDA.
Av. São Luís, 187, Piso 3, Loja 8 (Galeria Metrópole)
01046–912 São Paulo SP Brasil
Telefone/Fax +55 11 3097 8304
editora@hedra.com.br

www.hedra.com.br
Foi feito o depósito legal.

Crime 1877–1879

Luiz Gama

Bruno Rodrigues de Lima
(*Organização, introdução, estabelecimento de texto, comentários e notas*)

1ª Edição

São Paulo 2023

Crime é o sétimo volume das *Obras Completas* de Luiz Gama. Os textos aqui recolhidos foram divididos em oito partes. A primeira contém três artigos acerca da importância da identificação dos limites de uma jurisdição, discussão teórica cuja implicação é a defesa concreta de escravizados. A seguir, em "A injúria", Gama debate, em três textos, questões de natureza jurídico-criminal e defende a imprensa como fórum de salvaguarda de direitos — tema que retorna na histórica defesa a seu cliente Justiniano Silva em "O abuso da liberdade de opinião e de imprensa", da terceira parte. A abusiva batida policial ao estúdio de fotografia de Victor Telles, seguida de sua prisão e de mais cinco artistas, é o assunto de "A falsificação de moeda". Em "O roubo", quinta parte, o leitor acompanha a exaustiva investigação empreendida por Luiz Gama para a defesa do tesoureiro da alfândega de Santos, acusado do roubo milionário de 185 mil contos de réis do cofre da instituição. Nesta parte, encontra-se "O misterioso roubo da alfândega de Santos", o mais longo texto já escrito por Gama, em que se destaca não apenas seu já conhecido talento no direito, mas sobretudo sua personalidade detetivesca, encarnada no gosto sherloquiano pelo enigma a desvendar. "O homicídio" contém seis textos em que Gama discute na imprensa casos que tratavam do crime de homicídio ou tentativa de homicídio. Em "Ladrão que rouba ladrão", Gama trata da demanda de liberdade de uma escravizada, mediante o pagamento de alta quantia. Finalmente, na oitava parte, o leitor encontra cartas de Gama escritas nesse período.

Luiz Gonzaga Pinto da Gama nasceu livre em Salvador da Bahia no dia 21 de junho de 1830 e morreu na cidade de São Paulo, como herói da liberdade, em 24 de agosto de 1882. Filho de Luiza Mahin, africana livre, e de um fidalgo baiano cujo nome nunca revelou, Gama foi escravizado pelo próprio pai, na ausência da mãe, e vendido para o sul do país no dia 10 de novembro de 1840. Dos dez aos dezoito anos de idade, Gama viveu escravizado em São Paulo e, após conseguir provas de sua liberdade, fugiu do cativeiro e assentou praça como soldado (1848). Depois de seis anos de serviço militar (1854), Gama tornou-se escrivão de polícia e, em 1859, publicou suas *Primeiras trovas burlescas*, livro de poesias escrito sob o pseudônimo Getulino, que marcaria o seu ingresso na história da literatura brasileira. Desde o período em que era funcionário público, Gama redigiu, fundou e contribuiu com veículos de imprensa, tornando-se um dos principais jornalistas de seu tempo. Mas foi como advogado, posição que conquistou em dezembro de 1869, que escreveu a sua obra magna, a luta contra a escravidão por dentro do direito, que resultou no feito assombroso — sem precedentes no abolicionismo mundial — de conferir a liberdade para aproximadamente 750 pessoas através das lutas nos tribunais.

Bruno Rodrigues de Lima é advogado e historiador do direito, graduado em Direito pela Universidade do Estado da Bahia (uneb-Cabula), mestre em Direito, Estado e Constituição pela Universidade de Brasília (unb) e doutor em História do Direito pela Universidade de Frankfurt, Alemanha, com tese sobre a obra jurídica de Luiz Gama. Em 2022, ganhou o Prêmio Walter Kolb de melhor tese de doutorado da Universidade de Frankfurt. Atualmente, é pesquisador de pós-doutorado no Instituto Max Planck de História do Direito e Teoria do Direito. Pela edufba, publicou o livro *Lama & Sangue – Bahia 1926* (2018).

VOLUMES

1. Poesia, 1854–1865
2. Profecia, 1862–1865
3. Comédia, 1866–1867
4. Democracia, 1866–1869
5. Direito, 1870–1875
6. Sátira, 1875–1876
7. Crime, 1877–1879
8. Liberdade, 1880–1882
9. Justiça, 1850–1882
10. Polícia, 1850–1882
11. África-Brasil, 1850–1882

Sumário

Apresentação das Obras Completas, *por Bruno Rodrigues de Lima* 11
Introdução, *por Bruno Rodrigues de Lima* 17
Lista de abreviaturas 59

I	A JURISDIÇÃO.	.61
» 1	Jurisprudência da incerteza	63
» 2	O escravo pode escolher o juiz que o julgará	73
» 3	Sobre alforrias testamentárias	87
II	A INJÚRIA.	.103
» 1	Desagravo a um juiz	105
» 2	O tribunal deixou a injúria correr solta	109
» 3	O que é, afinal, a injúria?	113
III	O ABUSO DA LIBERDADE DE OPINIÃO E DE IMPRENSA.	.119
» 1	Quem se defende não ofende	121
IV	A FALSIFICAÇÃO DE MOEDA.	.145
» 1	A falsificação da lei	147
» 2	Pingos nos is	153
V	O ROUBO.	.155
» 1	O que fundamenta a ordem de prisão do tesoureiro da alfândega?	157
» 2	Destrinchando a ilegalidade da ordem de prisão	161
» 3	Crítica à manutenção da prisão ilegal	171
» 4	Os desembargadores confirmam a injustiça	175

» 5	O fio de Ariadne	179
» 6	Só faltam os desembargadores negarem a existência do réu	185
» 7	O misterioso roubo da alfândega de Santos	189
» 8	Meu mestre é Marcellino	269
» 9	... Com ferro será ferido	275
» 10	A um passo de desvendar o mistério	277
» 11	A outra ponta do fio de Ariadne	279
» 12	Mistério não tem remendo	293

VI	O HOMICÍDIO.	297
» 1	Visão eleitoral	299
» 2	O crime não tem cara	301
» 3	A imprensa liberal e o juiz violento	303
» 4	Certidão negativa	307
» 5	Outra "prova" que virou fumaça	309
» 6	Antes da lição de direito, a verdade dos fatos	311

VII	LADRÃO QUE ROUBA LADRÃO.	315
» 1	Que lhe sirva a carapuça	319
» 2	Conheço o seu passado	323

VIII	CARTAS AO MISTER JOSÉ BONIFÁCIO E A OUTROS MISTERS.	325
» 1	Tenho pressa	327
» 2	Mensagem cifrada	329
» 3	Amanhã na congregação	331
» 4	A reforma pela revolução	333
» 5	Aos homens da medicina	341
» 6	Vive la France!	343
» 7	Virtudes de um homem de bem	347
» 8	Testemunho de gratidão	349
» 9	Desagravos	351
» 10	O antigo soldado presta sua continência	355

» 11 Procurem o Luiz Gama original...........................357
Bibliografia 359
In memoriam 361
Agradecimentos... 363
Índice remissivo... 367

Apresentação das Obras Completas

> A trajetória desse misterioso astro se dirige a uma grande alvorada. Tranquilizemo-nos.[1]

Em 2030, o Brasil comemorará o bicentenário de nascimento de Luiz Gonzaga Pinto da Gama. Dada a urgência histórica em se ler, conhecer e promover o debate público sobre a obra do advogado negro que marcou a história do Brasil e das Américas, além da história do direito e da literatura mundial, a editora Hedra resgata e publica as *Obras Completas* do herói abolicionista que, nas palavras de um contemporâneo que testemunhou a sua luta, "ainda que mais não faça, é já um nome que merece um lugar na gratidão humana, entre Espártacos e John Brown".[2]

Entre manuscritos e artigos de imprensa, as *Obras Completas* reúnem mais de oitocentos textos originais de Gama, sendo mais de seiscentos deles desconhecidos do público, pensados e articulados numa estratégia autoral *sui generis* que transitava por diversas linguagens e gêneros literários. Em onze volumes, patenteiam a escrita original — poética, profética, política, democrática, satírica, jurídica, humanitária — de um autor negro num país opulento, racista e violento, tão embranquecido em suas formas sociais quanto marcado pelo espírito da escravidão.

1. *Ça Ira!* (SP), [editorial], 23 de setembro de 1882, p. 1.
2. O vaticínio pode ser lido no célebre perfil biográfico "Luiz Gama por Lúcio de Mendonça", in: Luiz Gama. *Obras Completas de Luiz Gama, vol. 8. Liberdade, 1880-1882*. Organização, introdução, estabelecimento de texto, comentários e notas de Bruno Rodrigues de Lima. São Paulo: Hedra, 2021, pp. 73–84, especialmente p. 84.

Para facilitar o acesso ao *corpus* literário de Gama, a organização das *Obras Completas* combina critérios temáticos e cronológicos. Cada volume carrega sua respectiva temática-síntese e periodização que o insere numa área do conhecimento, bem como numa das frações temporais dos longos trinta e dois anos da produção intelectual de Luiz Gama (1850–1882). No entanto, nem o recorte cronológico nem a organização temática devem ser vistos necessariamente como enquadramentos intransponíveis. Numa obra complexa e sofisticada, sobreposições temporais e cruzamentos discursivos são bem-vindos e encorajados. A ideia, no fundo, é a de que cada volume comunique com o seu vizinho imediato e produza sentido se percebido em conjunto. Desse modo, tema e tempo, matéria e cronologia, convergem para o propósito de se apresentar as *Obras Completas* de Luiz Gama em suas linhas de continuidades, rupturas, diacronias, fugas e variações.

O volume de abertura, *Poesia, 1854–1865*, reúne os primeiros escritos autorais de Luiz Gama. A partir de sua entrada tão incrível quanto estranha no mundo da imprensa em julho de 1854, quando se achava preso na cela de uma cadeia, o volume percorre uma década decisiva para a formação intelectual do jovem e insubmisso poeta. Além de suas *Primeiras trovas burlescas*, poesias lançadas sob o pseudônimo Getulino em 1859 e 1861 — e que que marcariam sua estreia literária —, o volume engloba textos posteriores a Getulino, que evidenciam a sofisticação de um projeto literário que articulava poesia lírica, satírica e prosa poética.

O segundo volume, *Profecia, 1862–1865*, compreende crônicas que o jovem Gama publicou, sobretudo, fora da cidade de São Paulo. As crônicas tratam, em sua maioria, de assuntos criminais, da resistência à escravidão, disputas na alta sociedade, articulações partidárias, além de denúncias de corrupção nos aparelhos de estado. O título *Profecia* remete, a um só tempo, ao sugestivo pseudônimo adotado por Gama e às suas visões de liberdade para o futuro do Brasil. Gama apelava à consciência do público através de uma espécie de chamado profético, que antevia, no presente, as armadilhas e os desafios do futuro.

O terceiro volume, *Comédia, 1865–1867*, colige crônicas que ridicularizam os costumes de São Paulo, especialmente da vida cultural, teatral, política e religiosa da época. *Comédia* pode ser lido como linha de continuidade às crônicas do volume anterior, *Profecia*. Mais experiente na lida com a imprensa, Gama avança em seu projeto literário apostando em um estilo mais cômico e teatral. A crítica aos costumes, então, se revelava como uma arma poderosa na mão do poeta satírico. Os textos de *Comédia* servem como janelas para que os leitores de hoje vejam, e talvez riam, das barbaridades da elite paulista da época, que, afinal, não é tão distante assim da nossa.

O quarto volume, *Democracia, 1867–1869*, revela a atuação de Gama em outros domínios do conhecimento e debate público, como a educação e a política, além de marcar sua entrada no mundo do direito. Gama passa a defender na imprensa o direito à educação universal e a obrigação do Estado em garantir ensino público de qualidade em todos os níveis como um dos fundamentos da vida democrática. Nesse período, democracia, direito e liberdade tornam-se palavras-chave de sua literatura. Não sem razão, foi justamente nessa época que Gama foi demitido do cargo de amanuense da Secretaria de Polícia da capital, o que o lançaria para uma nova fase, agora dedicada à advocacia e ao direito.

O quinto volume, *Direito, 1870–1875*, demonstra que a prioridade de Gama passava a ser a escrita de uma literatura normativo-pragmática. São textos que podem ser lidos segundo divisões temáticas internas do direito: civil, criminal e processual, mas também a partir dos casos concretos em que Gama atuou como advogado ou parte interessada. Ainda que a maior parte dos textos tratasse de causas que envolvessem escravidão e liberdade, o volume também reúne textos de outras naturezas jurídicas, estritamente técnicas, o que revela, por sua vez, o domínio intelectual do advogado em outras matérias do direito.

O sexto volume, *Sátira, 1875-1876*, é formado por textos afiadíssimos que, em geral, criticam os costumes e moralidade de uma sociedade corrupta, violenta e escravocrata. Gama construiu uma obra satírica de envergadura épica. Ninguém passou ileso pelo bico da sua pena: juízes, advogados, professores, jornalistas, banqueiros. Todos foram ridicularizados como expressão medonha da sociedade escravocrata brasileira.

O sétimo volume, *Crime, 1877-1879*, representa a volta de Luiz Gama à literatura normativo-pragmática a partir de textos que são, em sua maioria, constituídos por denúncias de violação de direitos de presos e prisões ilegais. Relacionados à matéria penal e à matéria processual penal, os textos em *Crime* revelam o conhecimento de causa com que Gama interpretava o direito criminal do Brasil. Uma habilidade técnica, aliás, pela qual foi reconhecido e remunerado como um dos maiores no campo profissional.

O oitavo volume, *Liberdade, 1880-1882*, demarca o surgimento de um tipo de literatura de intervenção que exigia a imediata abolição da escravidão. Apesar da condenação moral do cativeiro ser recorrente na obra de Gama, é somente em 1880 que a campanha pela liberdade ganha um *corpus* textual específico. Os artigos deste volume, portanto, são fruto da luta radical pela abolição e por direitos. O abolicionismo de Gama, como ficará patenteado nas páginas de *Liberdade*, exigia cidadania e igualdade de fato e de direito.

O nono volume, *Justiça, 1850-1882*, reúne manuscritos fundamentais de Luiz Gama, que se constituem, inclusive, como páginas decisivas do abolicionismo mundial. É composto por petições que tramitaram no judiciário, escritas às vezes nas portas das cadeias, da polícia e dos tribunais. Somando-se aos anteriores, *Justiça* revela a magnitude da ação política e jurídica de Gama. É uma obra que confirma sua estatura de jurista. Sendo exceção na ordem cronológica do conjunto, *Justiça* é o arremate que a um só tempo articula os temas anteriores, sobretudo jurídicos, e dá unidade à sua literatura. É um volume ímpar das *Obras Completas* de Luiz Gama.

O décimo volume, *Polícia, 1850-1882*, compreende escritos de ofício, sobretudo da época em que Gama atuou como auxiliar da polícia e de outras repartições de estado, primeiro como copista, depois como escrevente, escrivão e amanuense. São cartas, boletins e petições administrativas que patenteiam a pluralidade de suas ações políticas dentro da máquina administrativa.

O décimo primeiro volume, *África-Brasil, 1850-1882*, é composto de escritos relativos à experiência de liberdade dos africanos ilegalmente escravizados em São Paulo. Abarcando textos que jogam novas luzes sobre a presença de Gama no mundo policial e administrativo, *África-Brasil* ressignifica sua relação com a imensa e plural comunidade de africanos — e seus descendentes — no Brasil. Reúne o início, o meio e o fim dessa relação constitutiva de sua formação como pensador, a relação África-Brasil, ela que também foi constitutiva do país onde Gama nasceu, viveu e lutou: o Brasil.

Por derradeiro, estamos certos de que "a década de Luiz Gama" está apenas começando. Será trabalho de gerações, como efetivamente tem sido, recuperar o legado de Luiz Gama e reinseri-lo no lugar que merece ocupar nas letras, no jornalismo, na política, no direito e na história. Se as *Obras Completas* refletem o progressivo acúmulo geracional de conhecimento que socialmente temos do Brasil Império, em geral, e da trajetória de Gama, em particular, elas não escapam das deficiências e lacunas de nosso presente. Ainda que tenhamos disponíveis, como nunca antes, incríveis bases de dados digitalizadas, que permitem o acesso remoto a uma parte considerável dos jornais do século xix, não se poderia cravar que a reunião desse quase um milhar de textos seja uma edição definitiva. No último dos cinco volumes das correspondências de Machado de Assis, o coordenador da edição, Sergio Paulo Rouanet, pontuou que "numa obra desse tipo, todo final é sempre provisório".[3] Essa é, sem dúvida, uma das limi-

---

3. Machado de Assis. *Correspondência de Machado de Assis, tomo v: 1905-1908*. Organização de Sergio Paulo Rouanet, Irene Moutinho e Sílvia Eleutério. Rio de Janeiro: ABL, 2015, p. xxv.

tações destas *Obras Completas*. Por paradoxal que seja, ela só é completa até o presente momento. Daí que, oxalá assim seja, ela possa ser revista e ampliada no futuro. Afinal, essa é uma obra impensável sem o esforço de gerações de pesquisadores e leitores do passado e do presente, e que fica aberta às contribuições, retificações, críticas e sugestões de todos os leitores.

À semelhança do que cantou Gil em "Iansã", estamos diante de "uma obra que é de todos nós e de mais alguém, que é o tempo, o verdadeiro grande alquimista".[4]

BRUNO RODRIGUES DE LIMA
Frankfurt am Main, 21 de junho de 2021

---

4. Gilberto Gil. "Iansã", in: Gilberto Gil. *Ao vivo na USP*. Rio de Janeiro: Gege Produções Artísticas, 2018 [1973].

Introdução
A gazua e o cofre: para uma história social do crime e do poder judiciário na São Paulo da Segunda Escravidão

BRUNO RODRIGUES DE LIMA

No esquema tático das *Obras Completas de Luiz Gama*, este volume *Crime, 1877–1879* é complementar ao *Direito, 1870–1875*. Embora afastados ou mediados pelo pivô, intitulado *Sátira, 1875–1876*, ambos se comunicam diretamente. Se um ataca pela direita, o outro corre pela esquerda; se um está na ponta inicial da década, o outro está na da final. Em espaços diferentes do tempo, mas dentro do mesmo campo, *Direito* e *Crime* se entrosam na forma e no conteúdo; no incidental e no mérito.[1]

O que termina no *Crime* começou no *Direito*.

Assim, os textos do *Crime* são, antes de tudo, escritos de *Direito*. E lá no começo do *Direito*, uma série de perguntas serviu-nos de abre-alas para o cortejo que à frente se passaria — cortejo que, dada a ligação temática entre ambos os volumes, continua a correr ao longo de todas essas páginas. Desse modo, as perguntas que abrem o *Direito* também interessam de perto aos leitores do *Crime*.

Vamos a elas, então, para que inquiramos melhor o mundo do *Crime*. A começar por se perguntar "quem era o criminoso no Império do Brasil?" — e "quem podia se defender usando as armas do direito, a exemplo da impetração do *habeas corpus*?" Ou, ainda, "quais eram os limites legais para a coerção estatal violenta

---

1. Sobre a organização e os critérios editoriais estabelecidos, cf. *Apresentação das Obras Completas*, p. 11.

— e como dar, paradoxalmente, poder ao Estado para controlar o capricho privado que tanto linchava quanto matava?" E mais: "quem, afinal, decidia onde começava o castigo e onde acabava a tortura?" e "quais os direitos mínimos do aprisionado?".[2]

"O que fazer", finalmente, "diante de um 'corpo negro seminu encontrado no lixão, em São Paulo', aquela que viria a ser 'a última a abolir a escravidão'?"[3]

Está lá, ainda no *Direito*, que "Luiz Gama respondeu a todas essas perguntas (…) porque experimentou as dores dessas interrogações".[4] É isso, em suma, o que se lerá no *Crime*: as respostas do advogado negro abolicionista sobre direito e, em especial, sobre direito penal. Respostas, via de regra, refletidas a partir de perguntas concretas; perguntas essas, regra geral, sentidas muito antes na carne de gente que como ele já havia sofrido a violência ou do cativeiro ou do cárcere ilegal.

O pensamento jurídico de Gama, pois, ia para muito além da reflexão puramente técnica sobre o processo criminal ou mesmo sobre os elementos fáticos constitutivos do crime. Gama pensava o direito como fenômeno social; e tinha o pensamento, para dizê-lo em um bordão freiriano, orientado por onde os pés pisavam.

A SÃO PAULO DA SEGUNDA ESCRAVIDÃO

Na São Paulo da escravidão, pensar e produzir o direito à liberdade era "sem dúvida dificílima tarefa, sobremodo árdua";[5] na

---

2. Todas as perguntas desse parágrafo se leem na introdução do volume *Direito, 1870–1875*. Cf. "Como Luiz Gama aprendeu e praticou o Direito no Brasil do Contrabando?", in: Luiz Gama. *Obras Completas de Luiz Gama, vol. 5. Direito, 1870–1875*. Organização, introdução, estabelecimento de texto, comentários e notas de Bruno Rodrigues de Lima. São Paulo: Hedra, 2023, p. 17.
3. *Id.*
4. *Id.*
5. A expressão pode ser lida no paradigmático "Em nome de Rita", in: Luiz Gama. *Obras Completas de Luiz Gama, vol. 4. Democracia, 1866–1869*. Organização, introdução, estabelecimento de texto, comentários e notas de Bruno Rodrigues de Lima. São Paulo: Hedra, 2021, pp. 415–422.

da Segunda Escravidão, então, quando aquela cidade escravista passou a estar conectada em escala, capitais e aceleração jamais vista ao centro da economia-mundo, a tarefa dificílima era concomitante e cumulativamente prometeica, hercúlea e sísifica.[6]

Pelo menos desde os dezenove anos de idade, quando encontrou o africano congo Lourenço na secretaria de polícia da capital, em abril de 1850, Gama assumiria essa "dificílima tarefa" como missão de vida e tentaria toda sorte de estratégia, tática, luta, verso e discurso na defesa da liberdade e da dignidade humana. E isso tudo nos mais hostis dos campos de batalha modernos, como delegacias, cadeias e tribunais de um país orgulhosamente 100% escravista.

São Paulo, àquela época, não era a Pauliceia desvairada dos modernistas e nem a cidade fabril dos grevistas; tampouco era a capital dos bancos e dos negócios cortada de avenidas e coberta de fuligem; não era, em suma, a selva de pedra que passaríamos a conhecer no correr do século XX.

Embora tivesse apenas minguados 30 mil habitantes em sua planta urbana, a São Paulo da Segunda Escravidão era a cabeça política e administrativa de uma província que beirava um milhão de pessoas (sendo destas aproximadamente duzentas mil escravizadas).[7] Essa discrepância entre cidade pequena (o Rio de Janeiro era dez vezes maior) e província populosa daria a São Paulo ares distintos, ora o de uma cidade pacata, "a capital da solidão", ora o de uma cidade que já pulsava o transe em suas entranhas.[8]

---

6. Para o conceito de Segunda Escravidão e as vantagens analíticas de usá-lo na interpretação historiográfica do Brasil do século XIX, cf. Rafael Marquese e Tâmis Parron. "Internacional escravista: a política da Segunda Escravidão", in: *Topoi*, vol. 12, n. 23, 2011, pp. 97-117.
7. Para informações demográficas do período, cf. Diretoria Geral de Estatística. *Recenseamento Geral do Império*, vol. 12. Rio de Janeiro: Tipografia G. Leuzinger e Filhos, 1872. Os dados referentes à cidade de São Paulo estão nas pp. 1-39; aqueles que dizem respeito à província se acham às pp. 427-430.
8. A clássica expressão "capital da solidão" é de Roberto Pompeu de Toledo. A ideia de transe também remete ao historiador paulistano, que definiria a São Paulo do século XX como a "capital da vertigem". O pré-transe, portanto,

Intérprete aguçado da formação e desenvolvimento social do Brasil, e em particular da cidade em que se fez cidadão, Gama se torna cronista dessa época e registra na sua pena poética e descritiva — "o que vou vendo, vou descrevendo" — as transformações e permanências de uma sociedade escravista hipermoderna.[9]

O trem, que ligou São Paulo ao mar, e portanto ao mundo mercante, acelerando sua expansão e levando o seu café em carregamentos gigantescos para Londres, Hamburgo e Roterdã; o telégrafo submarino, que trouxe Paris e Lisboa ao Rio, e este a São Paulo, em tempo inimaginável para a notícia que antes corria o mundo no barco a vela ou no lombo do burro; a prensa litográfica, que punha da madrugada para a manhã milhares de ideias e palavras em formato de papel; tudo isso — trem, telégrafo e prensa — interessava vivamente a Luiz Gama.

O abolicionista negro é dos primeiros que recepcionam e tiram partido dessas tecnologias em São Paulo. Se sua literatura e seu jornalismo, por exemplo, se beneficiaram enormemente do avanço tecnológico, vale dizer o mesmo para sua advocacia e o seu abolicionismo.

Dificilmente haveria suas propostas de democratização e laicização do ensino primário em São Paulo se não fosse o fato de Gama acompanhar as discussões de reforma educacional havidas no parlamento francês.[10] Tampouco haveria sua pilha de petições e contestações endereçadas para longínquas comarcas não houvesse canais de comunicação mais ágeis. Não haveria de haver, igualmente, seus comentários normativo-pragmáticos na

---

aponta para a singularidade de uma época que marca a viragem de um para outro estado, isto é, o tempo que separa a "solidão" da "vertigem". Cf. Roberto Pompeu de Toledo. *A capital da solidão: uma história de São Paulo, das origens a 1900*. Rio de Janeiro: Objetiva, 2003.

9. "Prótase", in: Luiz Gama. *Primeiras trovas burlescas*. Rio de Janeiro: Tipografia de Pinheiro & C., 1861, p. 10.

10. "Leituras de Victor Hugo", in: Luiz Gama. *Democracia, 1866–1869, op. cit.*, pp. 111–118.

imprensa sem que houvesse aquele novo patamar de circulação de informação normativa que antes sequer ganhava as páginas dos jornais e almanaques.

O mundo mudava rapidamente e impactava a pacata São Paulo de maneira incontornável. Mesmo o mundo do crime mudava como nunca. Novas ferramentas, técnicas e golpes, por exemplo, reinventavam delitos e complexificavam autorias. Advogado criminalista experiente e curioso nato, Gama estava de olho vivo também para as essas transformações.

É por isso que, com uma ideia na cabeça e uma edição da *Revista Industrial de Turim* na mão, perseguiu uma linha de investigação que resolveria um caso criminal de repercussão nacional, que resultaria, finalmente, na liberdade de seu cliente.

Os textos do *Crime, 1877-1879*, portanto, têm por pano de fundo essa sociedade que mudava a passos largos, ainda que não saísse do lugar, e por eixo central o conhecimento normativo do jurista que àquele tempo havia galgado o posto de um dos três advogados mais bem remunerados da cidade.

Em boa medida esse destaque profissional se dava por causa de sua atuação no que ele chamava de "tribuna criminal", ou seja, sua prática advocatícia perante juízos criminais e tribunais do júri da então província de São Paulo.[11] E essa prática, como sabemos de outras encadernações, combinava a atuação estritamente forense com a esfera pública de debates representada pela imprensa.

Na imprensa e/ou no juízo, Gama levantou sua voz e escreveu o *Direito*.

Para entendê-lo, contudo, é preciso trazer consigo um molho de chaves e saber como funciona uma fechadura.

Antes, porém, convém buscar uma agulha, algumas linhas e um tecido.

---

11. Lê-se a expressão no texto "Para o meu amigo que está Nova York", in: Luiz Gama. *Direito, 1870-1875, op. cit.*, pp. 175-179.

Só então valerá a pena sacar a gazua — e a *Revista Industrial de Turim*! — da mochila.

LINHA NA AGULHA

Há muitas maneiras de se investigar a história social do crime na São Paulo da escravidão. Como há muitas maneiras, também, de se contar a história do direito no Império do Brasil. Por quais caminhos seguir? Quais categorias discutir? Como entrelaçar os fios dessas histórias num bordado só?

A historiografia do crime no tempo da escravidão no Brasil, para ficarmos apenas em nosso pedaço, há muito tem esmiuçado montanhas de papéis craquelados, em especial autos crimes, e matizado o crime enquanto fenômeno social para lá de complexo já mesmo na segunda metade do século xix. A historiografia do direito, a seu turno, vem há décadas apostando no estudo do conhecimento e da produção normativa como unidades de análise para se pensar o mundo jurídico e, por extensão, suas relações com a política.

Ambas as historiografias, contudo, pouco se comunicam e seus cultores, cá para nós, parecem não dar lá muita bola para os métodos e as referências literárias dos seus colegas de ofício. Se a primeira delas sabidamente se prende a particularismos dos agentes e às circunstâncias externas ao fato criminal — esquecendo-se muitas vezes dos porquês do crime, do direito e da história —, a segunda privilegia, a meu ver em demasia, velhos calhamaços doutrinários que, descontextualizados, pouco dizem até mesmo sobre o mundo do direito, que inescapavelmente, queiram eles ou não, segue sendo o mundo da sociedade.

Seria só um problema dos especialistas se muito antes disso não fosse um problema coletivo nosso, na medida em que interessados somos em compreender melhor e mais profundamente as dores e as agruras do insistente passado do Brasil — esse que é o único país no mundo a ter sido uma sociedade escravista de soberania plena no longo século XIX.[12]

É daí que se dá uma certa urgência de se costurar no tecido do social com quantas linhas se tenha, entre elas, como aqui se sugere, as da história social do crime e as da história do direito.

É daí também que surgem as linhas de Luiz Gama em nosso — não é exagero dizer — socorro.

Isso porque a obra de Luiz Gama, e em particular a sua advocacia criminalista, faz as vezes de agulha, cuja cabeça é atravessada pela espessura de ambas as linhas e que, bem manejada pelo leitor crítico, pontilha o tecido do social, dando-lhe novas formas de compreensão histórica.

Falando aos especialistas, a obra do abolicionista negro, pois, atende aos cacoetes e critérios seja daquele que mais se inclina à micro-história ou daquela que pende mais à história total. Serve para quem quer estudar o crime *por baixo* ou o direito *por cima*.

Com o Gama de agulha, a gazua de Santos pode levar o observador atento até uma quadrilha de ladrões alemães espalhada por toda província de São Paulo ou ir a Turim ou Londres para se pensar na oferta e demanda de cofres de altíssima segurança. Essa chave ilegal, se quiserem, poderá levá-lo a antessala do ministro da Fazenda, no Rio de Janeiro; ao conciliábulo de desembargadores do Tribunal da Relação, em São Paulo; ou, ainda, ao cárcere imundo da cadeia de Santos.

A gazua, por sua vez, puxa o formão e, com ele, o pesquisador afeito à micro-história poderá rastrear uma onda de arrombamentos e saques nas madrugadas paulistanas enquanto o historiador da grande política, observando o contexto da nomeação do

---

12. A distinção entre sociedade escravista semissoberana e sociedade escravista de soberania plena é proposta e desenvolvida por Tâmis Parron em diferentes textos, entre eles, no artigo "Escravidão e as fundações da ordem constitucional moderna: representação, cidadania, soberania, c. 1780-c. 1830", in: *Topoi*, Rio de Janeiro, vol. 23, n. 51, 2022, pp. 699–740.

delegado Furtado de Mendonça em 1856, cuidaria da dança das cadeiras ministeriais e sua incidência na política administrativa da província.

O historiador do direito ou aquele seu colega de ofício que toma os conceitos como matéria prima de seu sustento não tem, igualmente, do que reclamar. Há, por um lado, conhecimento e produção normativa de variadas texturas, calibres e jurisdições; enquanto, por outro lado, os debates de parte a parte — com o esperado destaque de Gama — refletem interesses indiretos ou expressos e se constituem como repositório valioso para o estudo semântico, por exemplo, de categorias políticas, normativas, criminais ou morais.

São diversas as formas de se ler os textos do *Crime, 1877-1879*. Pensando em linhas, é só escolher uma, duas ou mais delas, embocá-las no vão da agulha e trançar os fios da história no tecido do social.

Pensando em chaves, bem, aí os artefatos e os movimentos são outros. Outros quinhentos movimentos.

OLHO NA GAZUA

Poucos versam tão bem história social do crime e história do direito quanto Diego Galeano. Em um estudo exemplar sobre a cultura policial de Buenos Aires no século XIX, o historiador argentino radicado no Brasil levanta uma lebre finíssima sobre as dimensões materiais do arquivo e o seu potencial para a pesquisa historiográfica lançando uma pergunta aos acadêmicos de plantão: "¿A quién se le ocurriría decir algo, en ámbitos universitarios, a partir de la observación de una ganzúa?"[13]

A pergunta, que se origina da reflexão do historiador quando em visita ao acervo de objetos antigos de um museu da Polícia de Buenos Aires, merece atenção. Em sua definição, esse tipo de "ga-

---

13. Diego Galeano. *Escritores, detectives y archivistas: La cultura policial en Buenos Aires, 1821-1910*. Buenos Aires: Teseo, 2009, p. 15.

lería de artefactos utilizados en el 'mundo del delito', y de herramientas empleadas por la policía para combatirlo" pode ser bastante útil para se pensar a história das instituições, por exemplo, e quem sabe mesmo para reconstituir cenas e práticas do passado.[14]

Para Galeano, uma história desses mil e um objetos do crime e da polícia se filiaria à proposta que Walter Benjamin esboçara na *Passagen-Werk* como uma história material da modernidade, na qual o estudo de toda sorte de cacos e cacarecos espalhados pela paisagem contribuiria para interpretar as contradições da sociedade moderna.

É o caso da gazua — a mesmíssima "ganzúa" do castelhano. E o que nós, afinal, poderíamos dizer, em termos acadêmicos, a partir da observação de uma gazua? Ou antes de qualquer coisa: que raios vem a ser uma gazua?

Segundo o dicionário Houaiss, gazua é um "ferro torto ou gancho, de arame, com a ponta chanfrada, utilizado para abrir fechaduras".[15] Ainda de acordo com o pai dos burros, gazua é simplesmente uma "chave falsa de gancho" ou, trocando em miúdo na gíria, a popular chave "mixa".[16]

Há dois motivos para ficarmos de olho na gazua — um *menos* e outro *mais* material.

O primeiro motivo se deve ao uso singularíssimo que Luiz Gama faz dessa palavra quando ele próprio atacou de pai dos burros e escreveu os 365 verbetes do espirituoso dicionário *No-*

---

14. *Id.*
15. Instituto Antonio Houaiss. *Grande dicionário da língua portuguesa*. Rio de Janeiro: Objetiva, 2001, p. 1437.
16. *Id.*

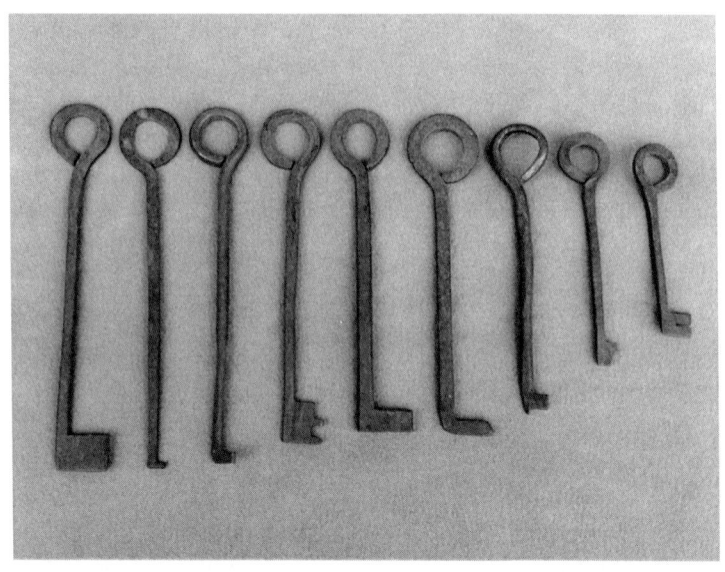

Diferentes tipos de gazua, todas da segunda metade do século XIX. Foto: Edward Short

mes & *Definições*.[17] A ordinária gazua da bandidagem paulistana serviu-lhe de inspiração para, em refinada operação metonímica, definir, vejam bem, o *Direito*.

O segundo motivo para observarmos a gazua remete a um acontecimento no qual Gama fitou uma materialíssima gazua e, desse evento memorável, extraiu conclusões sagazes para a elucidação de um crime. De seu olhar para a gazua, suspenso no tempo por obra de sua veia literária, o leitor é que visualiza a cena de um crime e, por extensão, de um certo passado da São Paulo da escravidão.

17. Os verbetes originalmente publicados no jornal satírico *O Polichinello* (SP) são reunidos de maneira inédita no volume *Sátira*. Cf. Luiz Gama. *Obras Completas de Luiz Gama, vol. 6. Sátira, 1875–1876*. Organização, introdução, estabelecimento de texto, comentários e notas de Bruno Rodrigues de Lima. São Paulo: Hedra, 2024 (no prelo). Uma vez que o volume ainda não foi lançado, referenciarei, quando necessário, os verbetes direto à fonte primária.

Se a primeira das gazuas define o Direito, a segunda representa o seu modo de inquiri-lo. Cada uma das atividades interpretativas, contudo, espelha momentos e contextos distintos.

Quando equiparou figurativamente o Direito a uma chave mixa, em 1876, Gama investia todas as suas fichas na imprensa satírica. O projeto literário que levou a cabo por longas 41 semanas é, sem dúvidas, um monumento da história da imprensa brasileira. Nas páginas d'*O Polichinello*, Gama jogou luzes sobre a miséria moral, política, espiritual mesmo, da elite paulista escravista no tempo de um não menos miserável e escravista imperador Pedro II. Tomado da licença de "antigo personagem do teatro cômico (...) que representa o homem do povo", como o próprio nome polichinelo evoca, Gama castigou hipócritas, bradou contra o vício, cortou nos costumes, e esculpiu sua poesia nas colunas da literatura pátria — coisas, vejam só, que ele anunciara lá atrás, no tempo do *Getulino*.[18]

N'*O Polichinello*, Gama se fez poeta, como antes se fizera nas *Trovas Burlescas*; se fez artista, como quando pintara o sete nas vestes do *Diabo Coxo*; e se fez político, como antes se lançara nas páginas do republicano *Democracia*. Paradoxalmente ágil e denso, irreverente e sóbrio — *O Polichinello* de Gama brincou de coisas sérias. Entre elas, risos, o Direito.

Assim, quando tratou o Direito por mixa, em 1876, as letras de Gama estavam todas cobertas pelas tintas da sátira.

Nesse contexto, então, o que seria o Direito para Gama? É ele quem o diz:

---

18. A definição de *polichinelo* pode ser acessada em Instituto Antonio Houaiss, *op. cit.*, p. 2249. Parte do parágrafo, por sua vez, remete ao *Getulino* do poema "No álbum do meu amigo J. A. da Silva Sobral", que, num verso desconcertante, a um só tempo filosofava e revelava sua autoria. Em suas palavras, "Que estou a dizer?!/ Bradar contra o vício!/ Cortar nos costumes!/ Luiz, outro ofício (...)". Para a íntegra do poema, cf. Luiz Gama. *Primeiras trovas burlescas, op. cit.*, p. 36.

Direito. Tem várias acepções: em sentido figurado, *gazua disfarçada em mãos de tratantes graduados que gozam da fama de homens de bem*.[19]

A passagem tem múltiplas camadas. Ao dizer que são diversos os significados para Direito, o satírico não se despe de todo do terno de advogado e se exime elegantemente de uma definição terminante que poderia lhe causar algum embaraço suplementar no foro. Igualmente, qualificar como "sentido figurado" a definição que se seguiria servia para atenuar o potencial explosivo do que de fato dizia, qual seja, de que o direito era uma "chave mixa" nas mãos de canalhas.

Limpo o caminho, surge a agudeza da análise. O Direito era, por obra metonímica do poeta, uma "gazua"; e, ainda por cima, uma "gazua disfarçada".

Uma vez que a metonímia é uma forma de discurso que substitui um termo por outro — nesse caso o "Direito" pela "gazua" — "estabelecendo uma associação por contiguidade"[20] entre eles, o que Gama faz é emprestar ao Direito o conhecidíssimo significado do ferrinho curvo tão utilizado por ladrões para desbloqueio da mecânica de um cofre ou fechadura.

Todavia, mais do que mera substituição de termos ou simples empréstimo de força retórica de um significante para um significado, a metonímia exerce uma função cognitiva que integra elementos de diferentes conceitos para produção de sentidos. Numa definição canônica, a metonímia é "um processo cognitivo no qual uma entidade conceitual, o veículo, fornece acesso mental a outra entidade conceitual, o alvo, dentro do mesmo modelo cognitivo idealizado".[21] É como se, no nosso caso, a ideia

---

19. "Nomes e definições", in: Luiz Gama. *O Polichinello*. São Paulo: Tipografia Jorge Seckler, 11 de junho de 1876, p. 7. Atualizei a grafia do verbete conforme os critérios de estabelecimento de texto apresentados na introdução, assim como o grifei parcialmente em itálico.
20. Vera Lúcia Menezes de Oliveira e Paiva. "A metonímia como processo fractal multimodal", in: *Veredas – Revista de Estudos Linguísticos*, Juiz de Fora, vol. 14, n. 1, 2016, pp. 7–19, especialmente p. 9.
21. A definição é originalmente de Günter Radden e Zoltán Kövecses. Cf.

que fazemos da chave mixa fosse transposta para a ideia que fazemos do Direito; ou, em outras palavras, que uma ferramenta do crime (e da polícia) e os elementos a ela relacionados fossem úteis para o "acesso mental" ao mundo do Direito.

Esse processo cognitivo é riquíssimo. Considerando que "os conceitos metonímicos emergem das correlações em nossa experiência com os objetos físicos", é de se supor que Gama pega a gazua por sua experiência com ela — e a leva para o Direito por sua experiência com ele.[22] A "estruturação conceitual da experiência" que Gama leva a cabo em dezenas e dezenas de seus textos por meio de construções metonímicas, como nessa passagem em particular, dá aos leitores "acesso mental" em duplo nível tanto à história do cotidiano da São Paulo da Segunda Escravidão, quanto a categorias discursivas de produção de sentidos, por exemplo, no direito e na política.[23]

Como é sabido, antes de se tornar advogado Gama desempenhou muitas atividades no mundo policial. Por seis anos, entre 1849 e 1854, ele foi soldado e cabo de esquadra da Força Pública de São Paulo. Depois disso, entre 1854 e 1869, ele atuou em diversas posições da burocracia policial, travando contato ou mesmo liderando as mais variadas diligências investigativas. Nesse tempo todo, foi auxiliar de primeira hora de um dos mais importantes delegados de polícia de São Paulo, o também professor de direito Furtado de Mendonça.

É bastante provável, então, que a vida militar e policial de Gama tenha dado a ele muitas possibilidades de identificar diferentes tipos de gazuas — assim como os diferentes usuários delas. Deve ter vindo de sua experiência investigativa o *insight* para a singularíssima metonímia da gazua como Direito.

"Towards a Theory of Metonymy", in: Klaus-Uwe Panther e Günter Radden. *Metonymy in Language and Thought*. Amsterdam: John Benjamins Publishing Company, 1999, pp. 17–59, especialmente p. 3. Tomei contato com esse excerto por meio de Vera Lúcia Menezes de Oliveira e Paiva, *op. cit.*, pp. 11–12.
22. Vera Lúcia Menezes de Oliveira e Paiva, *op. cit.*, p. 10.
23. *Id.*

Para começo de conversa, vale tecer algumas considerações rápidas sobre o processamento metonímico do ferrinho curvo abridor de segredos no conceito de Direito. Sendo a gazua, em abstrato, uma ferramenta manual que desbloqueia o mecanismo interno de uma fechadura, Gama não daria a ela, em princípio, conotação moral. O Direito, nesse sentido, seria tão somente uma ferramenta. A pessoa de posse dela, por sua vez, abriria segredos antes trancados e alcançaria, enfim, um dado objetivo. Só por esse sentido já se nota a agudeza da visão do poeta e advogado.

Mas o satírico *O Polichinello* devia ter outros sentidos em vista. Retomando o verbete, se percebe que a gazua isolada por si não existe. O que dá ânimo à metonímia é a sua interação com outros elementos que lhe são relacionados. A partir de um exemplo didático de Aristóteles sobre a expressão "lançar ferro" como metonímia para designar a ancoragem de um navio — "onde o ferro está associado à âncora" —, Vera Paiva adverte que a âncora é apenas um dos elementos do contexto.[24] "Muitos outros elementos", ensina a linguista emérita, "fazem parte dessa cena: um local específico no mar ou no rio, o cais, o navio, os marinheiros, as correntes que prendem a âncora, a localização do equipamento de ancoragem na embarcação, o ato de lançar as âncoras, as âncoras chegando ao fundo do mar".[25]

Processo de produção de sentido semelhante se dá na evocação da gazua como Direito. A "gazua disfarçada em mãos de tratantes graduados" sugere uma cena de roubo — imagem sem dúvida familiar às experiências do ex-militar e escrivão de polícia Luiz Gama — em que os ladrões seriam gente de elevada posição na hierarquia social na São Paulo da escravidão. Sugere, ainda, que essa cena de roubo seja em um ambiente do Direito, como o de um tribunal.

Outros verbetes do satírico Gama corroboram a ideia da cena do crime. "Furtar", por exemplo, foi definido como "profissão de

---

24. *Ibid.*, p. 9.
25. *Ibid.*, p. 13.

gente qualificada" e o verbete "Canalha", como visto acima, foi anotado como o "nome com que se deveria qualificar muita gente que passa por distinta".[26] Se lidos outros verbetes, a exemplo de "Juiz", "Desembargador", "Magistratura" e "Magistrado" se compreende melhor a figura dos "tratantes graduados".[27]

Pronta para o furto, a "gazua disfarçada" está "em mãos" de hipócritas graduados que, como os canalhas, "gozam da fama de homens de bem". A cena do crime está desenhada: seus autores não exibem indícios de culpabilidade, o instrumento do furto não parece ofensivo e, da interação entre ambos, algo é violado.

Nesse contexto, o Direito ganha finalmente um juízo de valor. A sátira subverte a tão incensada e doutrinária definição do Direito como sistema ou regime de salvaguarda de direitos para categorizá-lo como um instrumento que, manipulado por gatunos de boa cepa, paradoxalmente servia para a violação do cofre do Direito.

Em perspectiva fractal, ainda conforme Vera Paiva, a metonímia sugere que os significados se movimentam e se desdobram em novas camadas. Dessa passagem, portanto, se pode ler que os agentes, de má-fé ("tratantes graduados"), manipulam ("em mãos") o objeto ("gazua") e escapam ilesos ("gozam da fama de homens de bem") de qualquer embaraço.

Existem dezenas e dezenas de histórias do direito contadas por Gama em que esse enredo se repete. O ponto indeterminado, que aliás torna a definição ainda mais instigante, está na lacuna do que concretamente seria violado. Se está claro quem é o agente, qual a sua intenção, o artefato que manipula e o resultado da ação, não está dito o que exatamente seria violado. Ou, em outros termos, o que de fato a gazua intrometida arrombaria.

---

26. Conferir, primeiro, "Nomes e definições", in: Luiz Gama. *O Polichinello*, *op. cit.*, 04 de junho de 1876, p. 6; e, para o segundo verbete, a mesma seção na edição de 05 de novembro de 1876.
27. Para cada um dos verbetes, cf., no mesmo periódico e seção, respectivamente as edições de 25 de junho de 1876, p. 3; 27 de agosto de 1876, p. 6; e 17 de setembro de 1876, p. 3.

Uma solução provisória, indicada acima, é ler o verbete em sua circularidade, tomando, portanto, a primeira palavra — "Direito" — como a finalidade da ação de arrombamento.

Com o socorro do verbete "Estelionato", se toca no ponto lacunar da indeterminação do violado e se abre, de contínuo, para outro sentido do jogo metonímico. Para Gama, o famoso 171 dos dias de hoje era um "mistério judiciário, que a uns" abria "a porta do cárcere; e a outros a dos palácios".[28] Em todo caso, o estelionatário — com uma gazua na mão? — abrirá uma porta. Consumado o estelionato, algum direito terá sido violado. Da qualidade dele só a leitura atenta dos vestígios do crime dará conta. O "mistério", o lacunar, ao fim e ao cabo, existirá. E ele mora, ao que parece, no miolo da fechadura (tema a ser abordado mais à frente). Do roçar da gazua no tambor da fechadura, surge o furto, o estelionato; surge paradoxalmente o *Direito*.

Como se lê no início deste tópico, havia dois motivos para se ficar de olho na gazua — o primeiro menos e o segundo mais material; o primeiro mais especulativo e o segundo de maior concretude; o primeiro, enfim, para se compreender a veia original do pensador do direito e o segundo para se achegar ao seu modo de inquiri-lo.

Do primeiro, é o que se leu acima. Do segundo, é o que se lerá abaixo. Tanto em um quanto em outro caso, o melhor é ficar de olho na gazua!

«A MIXA CAIU»

Num dos versos de *Eu sou 157*, uma das letras mais conhecidas dos *Racionais MC's*, há um sugestivo diálogo em que se nota a rapidez e a sagacidade do pensamento investigativo sob pressão. Numa "terça-feira à tarde", o poeta ficciona que um policial com "cara de ladrão" se infiltrou no seu grupo, que, como canta o

---

28. Conferir "Nomes e definições", in: Luiz Gama. *O Polichinello, op. cit.*, 04 de junho de 1876, p. 6.

refrão, era feito de outros ladrões.[29] Interessado em desbaratar a quadrilha de traficantes, o policial puxa uma conversa enganosa para fisgar os seus interlocutores.

A sede do policial era tanta que ele acaba escorregando. Dizia o policial que "tinha um canal, que vende isso e aquilo" e que estava ali para comprar um quilo de maconha.[30] No entanto, ao falar "quero um quilo", o policial se expôs de tal modo que o ladrão-poeta compreendeu tudo numa fração de segundo.[31]

"Irmão, quando ele falou um quilo", arrematou o desconfiado poeta, "é o deixa, é o milho, a mixa caiu".[32] Sendo "deixa" a brecha, o espaço; e "milho", a mancada, o vacilo; o que seria a mixa? Literalmente, já sabemos, uma chave falsa (muito embora nesse caso a chave não exista materialmente e funcione tão só como significante da falsidade). O mesmo objeto, portanto, que chamou a atenção do historiador no Museu da Polícia de Buenos Aires; o mesmíssimo artefato, igualmente, que Gama *metonimiaria* em Direito.

Um objeto, sem dúvida — seja em Buenos Aires ou em São Paulo; no século XIX ou no XXI — afeito ao mundo do crime (e da polícia).

A mixa caída, então, seria a evidência concreta da má intenção do agente e, portanto, uma prova incontroversa de que o grupo daquela terça-feira à tarde contaria para frustrar a tentativa de infiltração policial.

Raciocínio semelhante ao pensamento sagaz contado em verso pelos *Racionais* pode ser encontrado numa investigação que Luiz Gama levou à frente na cidade de Santos. A mesma lógica, contudo, com os sinais trocados. Agora era a vez do ex-funcionário da polícia e advogado Gama usar da gazua para desbaratar uma quadrilha de ladrões.

29. Mano Brown. "Eu sou 157", in: Racionais MC's. *Nada como um dia após o outro dia*. São Paulo: Cosa Nostra, 2002.
30. *Id.*
31. *Id.*
32. *Id.*

A mixa caída no chão do galpão da alfândega de Santos, em fevereiro de 1877, serviu de pista decisiva para Gama reconstituir a cena de um crime que já alcançava repercussão nacional na imprensa.[33] Da junção de elementos criminais dispersos, Gama passou a perquirir o "roubo da alfândega de Santos", como o crime passou a ser conhecido, em todos os seus detalhes. Se a perquirição do crime, *de per si*, revela seu tino detetivesco, é especialmente interessante, por outro lado, observar como Gama tomou a gazua na mão para inquirir o Direito. Esse caso, em particular, ilumina os métodos de Gama para pensar o direito.

A vida do funcionário público major Antonio Eustachio Largacha virou de ponta-cabeça da noite para o dia. Na noite de 18 de fevereiro de 1877, era o poderoso tesoureiro geral da alfândega de Santos; na manhã do dia seguinte, fora preso como o suspeito número um do roubo milionário da sua própria repartição. Posto incomunicável na cela de uma cadeia por ordem do ministro da Fazenda, Largacha estava envolvido numa rede de calúnias e acusações que o levara a ser "suspenso, processado, *pronunciado*, demitido" enquanto aguardava julgamento.[34]

Depois de fechada e trancada a alfândega como sempre faziam ao fim do expediente, o tesoureiro Largacha e o inspetor Assis, entre outros funcionários, foram para as suas casas. Como aquela era uma sexta-feira, a alfândega ficaria fechada por todo sábado e domingo. E tudo parecia estar sob controle.

Porém, foi só os guardas da casa saírem para que os ratos fizessem a festa. Uma quadrilha de "atiladíssimos criminosos" invadiu o prédio da alfândega, pelo telhado, e numa operação tão surpreendente quanto sofisticada abriram o quase impenetrável

---

33. O crime da alfândega de Santos foi objeto de muitas notícias, repercutindo em dezenas de periódicos de diversas regiões do Brasil. Cf., por exemplo, *Diário de Pernambuco* (PE), "Notícias do sul do Império", 10 de março de 1877, p. 1; *Correio da Bahia* (BA), "Revista das Províncias", 28 de junho de 1877, p. 1; *Gazeta de Joinville* (SC), "Província de S. Paulo", 13 de novembro de 1877, p. 2.
34. Ver, nesse volume, "O misterioso roubo da alfândega de Santos", p. 259.

cofre forte da instituição.[35] Quando funcionários e escravizados retomaram o trabalho na segunda-feira de manhã, imediatamente perceberam a invasão e constataram o furto da montanha de dinheiro guardada no imenso e moderno cofre inglês.

Em valores da época foram furtados mais de 185 contos de réis, o que representaria, numa conversão monetária possível, o montante aproximado de 10 milhões de reais em moeda de hoje.[36]

Se à primeira, desajeitada ou *interessada* vista a alfândega não parecia ter sido invadida e nem o cofre violado, as suspeitas recairiam sobre quem mesmo, se não o major tesoureiro e seus subordinados imediatos?

"Enche-se a cidade de Santos e transborda até a capital", pontua Gama na metáfora hiperbólica de uma inundação que subiria a Serra do Mar, "que o autor do roubo da Alfândega é o tesoureiro Largacha".[37] Aos rios e aos borbotões se dizia em toda a província, continua Gama, "que o cofre não fora arrombado, se não aberto muito naturalmente, *com a própria chave*, existente

35. *Ibid.*, p. 192.
36. A atualização desse valor foi obtida através da conversão, primeiro, dos 185 650$679 réis em libras esterlinas da época, no que chegou-se ao montante de 19 002,04£. Depois, compensando a média histórica da inflação anual e considerando os valores disponibilizados pelo *Bank of England*, tem-se a marca de 1 687 203,00 libras esterlinas atuais. Em sentido inverso, da libra inglesa para a moeda nacional, registra-se que as 1 687 203,00 libras de hoje equivalem a aproximadamente 10 593 217,00 reais correntes (consulta em fevereiro de 2023). O cálculo, contudo, serve mais para dar uma estimativa do valor global do furto da alfândega do que para estabelecer parâmetros de conversão ou aferir com exatidão o valor total envolvido no crime. Outras variáveis para verificar o que representa esse montante — como poder de compra, valor de imóveis etc. — não entram nesse cálculo, que, repisa-se, tem o objetivo de ilustrar para o público a dimensão do furto. Nesse mesmo sentido, pode-se dizer que a dinheirama do furto da alfândega seria suficiente para comprar uma lucrativa fazenda de café de médio a grande porte ou para comprar aproximadamente duzentas pessoas escravizadas. Agradeço ao amigo e historiador Clemente Penna pelas explicações sobre a matéria e por efetuar a conversão cambial histórica apresentada acima.
37. "O misterioso roubo da alfândega de Santos", nesse volume, p. 239.

em mão desse tesoureiro.[38] Isto repete-se entre os passageiros nas estradas de ferro e nos hotéis" e, dessa repetição insistente, Largacha e seus subordinados diretos seriam tratados como os autores do gigantesco desvio de dinheiro.[39] O boato corria como rastilho de pólvora, "pairava em todos os cérebros e irrompia de todas as bocas, como uma centelha elétrica".[40]

Em fração mínima de tempo, Largacha e seus companheiros, o inspetor Antonio Justino de Assis e o chefe de seção João Baptista de Lima, já estavam na boca do sapo, isto é, já estavam condenados na boca do povo. Na sequência, seriam condenados pelas não menos bocudas autoridades. "Para que procurar os ladrões", perguntava-se Gama em voz alta, "se já *temos à mão três vítimas aparelhadas?!*"[41] Para que processo, se já se saberá o desfecho?

A aparelhagem das vítimas, ou seja, a premeditação de seu inglório papel, coube à polícia, ao judiciário e ao ministério da Fazenda. Se a língua do povo zicou Largacha, foram os burocratas da lei e da política que lhe enfiaram os dentes. Talvez por ânsia em logo malhar um culpado, ou quem sabe para acobertar tenebrosas transações, a resposta das autoridades foi prender Largacha de qualquer jeito, nem que para isso prescindissem de forma legal apropriada. Então, mesmo sem queixa, denúncia ou prisão em flagrante, requisitos fundamentais para se decretar prisão inafiançável, Largacha foi metido na cadeia. E de lá só sairia onze meses depois — depois de um novo juiz assumir a jurisdição e declarar que "o réu não manifestou descuido, frouxidão, negligência ou omissão dos deveres impostos" pela lei.[42] Sua *via crucis* judicial só não deu na cruz, verdade seja dita, porque seus advogados, Gama e Ribeiro Campos, intervieram em seu socorro.

Mas que foi um longo périplo, isso foi. Ainda na manhã de segunda-feira, 19 de fevereiro de 1877, o juiz municipal de San-

---

38. *Id.* Grifo original.
39. *Id.*
40. *Ibid.*, p. 240.
41. *Ibid.*, p. 244.
42. Lê-se a sentença em "A outra ponta do fio de Ariadne", nesse volume, p. 291.

tos abriu inquérito policial para investigar o crime. Ali começaria um processo caótico e, como Gama fará questão de argumentar, viciado. Isso porque o inquérito policial aberto por juiz municipal (que detinha parcialmente essa competência) partia do princípio de que o crime cometido seria um crime comum. Porém, o crime de peculato praticado por funcionário público — que é do que se acusaria Largacha — não era um crime comum, mas sim um crime de responsabilidade. E isso mudava muita coisa, a começar que o juiz municipal não teria competência alguma sobre a matéria.

Mesmo que tecnicamente Largacha e os outros dois camaradas de infortúnio fossem "empregados públicos não privilegiados", ou seja, ainda que não possuíssem foro especial como ministros, juízes e militares, deveriam ter tratamento penal diferenciado e suas formações de culpa deveriam ser processadas pelo juiz de direito da comarca — a quem competia "exclusivamente a organização e o julgamento do processo".[43] Embora possa parecer uma filigrana processual, o que definitivamente não é, a qualificação do suposto autor e o tipo criminal impediam terminantemente que o juiz municipal abrisse o inquérito.

E o juiz municipal não só abriu o inquérito como ouviu 190 testemunhas, a maior parte delas "secretamente, a portas fechadas, no recesso da polícia, nos arcanos impenetráveis das íntimas indagações".[44] Muito mais do que isso: o juiz municipal determinou a prisão imediata dos investigados sem que houvesse queixa, denúncia ou flagrante. O fio processual só se embaraça, pois, sem queixa ou denúncia, o juiz municipal só poderia apurar a culpa do agente de modo *ex-officio*, isto é, por dever de função. Nessa hipótese, porém, o juiz municipal só poderia abrir o inquérito exclusivamente se houvesse prisão em flagrante delito. E este não era, de modo algum, o caso de Largacha, Assis e Lima, cujas condutas em nada ensejava prisão em flagrante.

"Qual, então, o motivo legal que determinou a presença do

---

43. "O misterioso roubo da alfândega de Santos", nesse volume, p. 234.
44. "A outra ponta do fio de Ariadne", nesse volume, p. 280.

sr. dr. juiz municipal na Alfândega? Qual o texto de lei que justifique o procedimento desse emérito juiz?", perguntava Gama.[45] Ou ainda, continuando com o advogado, "que razões, que princípios de direito, que normas de jurisprudência" pautaram a conduta do juiz?[46] Já pelas perguntas se nota que Gama defendia que não havia um pingo de razão ou fundamento normativo para o juiz municipal ir à alfândega, que dirá para se arvorar a juiz natural do caso.

Se engana, porém, quem pensa que o erro do juiz foi técnico. Na impossibilidade de se prender de modo inafiançável Largacha e companhia, uma vez que o crime de responsabilidade em que supostamente incorrera era o de peculato, com pena máxima de até quatro anos de prisão com trabalho, o atalho processual que os linchadores do tesoureiro encontraram fora prendê-lo por meio de um improvisado inquérito referente a um suposto crime comum.

Um remendo, pois, chama outro. Do inquérito ilegal, sem queixa, denúncia, flagrante delito, foro competente, separação entre crime comum e de responsabilidade, se vai a outras etapas não menos dignas do processo. Isso se observa quando Gama atravessa a discussão teórica do direito e avança para o terreno da política perguntando "que mistérios judiciários forçaram o esclarecido juiz a suspender a formação da culpa e a devolver os autos à autoridade policial" quando o inquérito já havia sido iniciado?[47]

Que mistérios judiciários eram esses, afinal? Após a abertura do exame de corpo de delito, etapa subsequente ao sumário de culpa, o delegado de polícia — o conhecidíssimo conselheiro Furtado de Mendonça, compadre, aliás, de Gama —, interveio violentamente no curso do processo. A entrada abrupta do delegado no caso sugere que ordens de cima o empurravam para isso. Em todo caso, Gama não deixaria barato: para o advogado, "ociosa,

---

45. "O misterioso roubo da alfândega de Santos", nesse volume, p. 233.
46. *Id.*
47. *Ibid.*, p. 233.

ilegal, inexplicável e criminosa foi a presença e a interferência do exmo. sr. conselheiro chefe de polícia no processo, *ratificando e retificando policialmente os atos judiciário* do juiz municipal".⁴⁸

Agora não era apenas um erro judiciário local. A entrada da polícia no mistério judiciário — atenção para os grifos originais de Gama, "*ratificando e retificando policialmente os atos judiciários*" — indica que manter Largacha preso era uma necessidade política imperial. Esse inquérito, segundo o atentíssimo Gama, "do Juízo Municipal transportou-se miraculosamente para a Chefia de Polícia, e desta para a Secretaria da Presidência, na capital; e da Presidência para a Promotoria de Santos".⁴⁹

O que esse translado significa? Por que essa sucessão de erros processuais e materiais? Que retificações e ratificações ocorreram? Que direito é esse em que o inocente paga pelo que não fez? E, sendo Largacha inocente, como Gama sustentou em todas as horas e todos os instantes, quem, afinal, roubou a alfândega de Santos?

Gama vai falar disso e muito mais na sua meticulosa análise do "caso Largacha". Para tanto, discute hipóteses, persegue indícios, coteja testemunhos, coleciona provas documentais, aponta erro material em perícia técnica, combate vícios processuais, interpreta a semântica legal, e produz, no final das contas, conhecimento normativo de elevado grau doutrinário. E tudo isso a partir, já sabemos, de um caso criminal de repercussão nacional. Um crime que figura, certamente, na lista dos maiores da história do Brasil.

Mas se todo grande julgamento criminal tem um grande advogado na tribuna de defesa, como registra a literatura, não é demais dizer que todo suspense policial tem uma alma detetivesca imbuída de desvendar o mistério do crime. Nem todos, contudo, reúnem as duas figuras, defensor e detetive, na mesma

---

48. *Ibid.*, p. 232. Grifo original.
49. *Ibid.*, p. 235.

pessoa. Do "caso Largacha" se pode dizer que sim, contrariando a regra geral, advogado e detetive, causídico e investigador vestem a mesma roupa.

Não há dúvidas de que a estratégia de defesa, particularmente a do segundo piso, em sede recursal, fora traçada, articulada e sustentada oralmente na tribuna por Gama. O que é interessantíssimo notar, sem embargo, é que essa estratégia se fundamenta em uma espécie de raciocínio lógico contraintuitivo em que indícios e evidências desprezados ou relegados a segundo plano pela perícia oficial ganham significado e passam a constituir um eixo narrativo alternativo para a explicação do fato criminal. Tarefa dificílima, senão ingrata, uma vez que judiciário, polícia, políticos e população já tinham certezas inabaláveis sobre quais foram as circunstâncias do crime e quem foram os seus autores.

Era preciso que se reconstituísse a cena do crime, senão *in loco*, ao menos pelas peças e fios soltos disponíveis nos autos daquele monstruoso processo de mais de duzentos depoimentos tomados, repita-se, "secretamente, a portas fechadas, no recesso da polícia, nos arcanos impenetráveis das íntimas indagações".[50]

E foi o que Gama fez, com uma ideia na cabeça e uma gazua — aqui volta ela — na mão.

A mixa caída no chão da alfândega de Santos, em fevereiro de 1877, parece ter sido a evidência maior desse raciocínio lógico contraintuitivo, ou intuitivo até demais, do detetive Gama.

Nos autos do processo se lê que a perícia oficial encontrou no chão do salão do cofre forte da alfândega, entre muitas miudezas, os seguintes objetos:

▷ Uma lima de três quinas, com a ponta partida de fresco;
▷ Uma verruma;
▷ Um formão pequeno, sem cabo;
▷ Um pequeno instrumento em forma de chave, feito de arame de ferro, com uma das pontas envolvida de arame de cobre, mais fino;
▷ Mais um formão sem cabo;
▷ Mais um instrumento de arame, semelhante ao já descrito;

---

50. "A outra ponta do fio de Ariadne", nesse volume, p. 280.

▷ Um outro dito, também de arame, tendo numa das extremidades 5 círculos de fio de cobre, em forma de flor;
▷ *Diversos maços de notas miúdas esparsos pelo chão;*
▷ Mais notas miúdas, não emaçadas;
▷ Folhas de estampilhas de diversos valores;
▷ Um vidro de óleo de amêndoas;
▷ Uma caixa de folha vazia;
▷ Um alicate;
▷ Diversos instrumentos de arame, semelhantes aos já descritos;
▷ Dois ferros curvos, em forma de gazua.[51]

Não há necessidade, por ora, de esmiuçar quais as funções de muitos dos objetos da lista acima. Basta, para já, anotar que nada disso chamou a devida atenção dos peritos. Para eles nada daquilo significava muito. Estavam todos — peritos, polícia, promotor e juiz — convencidos de que Largacha e seus auxiliares usaram a gazua e os demais objetos apenas para simular o arrombamento. Uma vez que ela jamais conseguiria abrir o cofre forte, diziam os peritos, a única alternativa seria o tesoureiro geral da alfândega usar a chave de sua exclusiva posse. Para ocultar a abertura normal, contudo, ele simularia o arrombamento. Daí a parafernália encontrada no chão da alfândega como elementos antes dissuasivos do que indiciários.

A gazua até arranhou, amassou e danificou o canhão da fechadura. O segredo do cofre, porém, seria inviolável para ela ou para quaisquer dos instrumentos encontrados. E como não havia suspeita de outro instrumento usado no crime, só mesmo a chave do tesoureiro é que poderia abrir o impenetrável cofre inglês.

Gama, no entanto, que já achava a história estranhíssima, passou a investigar em duas frentes: no significado daqueles instrumentos espalhados no chão da alfândega e na tal da inviolabilidade do cofre. *Pari passu*, analisaria depoimento a depoimento e apuraria exame a exame para descobrir o autor do crime e, ao fim e ao cabo, inocentar o seu cliente.

[51]. "O misterioso roubo da alfândega de Santos", nesse volume, p. 243. Grifo original.

Numa coisa Gama concordaria com os peritos: "a simulação existe, está patente, e é irrecusável".[52] Aliás, concordaria com mais uma, decorrência lógica da primeira: "o subtrator é o autor da simulação".[53] A mixa caída no chão da alfândega de Santos, em fevereiro de 1877, ou cada um dos objetos dissuasivos lá caídos, seria, pois, o fio do novelo que levaria à autoria do crime.

Todos estes objetos foram arrecadados. Todos eles pertenceram a alguém. Não eram da repartição. É claro que para ali foram levados; não estavam lá no dia 17 (sábado), quando fechou-se a repartição. Constituem indícios veementes ou prova, quando conhecidos os donos, ou a procedência: *pela obra se revela o mestre*. Seriam eles trabalhadores em Santos? Teriam vindo de fora? Estas perguntas encerram fatos de grande alcance.

O processo, a tal respeito, é silencioso como um túmulo!...

Nem uma pesquisa, nem uma diligência, nem uma indagação!

E para quê?

Pois não estava tão claro que o tesoureiro, o inspetor, e o chefe de seção, conluiados, tinham dado saque ao cofre?!

Pois não está plenamente provado que eles, da noite para o dia, fizeram-se milionários!?[54]

Se *pela obra se revela o mestre*, como escreveu e depois grifou Gama, pela gazua se chega ao ladrão. Era questão de persegui-la, ou seja, de descobrir a quem pertencia e quem a levou para a alfândega. Mas como puxar o fio do novelo que leva ao autor do crime? O detetive e advogado é quem ensina; e ensina porque, feito historiador ou memorialista, lembra do passado para reavivá-lo no presente. O caso policial que recordará tinha justamente o chefe de polícia Furtado de Mendonça como seu protagonista. Diferentemente do "caso Largacha", Furtado de Mendonça aqui manifestaria a argúcia necessária para uma investigação policial. Não era à toa que Gama pinçava de memória um caso em que Furtado de Mendonça — "homem distintís-

---

52. *Ibid.*, p. 248.
53. *Id.*
54. *Ibid.*, p. 244. Grifo original.

simo, dos que maiores serviços hão prestado à causa pública, com civismo e notável desinteresse" — despontava como bastião da moralidade e intransigente combatente do crime.[55] O "discípulo obscuro" do "velho mestre" Furtado de Mendonça parecia chamá-lo à razão para que não caísse na armadilha narrativa dos ladrões da alfândega; ou, pior para que não se curvasse aos ditames da perseguição policial e judiciária que impunham a Largacha e seus companheiros.[56]

Em 1857, uma onda de saques e arrombamentos em lojas fez o comércio de São Paulo se ver "sob o domínio do terror".[57] O recém-nomeado delegado Furtado de Mendonça tomou, entre outras medidas, a de "arrecadar os instrumentos deixados ou esquecidos pelos ladrões nas casas saqueadas".[58] Certa vez, Gama é quem conta,

foram-lhe enviados, pela Secretaria de Polícia, *um formão e uma baioneta*!
S. Excia., examinando a baioneta, disse: "Isto é disfarce. Foi deixada de propósito para desviar as atenções das autoridades".
E, tomando o formão, acrescentou: "Isto sim, é instrumento esquecido".
Com este fio, vou eu fazer "de Teseu" neste labirinto.[59]

Puxando "o fio de Ariadne" no labirinto embaçado do crime na São Paulo da Segunda Escravidão, Furtado de Mendonça, muito provavelmente auxiliado por Gama, que à época era amanuense da Secretaria de Polícia, desbaratou a quadrilha que assaltava o comércio e o sono da cidade.[60] É isso o que conta o ex-discípulo e sempre compadre de Furtado de Mendonça.

O raciocínio indiciário do delegado Furtado era lógico. "Pelo

---

55. *Id.*
56. Luiz Gama. "Fim da peça", in: Luiz Gama. *Democracia, 1866-1869, op. cit.*, p. 471.
57. "O misterioso roubo da alfândega de Santos", nesse volume, p. 244.
58. *Id.*
59. *Id.*
60. "O fio de Ariadne", nesse volume, p. 179.

formão descobriu ele o *dono*; e pelo dono, os seus associados! Os crimes cessaram. A paz e a ordem restabeleceram-se. *O formão foi a chave*; e o dono... ainda existe!...".[61] A chave caída no chão da alfândega de Santos, em fevereiro de 1877, foi o formão da casa comercial saqueada de São Paulo, em 1857. Ambas, formão e chave, chave e formão, revelam o raciocínio indiciário sagaz do investigador atento.

É o mesmo raciocínio, em síntese, o do delegado que se fez de Teseu, em 1857, e o do advogado que interpelou o desembargador relator do caso dizendo que se este "quisesse, acharia *no processo o fio de Ariadne*, pelo qual chegaria até aos felicíssimos autores do roubo da Alfândega".[62] Nos dois casos, o paulistano e o santista, havia instrumento esquecido e disfarce; quadrilha especializada e polícia pusilânime; direito, crime e... mistério.

Como o delegado Furtado fizera com o formão em 1857, Gama tomou a mixa na mão e também se fez de Teseu nos labirintos do crime. Para desvendar o misterioso furto, ele examina como aqueles objetos dissuasivos — lima, verruma, formão, alicate, entre outros — foram parar lá. Ao contrário da narrativa oficial, Gama dirá que os objetos desprezados pela perícia foram essenciais para o crime; não porque os ladrões tentaram com eles violar o cofre, mas, muito antes disso, porque com eles modelaram uma gazua nova ajustada exclusivamente para o espelho da fechadura do cofre inglês. Assim, "os instrumentos deixados propositalmente na sala do cofre, pelos subtratores, serviram para os atos preparatórios da subtração, e ali ficaram calculadamente, como elementos da planejada defesa dos atilados, avisadíssimos roubadores".[63]

Enquanto a polícia, promotoria e judiciário foram secos em uma única hipótese, isto é, na que importava a culpabilidade de Largacha, o advogado liderou, por conta e risco, uma perícia extraoficial e concluiu que o cofre inglês poderia, sim, ser violado,

---

61. "O misterioso roubo da alfândega de Santos", nesse volume, p. 245.
62. "O fio de Ariadne", nesse volume, p. 182. Para dar fluidez à leitura, alterei a marcação em caixa alta para grifo em itálico.
63. "O misterioso roubo da alfândega de Santos", nesse volume, p. 248.

desde que por "instrumento especial, cautamente preparado, *por oficial habilíssimo*, aperfeiçoado e ajustado pela própria fechadura".[64] Foi para ocultar ao máximo o instrumento especial que portava "que o subtrator cautamente o levou consigo, deixando apenas gazuas imprestáveis e outros instrumentos que os peritos não conheceram!".[65] Outros objetos espalhados pelo chão da alfândega, ou mesmo a introdução de limas e de pregos no canhão da fechadura, dirá Gama, foram calculadamente pensados para ludibriar os investigadores. "E todos estes fatos", fulmina o detetive, "*praticados com certo desazo*, que antes revelam *propósito* do que descuido ou negligência, acusam *uma simulação tão delicada*, em seus efeitos, que um juiz de espírito agudo não pode aceitá-la de chofre, sem reservas muito sérias para meditadas ponderações".[66]

Se nem o agudíssimo delegado Furtado percebera o fio solto que levaria ao paradeiro do autor do crime, a coisa seria ainda mais difícil para outras — e contando só as bem-intencionadas — autoridades. O esforço do advogado, então, seria para demover muralhas e convencer juízes de que seu cliente era inocente. O caminho para isso era o da reconstituição da cena do crime e o do cotejo meticuloso entre as provas maiores com os indícios menores. Necessariamente, contudo, o caso deveria subir à imprensa. Era chegado o tempo de pôr fim à boataria e às dissimulações. O bom combate haveria de se dar a um só tempo no foro e na imprensa.

A mixa caída no chão da alfândega de Santos, em fevereiro de 1877, não era a mixa final; ao contrário, enganosa que só, ela escondia uma outra mixa — a que Gama buscaria no bolso do paletó de certo figurão. "Pelo *formão* descobriu ele o *dono*", disse Gama sobre Furtado.[67] Agora será a vez dele, Gama, detetive e advogado, pela mixa descobrir *o dono*; e este, bocudo que só, não só deixou a mixa cair no chão da alfândega, como também na folha de um de seus depoimentos...

64. *Id.* Grifo original.
65. *Id.*
66. *Id.* Grifos originais.
67. *Ibid.*, p. 245.

Mas se não há mixa nem chave sem fecho ou fechadura, vale a pena explorar duas ou três possíveis relações de contiguidade entre ambos os objetos que tão complementares entre eles são.

O CANHÃO DA FECHADURA

A essa hora já se sabe que Gama entendia a gazua em dois níveis discursivos: no simbólico, utilizando-a como metonímia para Direito, e no literal, como indício veemente ou prova material do crime. Em ambos os casos, porém, a gazua é um instrumento que viola o direito. No figurativo, ela arromba direitos; no material, ela destranca fechaduras. Nenhum deles, metonímia ou objeto, vive só. Da interação deles com outros signos, imaginários ou literais, se produzem novos sentidos e entendimentos da realidade.

A gazua, então, ganha novos significados se vista em contraste e complemento com outros significantes ou artefatos. De início, talvez o mais interessante deles seja o da fechadura. Como o martelo bate no prego ou a porca aperta o parafuso, a gazua abre e fecha a fechadura. É ela, por excelência, o objeto que complementa a chave mixa. A ação de uma sobre a outra produz efeitos — tranca ou destranca — e altera a estática inicial. Tudo isso é conhecido, e tantas vezes repetido, no dia a dia.

O que interessa observar é que a metonímia da gazua em Direito leva a questionar qual seria a metonímia da fechadura nessa operação que agora, e só agora, se torna uma metáfora. Se está fácil perceber a relação de contiguidade da gazua caída no chão da alfândega de Santos, em fevereiro de 1877, com a fechadura do cofre inglês, haja vista a materialidade, função e interação dos elementos, o mesmo não se pode dizer da relação entre as metonímias, ainda mais entre uma definida ("gazua disfarçada em mãos de tratantes graduados") e outra de que pende definição.

A tarefa da hora, pois, será a de perscrutar o conceito que faria as vezes de fechadura nesse jogo metonímico complexo proposto pelo satírico jurista Luiz Gama n'*O Polichinello*, em

1876. Sem excluir outras possibilidades interpretativas, parece que o Poder Judiciário é o que melhor cumpre a função e a interação metonímica.

A qualificação dos agentes portadores da gazua como "graduados" acrescida da sua intencionalidade duvidosa ("tratantes"), já vimos, dá no bacharel pilantra, "tipão social" — para usar outra expressão de Gama — bastante conhecido em São Paulo e *habitué* da poesia satírica de *Getulino*. O fato de o bacharel ter a gazua "em mãos" sugere poder e discricionariedade; tê-la disfarçada, por outro lado, indica dissimulação. Em todo caso, o fato de gozarem "da fama de homens de bem" patenteia que esses bacharéis pilantras e poderosos eram mesmo gente da graúda encastelada especialmente no Poder Judiciário.

Considerando que apenas "bacharéis formados em direito" poderiam ser nomeados juízes de direito, para daí eventualmente serem chamados a servir como desembargadores, parece claro que Gama tinha esse específico "tipão social" em vista quando da escrita do verbete "Direito". Essa leitura, aliás, é corroborada pela análise de outros verbetes "jurídicos" — feito os citados "Juiz", "Desembargador", "Magistrado" e "Magistratura" — do extraordinário *Nomes & Definições*.

Como "nos mistérios da alfândega" de Santos, onde o "*oficial habilíssimo*" era quem conhecia os segredos do cofre, no não menos misterioso Judiciário da escravidão, era o portador da metonímica gazua, isto é, o bacharel pilantra investido da judicatura, quem conhecia o segredo do cofre que zelava.[68] Obviamente não era só ele, bacharel pilantra investido da judicatura, quem abria e fechava o cofre; basta ver o caso particular de Gama — que inegavelmente conhecia o segredo e trazia consigo, mas muito à mostra, a sua mixa.

Retomar e burilar os sentidos da gazua facilita para compulsar os da fechadura. Inerte, a fechadura só se move quando induzida

---

68. "O misterioso roubo da alfândega de Santos", nesse volume, respectivamente p. 245 e p. 248.

por elemento externo. Intrincada, ela possui trincos, pinos, molas, ferrolhos e linguetas que impedem ou permitem a ação de instrumento externo. Endentada, depende do encaixe de peças e dentes exatos para o giro que desbloqueia suas trancas.

O Poder Judiciário, com a licença da metáfora e no escopo da metonímia do Gama de *Nomes e Definições*, também pode ser visto como inerte, intrincado e endentado.

O primeiro dos adjetivos indica que o Judiciário, como a fechadura, não age de *per si*, senão responde à provocação. É a ação do advogado, promotor ou qualquer um do povo que rompe a inércia do sistema e mexendo nos pinos do juízo tenta destravar uma demanda. Se a indução externa adequada do instrumento apropriado movimenta a engrenagem por dentro e abre, pois, o segredo da fechadura; o manejo correto do direito (lembre-se: chave ou gazua), por analogia, abre a porta, cofre ou cadeado do juízo ou tribunal, isto é, da guarda do Direito.

O segundo termo nos será mais simples de entender. É senso comum que o Judiciário, a exemplo da fechadura, não é fácil de compreender. Salvo um ou outro "oficial habilíssimo", ninguém sabe mais ou menos ao certo como a máquina judiciária funciona. Se desde Alfred Hobbs — o fabricante do cofre inglês da alfândega de Santos — o canhão da fechadura moderna já tinha suas linguetas e trincos que subiam e desciam em quase que incompreensíveis movimentos, além de possuir um complicadíssimo dispositivo de travamento que bloqueava a introdução de chave intrusa, o Poder Judiciário do Brasil Império também podia se definir como intrincada mecânica de movimentos dotada de um eficiente aparelho de travamentos. A complexidade interna do objeto pode muito bem, nesse exercício metonímico, transferir seus significados para o entendimento do Judiciário.

A engrenagem da fechadura, por fim, também serve para assuntar a organização do Judiciário da São Paulo da Segunda Escravidão. Não pela busca de uma mecânica exata, o que seria um entendimento grosseiro da metonímia, mas pela ideia de encaixe que a fechadura possui. Sendo certo que, na relação metonímica de contiguidade, a fechadura precisa da chave, e vice-versa, o Judiciário precisa de algo que lhe toque, gire e destranque. A peça externa, antes de tudo, comunica algo — de um lugar para outro, de fora para dentro. A ordem judiciária, vista como sistema social, necessita se comunicar com o externo; uma porque ela não se basta em si e, duas, porque endentada que é depende de contatos, conexões e encaixes. Ou melhor, e na linguagem da teoria social luhmaniana: um sistema precisa se acoplar estruturalmente a outro(s), de modo que a chave da política ou da polícia, por exemplo, se encaixem no tambor da fechadura do Judiciário e daí se produzam normas e direitos, isto é, sentidos.

Até agora vimos a chave caída no chão da alfândega de Santos como pista decisiva para uma nova perícia criminal; mais do que isso, a mixa como percurso investigativo para o criminalista pensar o direito. Percebemos, também, os sentidos da transformação metonímica da gazua em "Direito" e, ato contínuo, possíveis caminhos para ler a metonímia da fechadura em "Judiciário". Ainda nessa "chave de leitura" do Judiciário como fechadura — inerte, intrincada e endentada — vale a pena ver de perto como Gama, com a sua gazua, tentou abrir as trancas do foro paulista.

GIROS DA CHAVE NA PORTA DO TRIBUNAL

Gama tentara uma, duas, três vezes. Em junho de 1877, impetrara, perante o inerte Tribunal da Relação de São Paulo, *habeas corpus* em favor de Largacha. Os desembargadores não atenderam o seu pedido. Para eles, a prisão ordenada pelo ministro da Fazenda e realizada pelo juiz municipal de Santos era juridicamente perfeita. Gama era de outra opinião — "Tenho por injurídica, ilegal e insubsistente esta decisão" — e partiria para as páginas da imprensa para justificar publicamente por que a prisão de Largacha era ilegal.[69]

---

69. "O que fundamenta a ordem de prisão do tesoureiro da alfândega?", nesse volume, p. 157.

Imediatamente após perder no tribunal, Gama escreveu um estudo jurídico em que sustentava que Largacha fora submetido a um processo arbitrário, viciado e violento. Para começo de conversa, e de maneira lógica e linear, argumentava que a autoridade administrativa não tinha poderes para requisitar prisão alguma. Isso posto, advertia o advogado, "requisitando a prisão, a autoridade administrativa cometeu um erro; e sendo o erro ofensivo da disposição legal, a realização da prisão (...) importa ilegalidade e violação da liberdade do funcionário".[70]

A discussão técnica sobre os limites e fundamentos do processo crime se estenderia por muitos pontos. Gama levantaria doze argumentos para justificar sua tese sobre o disparate jurídico que era a ordem de prisão administrativa sobre um delito que seria da esfera criminal. Se Largacha deveria ser acusado de um crime, deveria ser o de peculato. "E o peculato", sintetiza Gama, "não pode ser processado e julgado pela autoridade administrativa; é crime de responsabilidade; e, quando cometido por empregado não privilegiado, corre o respectivo processo perante os juízes de direito".[71]

Julgar como julgaram os desembargadores, dirá Gama, levaria o caos ao Judiciário. "A doutrina contrária", isto é, a mantenedora da prisão de Largacha, pontuou Gama, "conduz ao absurdo; anula a disposição da lei; gera invasão de poderes; viola o direito do cidadão; atenta contra a segurança individual; torna a prisão em meio ordinário, e indispensável, para ajuste de contas; leva a anarquia aos tribunais e ao seio da sociedade".[72]

O advogado descaracterizou a competência da jurisdição administrativa, esvaziou o fundamento da ordem de prisão e, por fim, denunciou a violação dos direitos de seu cliente. Ainda assim, a chave girou em falso e a porta não abriu.

Em outubro de 1877, o "caso Largacha" voltaria a julgamento

---

70. Ibid., p. 160.
71. "Destrinchando a ilegalidade da ordem de prisão", nesse volume, p. 167.
72. Id.

no Tribunal da Relação de São Paulo. Diferentemente da ocasião anterior, em que se apreciou a legalidade da ordem de prisão, agora a decisão seria de mérito. Gama e Largacha não teriam, mais uma vez, melhor sorte. Os desembargadores não só manteriam a prisão de Largacha como lhe negariam fiança. "Agora apenas esperamos um fato", ironizará Gama, "depois da negação da fiança, que seja consequentemente negada a existência do acusado".[73] Como se vê, o advogado ia pouco a pouco subindo o tom.

Também não era por menos. Após Gama discutir calorosa e longamente sobre as circunstâncias e evidências do crime da alfândega de Santos, os desembargadores mantiveram o pacto surdo das autoridades judiciárias, policiais e fazendárias, do Rio de Janeiro e de São Paulo, que impunha a Largacha a infame e injusta prisão.

Os desembargadores do Tribunal da Relação de São Paulo simplesmente acatavam as teses expostas nos autos conduzidos pelo juiz municipal de Santos. Para eles, Largacha era inequivocamente o autor e beneficiário do crime. No acórdão, os julgadores concluem que i) não houve rastro de invasão no prédio da alfândega; ii) o cofre não fora arrombado; iii) os instrumentos encontrados espalhados no chão da alfândega, como verruma lima, formão e gazua, "préstimo algum poderiam ter para abrir o mesmo" cofre, e, ato contínuo, iv) não havia a menor possibilidade de "algum profissional falsificar uma chave ou gazua que abrisse tal cofre".[74] Por fim, arrematam e condenam: como "o dito tesoureiro era o único que tinha a chave do cofre", apenas ele poderia ser o culpado do gigantesco roubo da alfândega de Santos.[75]

Novamente, Gama girara sua chave em falso na tranca do tribunal. Vencido no julgamento de mérito, teria de inventar um novo giro; um novo encaixe; uma inédita torção. Enquanto

---

73. "Só faltam os desembargadores negarem a existência do réu", nesse volume, p. 188.
74. "O misterioso roubo da alfândega de Santos", nesse volume, p. 263.
75. Id.

isso, Largacha e seus companheiros continuavam — já contavam nove meses! — presos nos intrincados e endentados ferrolhos do Judiciário.

A estratégia do advogado agora seria outra. Terminado o julgamento, levaria as entranhas do "caso Largacha" à imprensa. Mas não como um texto estritamente normativo-pragmático; ou como como uma série de alguns textos restritos à discussão técnica dos meandros forenses. Dessa vez, o advogado reviraria as vísceras da polícia e do Judiciário em público. Agora em livro.

O LIVRO

Trinta dias depois da segunda derrota no Tribunal da Relação de São Paulo, Gama publicaria o texto mais longo que escreveu na vida. Provavelmente, passou dias e noites a escrevê-lo. Só então, em novembro de 1877, foi que a população de Santos, São Paulo, Rio de Janeiro, ou onde quer que a notícia do roubo da alfândega tenha batido, soube em detalhes da trama vil que meteu Largacha e seus auxiliares no cárcere. Essa mesma trama que nós, da gazua ao cofre, vimos nas linhas acima.

Publicado como encarte pago no jornal *A Província de São Paulo*, o extraordinário *O Processo da Alfândega de Santos* (aqui intitulado como "O misterioso roubo da alfândega de Santos") também foi publicado em versão avulsa, que à época outros jornais chamaram de "folheto" e que hoje muito bem poderia ser definido como "livreto". Se observarmos a sua extensão, por exemplo, veremos que as quase 19.000 palavras que o compõem somam mais linhas que muitos "livretos" da época — e de hoje também. A sua distribuição avulsa, comprovada por diferentes jornais, indica que esse texto ganhou a forma de livro. Trata-se, portanto, do único livro jurídico escrito e lançado por Gama.

Não é pouco.

Tamanho, contudo, não é tudo.

Sendo um livro normativo-pragmático, "O misterioso roubo da alfândega de Santos" tinha dois objetivos bastante concretos:

influenciar a opinião pública interessada em direito e criar uma base social e epistêmica que levasse à reversão da sentença e/ou do acórdão que mantinham Largacha aprisionado. Para o primeiro objetivo, a veiculação através de suplemento encartado na *Província de S. Paulo*, pago justamente para circular o mundo; para o segundo e último, a edição para especialistas, aqui tomados como componentes das comunidades epistêmicas e práticas do direito em São Paulo.

Indubitavelmente, a publicação da obra cumpriu seus dois objetivos. O "caso Largacha" tomou as ruas de São Paulo, como se percebe das réplicas desesperadas de seus críticos, e influenciou decisivamente a mudança de postura do Judiciário. Isso se nota, principalmente, pela reviravolta que o caso tomou tão somente quarenta dias depois de publicada a peça histórica que é "O misterioso roubo da alfândega de Santos".

Em 29 de dezembro de 1877, antevéspera de ano-novo, o juiz de direito de Santos, Alberto Bezemat, interveio no processo e deu novo destino a Largacha e seus camaradas.

Neste que pode ser chamado de o terceiro giro da chave na porta do Judiciário, Gama finalmente conseguiria mover os pinos e destrancar as travas da tranca que prendiam Largacha, Assis e Lima. Não há santo ou oficial habilíssimo, contudo, que explique muito bem explicado que voltas e torções foram aquelas que moveram tão duras engrenagens. Fato é, porém, que os trincos enfim cederam ao movimento delicado da gazua de Gama, e o juiz, expedindo alvará de soltura, enfim tirou o trio da tranca.

Ao julgar Largacha e seus companheiros de alfândega, o juiz de direito Bezemat simplesmente revisitou todos os pontos cardeais do fato criminal. Para o juiz, o prédio poderia ter sido, sim, invadido; bem como "se podia modelar uma gazua" para arrombar o cofre.[76] O juiz Bezemat ainda asseverou que estava "provado dos autos" que "o réu não manifestou descuido, frouxi-

---

76. A sentença do juiz Bezamat pode ser lida em "A outra ponta do fio de Ariadne", nesse volume, p. 284.

dão, negligência ou omissão dos deveres impostos" pelas normas a que estava adstrito.[77] Em uma sentença lapidar, Bezemat descaracterizou as teses do inquérito policial, compradas praticamente por todos da polícia e do judiciário, e absolveu tesoureiro, inspetor e chefe de seção. Não há espaço para dúvida, portanto, de que o juiz Bezemat foi um dos leitores do histórico livro normativo-pragmático de Luiz Gama.

A publicação de "O misterioso roubo da alfândega de Santos" abalou a sociedade e o Judiciário paulista. O seu impacto, que se mede pela inesperada alteração do curso processual e a consequente absolvição de Largacha e seus dois companheiros, foi sentido em muitos círculos. O serralheiro Adolpho Sidow, que serviu de perito e fora, por Gama, seriamente implicado como alguém de caráter e habilidade técnica duvidosas, partiu para o ataque contra o advogado. O engenheiro Luiz Manoel de Albuquerque Galvão, envolvidíssimo até o último fio de cabelo no linchamento moral contra o tesoureiro Largacha, bem como na "*simulada subtração* de valores do *cofre da Alfândega*", também acusou o golpe e investiu desenfreado contra Gama.[78] O advogado vitorioso, porém, sentia-se com o dever cumprido e, embora devolvesse a paga aos seus acusadores, não o fazia com ânimo de prolongar a liça.

Não havia por que estender o debate. A razão da publicação era, primordialmente, aquela mesma: reexaminar os indícios e provas do crime para convencer o juiz a reformar a sentença e pôr um fim à injustiça que se abatia sobre Largacha, Assis e Lima. O objetivo normativo-pragmático, vide a sentença do juiz Bezemat, fora alcançado.

Mas se é verdade que o lançamento de "O misterioso roubo da alfândega de Santos" visava a fins específicos, práticos e localizados no tempo, ao menos três contribuições suas ganham a posteri-

---

77. *Ibid.*, p. 291.
78. "O misterioso roubo da alfândega de Santos", nesse volume, p. 238. Grifos originais.

dade. Primeiro, o percurso investigativo para se pensar o direito; segundo, as reflexões críticas sobre o erro judiciário; e, terceiro, as formas da escrita de uma literatura policial no século XIX.

Da primeira contribuição, há algumas linhas acima sobre isso, especialmente nas seções *Olho na gazua* e *"A mixa caiu"*. Está claro que o "caso Largacha" possui muitíssimas lições para pensar criticamente o direito. O método como Gama reconstituiu a cena do crime, debateu hipóteses, descartou indícios frágeis e elegeu indícios fortes; ou então como analisou provas e escreveu sobre elas serve, e muito, para aprendermos a raciocinar sobre o complexo fenômeno do direito.

O "caso Largacha", igualmente, é bastante útil para refletir sobre o erro judiciário. A história do funcionário público que tem a sua vida revirada de cima a baixo por uma acusação forjada no contexto de um linchamento moral joga luzes sobre práticas inquisitoriais no processo penal brasileiro. Como exclamaria um certo desembargador na época, "neste singular processo tudo é monstruoso!"[79] O infame telefone sem fio que enlameou o nome de Largacha e o recebimento da enviesada denúncia deram num inquérito policial açodado e conduzido por autoridade que logo se verificaria incompetente. A sede de punição ou a cegueira da hipótese única levaram as autoridades policiais e judiciárias a embarcar e promover uma narrativa policial que necessariamente teria de dar no culpado escolhido de antemão.

O erro judiciário, porém, tem seu preço. A história de "O misterioso roubo da alfândega de Santos" pode ser lida, então, como o outro lado da paga. É quando aquele que canta "Eu registrei e vim cobrar, sangue bom" surge no cenário com a conta atualizada e corrigida.[80] Gama, que estudou tintim por tintim

---

79. *Ibid.*, p. 235.
80. Com a licença poética, cito "Um bom lugar". In: Sabotage. *Rap é compromisso*. São Paulo: Cosa Nostra, 2001.

essa conta, passará a cobrá-la no processo e na imprensa. A correção do curso do processo era, no final das contas, a correção do erro judiciário.

E tudo isso numa peça de literatura policial. "O misterioso roubo da alfândega de Santos" só logrou o impacto que teve porque apelou às consciências do povo — e dos juízes! — sobre um erro judiciário que condenaria um inocente por algo que ele de fato não fez. Não fosse o suspense correndo nas linhas do livro normativo-pragmático dificilmente o jurista instaria a comoção pública; não suscitaria a indignação popular com o erro judiciário contra Largacha. Colacionando depoimentos, pinçava o dissonante no monocórdio; alinhavando recortes do inquérito, concatenava fiapos soltos do novelo único. Escrevendo sobre técnica processual-penal, ensinava sobre a dignidade da justiça.

De gazua na mão, abria o cofre do Direito.

NOTA SOBRE O ESTABELECIMENTO DO TEXTO

Os textos reunidos neste volume das *Obras Completas* foram transcritos diretamente do original e revistos à luz das fontes primárias. O processo minucioso de transcrição, cotejamento e revisão partindo exclusivamente dos originais, e nunca da literatura secundária, foi imprescindível para o estabelecimento do texto. Isso fica ainda mais evidente considerando-se que praticamente todos os artigos republicados em coletâneas passadas possuem mutilações textuais, a exemplo de centenas de supressões de palavras originais — às vezes de parágrafos inteiros —, acréscimos de palavras inexistentes, transcrições errôneas, distorções de sentidos, incompreensíveis gralhas, inversões de grifos e marcas estilísticas que, lamentável e fatalmente, resultaram no prejuízo da leitura da escrita de Gama. Para facilitar o acesso aos leitores de hoje, a grafia foi atualizada conforme as regras ortográficas correntes; a pontuação indicativa de falas e pensamentos, bem como marcações de cunho forense e os pronomes de tratamento formais e institucionais, foram padronizados; opções gramaticais hoje em desuso, como alguns casos de concordância e conjugação verbal, foram atualizados; e, por fim, foram preservadas todas as estruturas de parágrafo, marcações de ênfase em itálico e negrito, com exceção em alguns usos da caixa alta, que possuía ênfase tipográfica diversa da que hoje lhe atribuímos. Por não pretender ser uma edição fac-símile ou semidiplomática, estas *Obras Completas* usam da licença editorial para renomear os títulos de época, preservando-os como subtítulo, e assim favorecer a recepção contemporânea. O estabelecimento do texto, em síntese, teve o cuidado de manter a escrita de Luiz Gama o mais próximo possível do original — convidando à leitura uma pluralidade de gentes para além, oxalá, do círculo dos especialistas.

BIBLIOGRAFIA

GALEANO, Diego. *Escritores, detectives y archivistas: La cultura policial en Buenos Aires, 1821–1910*. Buenos Aires: Teseo, 2009.

GIL, Gilberto. *Ao vivo na USP*. Rio de Janeiro: Gege Produções Artísticas, 2018 [1973].

MARQUESE, Rafael; PARRON, Tâmis. "Internacional escravista: a política da Segunda Escravidão", in: *Topoi*, vol. 12, n. 23, 2011, pp. 97–117.

PAIVA, Vera Lúcia Menezes de Oliveira e. "A metonímia como processo fractal multimodal", in: *Veredas – Revista de Estudos Linguísticos*, Juiz de Fora, vol. 14, n. 1, 2016, pp. 7–19.

PARRON, Tâmis. "Escravidão e as fundações da ordem constitucional moderna: representação, cidadania, soberania, c. 1780-c. 1830", in: *Topoi*, vol. 23, n. 51, 2022, pp. 699–740.

RACIONAIS MC'S. *Nada como um dia após o outro dia*. São Paulo: Cosa Nostra, 2002.

RADDEN, Günter; Kövecses, Zoltán. Cf. "Towards a Theory of Metonymy", in: PANTHER, Klaus-Uwe; RADDEN, Günter. *Metonymy in Language and Thought*. Amsterdam: John Benjamins Publishing Company, 1999, pp. 17–59.

SABOTAGE. *Rap é compromisso*. São Paulo: Cosa Nostra, 2001.

TOLEDO, Roberto Pompeu de. *A capital da solidão: uma história de São Paulo, das origens a 1900*. Rio de Janeiro: Objetiva, 2003.

Lista de abreviaturas

Alv.	Alvará
Art.	Artigo
Aug:.	Augusta
Av.	Aviso
Cap.	Capítulo
Cod. Com.	Código Comercial
D.	Dom
Dr.	Doutor
E. R. M.	Espera Receber Mercê
Ed.	Edição
Exmo.	Excelentíssimo
Exmos.	Excelentíssimos
Fl.	Folha
Ilmo.	Ilustríssimo
Ir:.	Irmãos
Maçon:.	Maçonaria
Of:.	Oficina
S. Excia.	Sua Excelência
S. M.	Sua Majestade
S. n.	Sem número
S. S.	Sua Senhoria
Sr.	Senhor
Tit.	Título
V.	Vossa
V. Excia.	Vossa Excelência
V. S.	Vossa Senhoria
Vv. Ss.	Vossas Senhorias
VV. Revmas.	Vossas Reverendíssimas

PARTE I

A JURISDIÇÃO

NOTA INTRODUTÓRIA *Três artigos compõem essa seção. O primeiro trata de um "conflito de jurisdição" entre um juiz de órfãos e um juiz de direito no município de Araraquara (SP). O segundo responde a uma pergunta-chave para demandas de liberdade, a saber, se o escravizado poderia escolher o juízo local onde ingressar com uma ação de liberdade. O terceiro artigo é sobre uma causa de liberdade iniciada na comarca de Santos, que defendia que o escravizado alforriado não poderia ser posteriormente vendido ou doado. Decidir o juiz competente para julgar uma causa; cravar o local de propositura de uma ação; ou a ideia de vinculação de precedentes num mesmo tribunal passavam por conceituar o que constituía a jurisdição e quem possuía a competência para exercê-la. O tema era de primeira importância. Gama via na "jurisdição um dever ou obrigação" do Estado e a competência como uma incumbência legal, que se caracterizava por ser um "dever político" marcado na forma da lei. Juízes que exerciam poderes fora da órbita definida na legislação seriam, por definição, legalmente incompetentes. Identificar os limites de uma jurisdição, discutir quem possuía a competência para exercê-la e "as normas salutares da invariabilidade e certeza dos julgamentos" numa dada jurisdição, portanto, são assuntos teóricos tratados nos três artigos. Longe de se ocuparem de uma discussão hipotética ou abstrata, os textos tinham a reflexão teórica pensada e organizada para solucionar casos concretos que corriam, sobretudo, em juízos e tribunais da província de São Paulo.*

Capítulo 1
Jurisprudência da incerteza
Conflito de jurisdição – Araraquara[1]

Comentário   Literatura normativo-pragmática. *Gama critica uma decisão do Tribunal da Relação de São Paulo e desenvolve o tema da competência jurisdicional para decidir um litígio. A fundamentação do acórdão — "perniciosa e injurídica doutrina" — é duramente atacada. Os desembargadores basearam-se em dois decretos do Poder Executivo para decidir qual juiz — se um juiz de órfãos ou um juiz de direito — deveria julgar uma causa que tratava da possibilidade de licença para casamento de menor de idade. Embora o caso concreto pareça de pouca repercussão pública, Gama aproveitava para discutir um tema caríssimo que permeava um sem número de disputas judiciais: a separação (e a desigualdade) de poderes. "Sabido é, de há muito tempo", concluía Gama, "que o Poder Judiciário se vai tornando em subserviente mandatário do Executivo". As "privadas conveniências" levavam juízes a fazer vista grossa à legislação da matéria e a recepcionar, fora da competência traçada em lei, decretos do Executivo. Os acórdãos, com isso, tornavam-se meros reprodutores da vontade do Executivo, quando, por harmonia dos poderes, deveriam espelhar a vontade da lei do país. Tal fenômeno certamente não surpreendia o advogado, que escrevia indignado com a má formação e a fundamentação aplicada pelos desembargadores. No entanto, ele fazia questão de fincar sua bandeira em defesa da dignidade do direito. "Em S. Paulo, porém", dizia Gama, "a verdade é outra: não é a da lei; é a do Poder Executivo, que a revogou; a incoerência fez-se direito; aqui a jurisprudência é a incerteza; a incerteza é a razão da justiça!"*

1. *A Província de S. Paulo* (SP), Seção Judiciária, Tribunal da Relação, 19 de maio de 1877, p. 1–2.

ACÓRDÃO[2] EM RELAÇÃO, ETC.

Julgam competente o juiz de direito para concessão ou denegação de licença, para casamento do menor, compreendendo, nessa autorização, todos os casos, ainda mesmo o especial de que trata o art. 15, nº 12, do Decreto de 15 de março de 1842, em vista da expressa disposição do Decreto nº 5.467 de 12 de novembro de 1873.[3]

São Paulo, 20 de junho de 1875
AQUINO E CASTRO, PRESIDENTE[4]
C. LIMA[5]
FARIA[6]

2. Decisão de tribunal que serve de modelo ou paradigma para solucionar casos semelhantes.
3. O *caput* do art. 15 do decreto de 1842 definia a forma pela qual se daria o agravo de petição nas causas cíveis e a espécie tratada no seu respectivo item 12 versava sobre a "licença concedida para casamento, suprido o consentimento do pai ou tutor". Cf. *Coleção das Leis do Império do Brasil de 1842*, tomo v, parte II. Rio de Janeiro: Tipografia Nacional, 1843, pp. 199-209, especialmente pp. 203-204. Quanto ao decreto de 1873, o acórdão fazia referência indireta ao art. 4º, § 6º, em que havia "expressa disposição" sobre concessão e licença para casamento de menor de idade. O *caput* do art. 4º definia o rol de decisões que deveriam pôr "termo ao feito" e quais sentenças deveriam "ser proferidas pelos juízes de direito das comarcas gerais", sendo a previsão do § 6º referente à "concessão ou denegação de licença para casamento do menor". Cf. *Coleção das Leis do Império do Brasil de 1873*, tomo XXXVI, parte II, volume I. Rio de Janeiro: Tipografia Nacional, 1874, pp. 933-939, especialmente pp. 933-934.
4. Olegário Herculano de Aquino e Castro (1828-1906), nascido em São Paulo (SP), foi promotor público, juiz, desembargador, presidente do Tribunal da Relação de São Paulo, ministro e presidente do Supremo Tribunal Federal. Também ocupou cargos no Legislativo, como deputado (1867-1870 e 1878-1881), e no Executivo, como chefe de polícia das províncias de Goiás, Rio de Janeiro e São Paulo, além de presidente da província de Minas Gerais (1884-1885).
5. Antonio Cerqueira Lima Júnior (1832-1876), natural da Bahia, foi juiz de direito em sua província natal (1856) e nas províncias do Ceará (1857), Rio Grande do Sul (1858) e Minas Gerais (1861, 1872-1873), além de desembargador do tribunal da Relação de São Paulo (1874-1876).
6. José Francisco de Faria (1825-1902), natural do Rio de Janeiro (RJ), foi político e magistrado. Foi chefe de polícia da Corte no Rio de Janeiro, juiz de direito, desembargador dos tribunais da Relação de Ouro Preto e de São Paulo, procurador da Coroa, Soberania e Fazenda Nacional e ministro do Supremo Tribunal de Justiça. Teve muitos embates com Luiz Gama na parte

VILLAÇA[7]

∽

Como bem se vê, o egrégio Tribunal da Relação, pelo acórdão supra, e sob inscrição de *conflito de jurisdição* entre os juízes de órfãos e de direito de Araraquara, resolveu sobre uma *averiguação de competência*.

Generaliza-se infelizmente, entre nós, na ilustrada província de S. Paulo, por força de Arestos,[8] mais autoritários do que judiciosos,[9] esta nova, perniciosa e injurídica doutrina, que aos juízes de direito, por dilatação de esfera, confere atribuições que a lei só em casos especiais lhes concedeu.

E posto que na província de S. Pedro do Rio Grande do Sul fosse já a matéria assaz[10] discutida, e com subido critério jurídico, em um recurso crime, interposto para a Relação de Porto Alegre pelo dr. juiz dos órfãos do termo de Santo Antonio da Patrulha,[11] recurso que obteve provimento por unânime votação dos julgadores, apraz-me levantar, aqui, de novo, a questão, para que não passe em silêncio um ato calculado, que me parece atentatório da sã jurisprudência e da evidente disposição da lei.

---

contrária, sendo o mais célebre aquele em que Gama advogou *habeas corpus* para o africano congo Caetano. Como Gama relata na abertura de seu estudo sobre os efeitos manumissórios da proibição do tráfico de escravos, foi a partir de uma arguição do desembargador e procurador da Coroa José Francisco de Faria que ele resolveu responder ao público a gravidade da matéria. "Este perigoso discurso, este enviesado parecer do respeitável magistrado", respondia Gama, "obrigou-me a escrever este artigo."
7. Joaquim Pedro Villaça (1817–1897), nascido na província de São Paulo, foi promotor público, juiz municipal e de órfãos, juiz de direito, desembargador dos tribunais da relação de Ouro Preto (1873) e de São Paulo, onde também foi presidente do tribunal (1879), além de ministro do Supremo Tribunal de Justiça (1888).
8. O mesmo que acórdão.
9. Sensatos.
10. Suficientemente, bastante.
11. Município do Rio Grande do Sul.

Considerada diretamente a questão, por seus fundamentos, em face do direito escrito, vem de molde reproduzir a opinião autorizada do distinto e muito acatado sr. dr. Vicente Ferreira da Silva,[12] que copiamos de um parecer, por ele dado:[13]

A jurisprudência, que pretendeu firmar o colendo Tribunal da Relação de S. Paulo, no Acórdão de 20 de junho do ano precedente, decidindo que, nas comarcas gerais, em todas as hipóteses, cabe ao juiz de direito *conceder licença* para casamento de órfãos, não pode passar sem reparo.

Esse acórdão foi proferido para pôr termo ao conflito de jurisdição levantado entre o juiz de direito e o de órfãos de Araraquara.

Escusado é demonstrar que não se deu conflito de jurisdição, nem se podia dar, entre autoridades de uma mesma jurisdição, que exercem funções no mesmo território, e sobre a mesma matéria; o que há, e está bem patente, é *divergência sobre extensão de competência*.

Dois são os fundamentos do acórdão: *Autoridade* dos avisos e a *expressa disposição* do Decreto de 12 de novembro de 1873.

O primeiro, *ratio judicandi*,[14] nem merece ser refutado em país onde poderes do estado acham-se divididos e têm a órbita de suas atribuições claramente traçada na Constituição; não cabendo ao Executivo interpretar leis, máxime[15] no ramo do direito privado. Tal faculdade

---

12. Embora não tenha encontrado referências biográficas exatas sobre este Vicente Ferreira da Silva, ainda assim é possível afirmar com segurança que ele e Vicente Ferreira da Silva Bueno (1815-1873), carrasco de Gama no episódio de sua demissão do cargo de amanuense da secretaria de polícia da capital, em dezembro de 1869, não eram a mesma pessoa. O Ferreira da Silva citado nesse texto era, muito provavelmente, aquele que tinha se graduado em direito nas Arcadas em 1866 e que, em 1892, viria a ser fundador e redator da *Revista de Jurisprudência do Instituto dos Advogados de São Paulo*. Sobre essa revista jurídica, cf. Diego Rafael Ambrosini e Natasha Schmitt Caccia Salinas. *Memória do IASP e da advocacia: de 1874 aos nossos dias*. Campinas: Millenium Editora, 2006, pp. 66-69.
13. É bastante provável que o parecer tenha sido produzido a partir de uma consulta particular feita pelo próprio Gama. Essa hipótese ilumina, a um só tempo, a interlocução de Gama com seus pares do mundo do direito e sua estratégia de defesa de ideias na imprensa.
14. Razão do julgamento.
15. Principalmente, especialmente.

já lhe era recusada no regime antigo, como demonstra Corrêa Telles com a Resolução de 3 de novembro de 1792 (Comentário à Lei da Boa Razão, nº 3, pág. 6).[16]

Aquilo que no domínio do absolutismo era vedado observar (*Ordenação* do Livro 2º, Título 41)[17] constitui, hoje, a mais copiosa fonte em que vão haurir suas decisões os nossos magistrados, de todas as hierarquias. Nem como modo de entender a lei doutrinariamente podem os avisos ser aceitos: *non exemplis, sed legibus judicandum est*.[18] O juiz deve formar a sua convicção pelo próprio estudo, e não pelas opiniões ministeriais.

O Decreto de 12 de novembro de 1873, art. 4º, § 1º, nº 6, rege só a hipótese de haver recusa de consentimento, por parte do pai ou do tutor, pois só então tem lugar a *decisão* do magistrado, *decisão* que é determinada por controvérsia e terminada por *sentença*.[19] Quando, porém, o tutor, pai, ou curador presta o seu consentimento, não sendo mais possível a oposição por parte de ninguém, a autorização do juiz é um ato de jurisdição graciosa; não há *decisão* a proferir; e, portanto, tal hipótese não pode ser regida pelo citado decreto de 1873.

---

16. A citação corresponde ao original, todavia, dada a edição consultada, com paginação ligeiramente distinta. Cf. José Homem Corrêa Telles. *Comentário crítico à Lei da Boa Razão*. Lisboa: Tipografia de Maria da Madre de Deus, 1865, p. 7. José Homem Corrêa Telles (1780–1849) foi jurista, juiz, desembargador, historiador do direito e político português. Autor fundamental para o desenvolvimento do conhecimento normativo do século XIX, Corrêa Telles foi um dos doutrinadores de direito civil que mais influenciou Gama em suas argumentações na imprensa e nos tribunais.
17. Esta *Ordenação* disciplinava o uso das portarias de subordinados do rei. Em síntese, determinava que agentes do reino, nomeadamente da Justiça, não fizessem "obra alguma por portaria". Cf. Candido Mendes de Almeida. *Código Filipino, ou, Ordenações e Leis do Reino de Portugal*. Livro II. Rio de Janeiro: Tipografia do Instituto Filomático, 1870, p. 466.
18. Em tradução livre, pode-se ler como julgue-se em obediência às leis e não aos casos precedentes; ou, deve-se julgar não pelos exemplos, mas pelas leis.
19. De fato, a previsão do § 6º do art. 4º definia que, entre as sentenças que deveriam "ser proferidas pelos juízes de direito das comarcas gerais" (*caput*), estava a de "concessão ou denegação de licença para casamento do menor". Cf. *Coleção das Leis do Império do Brasil de 1873*, tomo XXXVI, parte II, volume I. Rio de Janeiro: Tipografia Nacional, 1874, pp. 933–939, especialmente pp. 933–934.

A faculdade que a *Ordenação* do Livro 1º, Título 88, § 19, e o art. 5º, § 8º do Regulamento de 15 de março de 1842 conferem aos juízes de órfãos não lhe foi tirada pela reforma e seus regulamentos.[20]

O espírito desta foi aproximar-se, quanto as circunstâncias do país o permitiam, do preceito constitucional, que vê na perpetuidade dos magistrados uma condição de independência, para o bom *julgamento das causas*.

Nada tem, pois, com as funções de caráter administrativo. Tanto o legislador reconheceu que os juízes de órfãos ficariam com as atribuições, que não lhes fossem tiradas, que deu-se ao trabalho de enumerar as que passou para os juízes de direito, como o julgamento de partilhas, contas de tutores e decisões que ponham termo ao feito (Reforma Judiciária, art. 24).[21]

---

20. O título da *Ordenação* referia-se aos juízes dos órfãos e o parágrafo citado tratava da possibilidade de casamento do órfão ou menor. *In verbis*: "E se algum órfão ou menor de vinte e cinco anos, que tiver tutor ou curador, se casar sem autoridade do juiz dos órfãos; e o casamento for feito por vontade do órfão, ou menor, sem induzimento de pessoa alguma; e for o casamento menos daquilo que o órfão ou menor pudera achar, segundo a qualidade de sua pessoa, e da fazenda que tiver, não lhe mandará o juiz entregar seus bens até chegar a idade de vinte anos. E posto que haja carta nossa, ou dos nossos desembargadores do paço para que lhe sejam entregues, se nela se não fizer expressa menção como assim se casou sem autoridade do juiz dos órfãos, o dito juiz não cumprirá tal carta, nem lhe mandará entregar seus bens, até chegar a idade de vinte anos. E esta pena haverá outro qualquer que, sem autoridade do juiz, casar alguma órfã, ou menor de vinte e cinco anos, que tutor ou curador tiver". Cf. Candido Mendes de Almeida. *Código Filipino, ou, Ordenações e Leis do Reino de Portugal*. Livro I. Rio de Janeiro: Tipografia do Instituto Filomático, 1870, pp. 206–220, especialmente p. 213. Sobre o decreto de 1842, e em particular o artigo citado, cf. *Coleção das Leis do Império do Brasil de 1842*, tomo v, parte II. Rio de Janeiro: Tipografia Nacional, 1843, pp. 199–209, especialmente p. 201.

21. Refere-se indiretamente à Lei nº 2.033 de 20 de setembro de 1871, cujo artigo 24, § 1º, disciplinava exatamente sobre o tema que o parecerista discute nesse parágrafo, isto é, sobre o "julgamento das partilhas, conta de tutores, bem como qualquer outra decisão definitiva que ponha termo à causa em primeira instância". Cf. *Coleção das Leis do Império do Brasil de 1871*, tomo XXXI, parte I. Rio de Janeiro: Tipografia Nacional, 1871, pp. 126–139, especialmente p. 136.

Não podendo separar-se desse pensamento capital, que presidiu à distribuição da competência, o Regulamento de 1873, artigo 4º, fiel aos princípios da lei, fala em *feitos, decisão* e *sentença*.[22]

No caso de simples concessão de licença não há *decisão*, nem *pleito*, nem *sentença*; mas só despacho em requerimento de curador.[23]

A este respeito, como nos mais atos da orfanologia[24] administrativa, ficaram intactas as atribuições dos juízes de órfãos; subsiste a competência como estava estabelecida; é o próprio governo quem o confessa (Aviso de 6 de abril de 1872).[25]

Autorização para casamento de órfão é atribuição do juiz de órfãos que, em face da lei, não é lícito pôr em dúvida;

Tal autorização é concedida sem forma nem figura de juízo, de plano e pela verdade sabida;

Este é o procedimento, desde que o tutor consciencioso[26] o impetra e concorda o curador geral (Acórdão da Relação de Porto Alegre, 28 de março de 1876. Vide *Gazeta Jurídica*. vol. 11, nº 162, págs. 570 a 577).[27]

---

22. Ver n. 3, p. 64.
23. Aquele que está, em virtude de lei ou por ordem de juiz, incumbido de cuidar dos interesses e bens de quem se acha judicialmente incapacitado de fazê-lo.
24. Multinormatividade e doutrina referente à assistência e proteção dos órfãos.
25. O parecerista se reporta ao Aviso nº 97 de 6 de abril de 1872. Assinado pelo ministro da Justiça, o aviso se propunha a sanar dúvidas sobre a reforma judiciária de 1871, tratando, em particular, de atribuições de juízes municipais e juízes de direito em causas comerciais e sumárias. Ao que parece, Silva invocava um diploma legal bastante específico mais por expediente retórico do que por força normativa. Afinal, embora o aviso respondesse uma consulta de um juiz de órfãos, o governo pouco "confessava" sobre o estabelecimento da competência em causas orfanológicas. Cf. *Coleção das Decisões do Governo do Império do Brasil de 1872*, tomo XXXV. Rio de Janeiro: Tipografia Nacional, 1873, pp. 91–92.
26. Na eventualidade de erro tipográfico, restam duas possíveis leituras. Pode ser lido como o mesmo que conscientemente, ou consenciente, isto é, aquele que permite, que está de acordo.
27. A referência é exata. Cf. "Autorização para casamento de órfão". In: *Gazeta Jurídica: revista mensal de doutrina, jurisprudência e legislação*, nº 162, ano IV, vol. 11, abril a junho de 1876, pp. 570–577. Sobre a recepção do acórdão na doutrina, cf. Antonio Joaquim Ribas. *Consolidação das leis do processo civil*. Vol. 2. Rio de Janeiro: Dias da Silva Junior, 1879, p. 115–116.

Consideremos agora a questão sob outro ponto de vista, o do direito público, e principalmente do criminal.

Competência, em acepção jurídica, é a incumbência legal de entender em negócios públicos, ou julgar dos contenciosos.

Toda incumbência legal, para aquele que a exercita, encerra um dever político; e todos os deveres políticos cumpre que sejam restritos e expressamente estatuídos; porque importando tais deveres, para os incumbidos de sua observância, atos positivos de jurisdição; e sendo a jurisdição um poder legal ou autoridade de aplicar as leis, não pode provir de meras induções, nem deduzir-se de interpretações doutrinárias do direito, nem ser assumida, *ad nutum*,[28] por presunções despertadas pela pública utilidade; mas deve resultar de preceitos preestabelecidos pelo poder competente.

É, portanto, a competência uma incumbência social, política e legal; a incumbência uma jurisdição e a jurisdição um dever ou obrigação; e porque, na vertente hipótese, a transgressão ou inobservância do dever importe o cometimento de um delito, sujeito à sanção penal, teríamos, em face da doutrina do citado Acórdão de 20 de junho, que os delitos podem resultar não só de previsões positivas da lei, como de indução filosófica e de interpretações doutrinárias do direito!

A base do citado acórdão, fora de contestação, é o Decreto nº 5.467 de 12 de novembro de 1873, art. 4º, nº 6;[29] esta base, porém, quando contivesse a *expressa disposição* que lhe atribui o acórdão, seria ela de todo ponto falsa, por ser manifestamente ilegal esta parte do mencionado decreto.

Aos juízes dos órfãos, como autoridades administrativas, exercendo jurisdição graciosa, nas comarcas gerais, conferiu a *Ordenação* do Livro 1º, Título 88, § 19, a atribuição de conceder

---

28. Discricionariamente, ao arbítrio.
29. Ver n. 3, p. 64.

aos órfãos licença para casarem-se; e, pela legislação em vigor, os juízes de direito, em tais comarcas, têm faculdade para judiciar a respeito, mediante recurso, quando o ato assume caráter contencioso.[30]

Aquela atribuição graciosa dos juízes dos órfãos resulta de expressa disposição de lei pátria, visto que tais foram tornadas as *Ordenações do Reino*, por explícita adoção da Lei de 20 de outubro de 1823,[31] até hoje não derrogada por qualquer outra. E se este é o preceito legal integralmente mantido, é certo igualmente que o Poder Executivo carece de competência para revogá-lo, ou distendê-lo ampliando, de tal arte, e de *motu proprio*,[32] as atribuições dos juízes de direito; e consequentemente os fatos constitutivos da sua responsabilidade que, se não fica sujeita a novo e mais perigoso arbítrio, ficará desastradamente isenta de sanção penal!

Disto resulta, portanto, que, se o Decreto de 1873 encerra a positiva disposição que lhe empresta o venerando acórdão, contém o mesmo decreto necessariamente uma interpretação autêntica da lei; e, se contém tal interpretação, é incontestável que o Poder Executivo também legisla; e sendo o Poder Executivo delegado à Coroa, que o exercita pelos seus ministros, resulta, de modo inevitável, que os ministros legislam, sem Parlamento, por ordem da Coroa; que o governo do Brasil é despótico; e que, sem convocação de constituinte, foi revogada, assim como foi promulgada, a carta constitucional do Império!...[33]

---

30. Ver n. 20, p. 68.
31. Aprovada no bojo do processo constituinte de 1823, esta lei declarava em vigor uma série de normas portuguesas que possuíam inquestionável força normativa no Brasil até abril de 1821. O art. 1º da lei fazia explícita menção às *Ordenações* como um desses conjuntos normativos que voltavam oficialmente a ter vigência no Brasil. Com a citação de lei nacional, Gama procurava realçar a força normativa das *Ordenações*, o que, por extensão, reforçava o seu argumento. Cf. *Coleção das Leis do Império do Brasil de 1823*, parte I. Rio de Janeiro: Imprensa Nacional, 1887, pp. 7–9.
32. Iniciativa própria, espontaneamente.
33. Embora incidental ao argumento central, é de se notar a crítica que Gama

Sabido é, de há muito tempo, que o Poder Judiciário se vai tornando em subserviente mandatário do Executivo; e que, por causa desta notável dobrez,[34] sob o peso de privadas conveniências, os esdrúxulos avisos e as desaforadas exorbitâncias dos regulamentos vão cotidianamente transformando todo o sistema e plano jurídico da nossa legislação.

A razão, a metafísica, a etnografia social, o progresso moral, a civilização e a política, já não constituem elementos de hermenêutica; os juízes deixaram os labores do jurisconsulto; há um sábio no país, pensa o governo; rege o aviso; reflete o regulamento; está em paz a ciência; está a pátria salva; tripudiam de júbilo os tribunais!

A Relação de Porto Alegre manda processar o juiz dos órfãos do termo da Patrulha, porque ilegalmente concedera licença para o casamento de um menor; o crime é reconhecido em primeira instância, o juiz é pronunciado; recorre da sentença e mostra que, perante a lei, era ele o juiz competente, único, para, no caso dado, conceder a licença; o tribunal aceita a doutrina das alegações, reconhece a verdade da lei, e, por votação unânime, absolve o juiz!

Em S. Paulo, porém, a verdade é outra: não é a da lei; é a do Poder Executivo, que a revogou; a incoerência fez-se direito; aqui a jurisprudência é a incerteza; a incerteza é a razão da justiça!

São Paulo, março de 1877

L. GAMA

---

faz ao processo constituinte brasileiro. A carta constitucional do Império — que o autor parece fazer questão, nesse trecho, de não chamar de Constituição — carecia de processo constituinte legítimo, haja vista ter sido reunida e promulgada sem convocação pelo titular do poder político originário.
34. Ambiguidade, também no sentido de dissimulação.

Capítulo 2
O escravo pode escolher o juiz que o julgará
Tem o escravo escolha de foro para a propositura de ação manumissória?[1]

Comentário *Literatura normativo-pragmática. Gama disseca os fundamentos jurídicos de um acórdão do Tribunal da Relação de São Paulo que decidiu pela limitação do direito do escravizado em propor uma causa de liberdade. Ao negar um recurso de uma pessoa escravizada, os desembargadores do tribunal paulista fixavam uma doutrina que aniquilaria a possibilidade de alguém escravizado demandar sua liberdade fora do domicílio em que vivia. Diziam os desembargadores que não caberia exceção — mesmo em matérias de liberdade — ao "princípio geral que estabelece a competência do juiz do domicílio do réu". Se esta parece uma questão menor, basta pensar em uma pessoa escravizada em fuga, ou seja, alguém distante do domicílio do réu (nesse caso, contra quem se demandava). O tribunal decidia, portanto, que o escravizado, se quisesse lutar por sua liberdade, deveria voltar ao local de onde havia fugido. Para bom entendedor, o que era certamente o caso de Gama, a decisão do tribunal significaria antes a morte brutal do que a possibilidade de um julgamento razoável. Cabia, nesse sentido, desmontar os pressupostos do acórdão e construir uma repsosta normativa que favorecesse, na prática, demandas de liberdade em qualquer jurisdição.*

ACÓRDÃO EM RELAÇÃO, ETC.

Negam provimento ao agravo[2] interposto do despacho de fl. 3, por quanto, vistos os autos, foi o mesmo proferido de conformidade com

---

1. *A Província de S. Paulo* (SP), Seção Judiciária, Tribunal da Relação, 02 de agosto de 1877, p. 1–2. O *Correio Paulistano* repercute a publicação desse estudo chamando-o de "uma análise jurídica do advogado sr. Luiz Gama". A ação manumissória era uma das formas processuais pelas quais se demandava a liberdade.
2. Recurso a uma instância superior interposto a fim de se reformar ou modificar decisão interlocutória de juiz ou membro de tribunal inferior.

o direito. O princípio geral que estabelece a competência do juiz do domicílio do réu, para conhecer das ações contra este intentadas, não acha exceção na espécie de que se trata.

Ainda nas causas de liberdade, movidas de conformidade com a Lei de 28 de setembro de 1871,[3] e seu regulamento, prevalece o princípio de só deverem elas ser intentadas no foro do domicílio do réu. O privilégio de escolha de juiz, invocado pelo agravante, é insustentável no regime judiciário, que vigora. A *Ordenação*, Livro 3º, Título 5º,[4] em que se funda o agravante,[5] nenhuma aplicação tem ao caso e, quando tivesse, é sempre certo que na prática se tem dado como revogada a mesma *Ordenação*, em face do disposto no art. 179, § 16, da Constituição do Império.[6]

Os favores que a Legislação atual tem outorgado à liberdade não importam o desconhecimento dos direitos do senhor. Tão garantido é pela lei o direito de propriedade como o de liberdade. A doutrina

---

3. Referem-se à conhecida Lei do Ventre Livre, que declarava livres os filhos da mulher escravizada nascidos a partir da promulgação da lei. Ela também regulava outras matérias, a exemplo do processamento e julgamento de causas de liberdade. Cf. *Coleção das Leis do Império do Brasil de 1871*, tomo XXXI, parte I. Rio de Janeiro: Tipografia Nacional, 1871, pp. 147–152.

4. A *Ordenação* tratava daqueles que poderiam "trazer seus contendores à Corte por razão dos seus privilégios". Embora possuísse força normativa, haja vista o agravante tê-la invocado, o título 5º confrontava o disposto na Constituição — nomeadamente o art. 179, § 16 —, que aboliu privilégios que não tivessem "utilidade pública". Assim como os desembargadores consideravam essa *Ordenação* "insustentável no regime judiciário". O jurista Candido Mendes compreendia, no mesmo sentido, que a "prática tem dado como revogada essa *Ordenação*". Cf. Candido Mendes de Almeida. *Código Filipino, ou, Ordenações e leis do Reino de Portugal: recopiladas por mandado d'El-Rey D. Philippe I*. Livro III. Rio de Janeiro: Tipografia do Instituto Filomático, 1870, p. 10.

5. Quem interpõe o recurso de agravo.

6. O *caput* do art. 179 definia "a inviolabilidade dos direitos civis e políticos dos cidadãos brasileiros, que tem por base a liberdade, a segurança individual e a propriedade, é garantida pela Constituição do Império" e o seu § 16º, a sua vez, determinava que ficariam "abolidos todos os privilégios que não forem essenciais e inteiramente ligados aos cargos por utilidade pública". Cf. *Constituição Política do Império do Brasil*. Rio de Janeiro: Tipografia Nacional, 1824, pp. 41–43. O modo de construção da frase não deixa dúvida de que os desembargadores consultavam a edição de Candido Mendes para formular o acórdão. Cf. Candido Mendes de Almeida, *Op. cit.*, p. 10.

sustentada pelo agravante tornaria desigual a posição dos litigantes, e iria de encontro ao preceito legal. E assim mandam que para os devidos efeitos subsista o despacho de que se agrava, pagar as custas ex-causa.[7]

São Paulo, 20 de março de 1874
ALENCAR ARARIPE[8]
AQUINO E CASTRO[9]
J. N. DOS SANTOS[10]
A. L. DA GAMA[11]

~

Nas discussões, em geral, como ainda na de que ora nos ocupamos, para que bem se possa argumentar, e melhor concluir, preciso é bem assinalar, e com critério distinguir, os pontos cardeais da questão.

Como se vê do venerando acórdão, que deixamos transcrito, *o escravo não tem escolha de foro para propositura de ação manumissória*; e não tem tal escolha pelas seguintes razões, que vamos reproduzir, enumerando-as, com escrupulosa fidelidade:

---

7. Pela causa.
8. Tristão de Alencar Araripe (1821–1908), nascido em Icó (CE), foi político, magistrado e escritor. Ocupou diversos cargos no Judiciário, sendo juiz municipal e de direito, desembargador e presidente dos tribunais da relação da Bahia e de São Paulo, além de ministro do Supremo Tribunal Federal, onde se aposentou. Foi chefe de polícia das províncias do Espírito Santo, Pernambuco e Ceará, presidente das províncias do Pará e de São Pedro do Rio Grande do Sul e ministro da Justiça.
9. Ver n. 4, p. 64.
10. José Norberto dos Santos (?–?) foi político e magistrado. Presidiu a província do Rio de Janeiro e foi desembargador nos tribunais do Maranhão, Bahia, Rio de Janeiro e São Paulo, onde também foi presidente desse tribunal (1874–1875).
11. Agostinho Luiz da Gama (?–1880), nascido na província do Mato Grosso, foi político e magistrado. Exerceu os cargos de juiz municipal, juiz de direito e desembargador do Tribunal da Relação de São Paulo. Foi chefe de polícia das províncias da Bahia, Pernambuco e na Corte, Rio de Janeiro, além de presidir a província de Alagoas.

1ª Porque o princípio geral, que estabelece a competência do juiz do domicílio do réu, para conhecer das ações contra ele intentadas, não acha exceção na espécie de que se trata;

2ª Porque ainda nas causas de liberdade, movidas de conformidade com a Lei de 28 de setembro de 1871, e seu regulamento, prevalece o princípio de só deverem ser elas intentadas no foro do domicílio do réu;[12]

3ª Porque o privilégio de escolha de juiz, invocado na vertente hipótese, é insustentável no regime judiciário, que vigora; visto como,

4ª A *Ordenação*, Livro 3º, Título 5º, invocada, nenhuma aplicação tem ao caso;[13] e,

5ª Quando tivesse aplicação ao caso, é sempre certo que, na prática, se tem dado como revogada a mesma *Ordenação*, em face do disposto no art. 179, § 16, da Constituição do Império;[14]

6ª Porque os favores que a Legislação atual tem outorgado à liberdade não importam o desconhecimento dos direitos do senhor; e tanto que,

7ª Tão garantido é, pela lei, o direito de propriedade, como o de liberdade;

8ª Porque a doutrina contrária tornaria desigual a posição dos litigantes, e iria de encontro ao preceito legal.

---

12. Ver nota 3 acima, p. 74.
13. Ver nota 4 acima, p. 74.
14. Ver nota 6 acima, p. 74.

Estes fundamentos, porém, não procedem; porque, além de carecerem de razão jurídica, não se esteiam em disposição legal; e antes são evidentemente contrários ao direito escrito, e atacam, de modo inconveniente, se não desastroso, a própria moral judiciária.

E não procedem estes fundamentos:

O primeiro Porque o princípio geral, que estabelece a competência do juiz do domicílio do réu, para conhecer das ações contra ele intentadas, tem limites na lei; tais limites encerram exceções à regra geral; e as exceções acham razão e fundamento na moral, no direito, e no público interesse; o limite está na *Ordenação* do Livro 3º, Título 5º, § 3º,[15] que aos Miseráveis *outorga o favor de trazerem aos seus contendores à corte*; isto é, ao foro da capital, foco de maior civilização, onde está situado o colendo Tribunal, fora da perniciosa influência de localidade, onde predomina indebitamente a rude vontade do grosseiro potentado; esta *Ordenação* é lei vigente do Império, pela de 20 de outubro de 1823,[16] que explicitamente admitiu-a; são pessoas miserá-

---

15. Gama busca na mesma *Ordenação* citada no acórdão, muito embora em outro parágrafo, o 3º, fundamento para seu argumento. Nessa passagem da *Ordenação*, Gama encontra fulcro para sustentar que o escravizado possuía, sim, o favor de escolher o local da propositura da ação manumissória. Afinal, conforme tal texto normativo, "o órfão varão menor de catorze anos e a fêmea menor de doze, e a viúva honesta, e pessoas miseráveis, ainda que sejam autores, têm privilégio de escolher por seu juiz os corregedores da corte, ou juiz de ações novas". A continuidade do raciocínio, ao que passaria a explicar, tratava de equiparar o escravizado à pessoa miserável, o que Gama fazia, por outra parte, com igualmente sólido repertório doutrinário. Cf. Candido Mendes de Almeida. *Código Filipino, ou, Ordenações e Leis do Reino de Portugal*. Livro III. Rio de Janeiro: Tipografia do Instituto Filomático, 1870, pp. 566–567.
16. Aprovada no bojo do processo constituinte de 1823, esta lei declarava em vigor uma série de normas portuguesas que possuíam inquestionável força normativa no Brasil até abril de 1821. O art. 1º da lei fazia explícita menção às *Ordenações* como um desses conjuntos normativos que voltavam oficialmente a ter vigência no Brasil. Cf. *Coleção das Leis do Império do Brasil de 1823*, parte I. Rio de Janeiro: Imprensa Nacional, 1887, pp. 7–9.

veis, na frase da lei, as viúvas, os órfãos, *os escravos, que litigam pela sua alforria*, e outras que, por certas circunstâncias, a estas possam ser comparadas (Augusto Barbosa, *Appellativum*, 152, nº 5; Novar. *de privileg. miserabil. person. prelud.* 8, nº 6, etc., em *Repertório das Ordenações*, verbete Miseráveis, pág. 543 e nota A;[17] a causa manumissória é considerada, em direito, *causa pia*;[18] porque, no dizer dos jurisconsultos, "é o cativo uma pessoa miserável de condição, que necessita, pelo seu estado lamentável, da eficaz proteção da lei, para fazer valer os seus direitos naturais, dos quais foi casualmente privado pela lei civil";[19] e tão sagrado era considerado este rigoroso preceito da lei civil, pelo qual foi conferida ao escravo a faculdade de escolher juiz, para propositura de ação manumissória, que, em Portugal, no ano de 1615, movendo-se dúvida, porque um escravo propusera ação contra um fidalgo-cavalheiro, com vencimento de moradia, que também tinha privilégio, para escolher juiz, perante o qual fosse demandado (*Ordenação*, Livro 3º, Título 61, § 1º),[20] julgou-se que nas causas sobre liberdade *tinha o escravo maior privilégio*, e podia escolher o juiz que lhe parecesse, sem permissão de declinatória da parte do demandado senhor, ainda mesmo quando fidalgo-cavalheiro fosse, com privilégio de moradia; e assim julgavam os sábios juízes do absolutismo que, nas árduas interpreta-

---

17. A referência é exata e não deixa dúvidas de que Gama consultou a edição do *Repertório* de 1795. Gama cita o verbete "miseráveis", e sua respectiva nota de rodapé, de onde aproveita a citação da obra do jurista português Augusto, ou Agostinho, Barbosa (1589–1649), que compõe o extenso corpo doutrinário inscrito na nota. Contudo, não foi possível identificar parte da citação, razão pela qual permanece abreviada e cifrada. Cf. *Repertório das Ordenações, e Leis do Reino de Portugal*. Coimbra: Real Imprensa da Universidade, 1795, pp. 543–544.
18. Caridosa, piedosa.
19. Não foi possível identificar e creditar o autor citado nessa passagem.
20. Por provável erro tipográfico, a referência não corresponde ao teor do argumento.

ções do direito político, desatendiam, com critério, os privilégios emanados de concessões régias, para observar, com restrição e civismo, os ditames piedosos da reta moral e sã consciência;

O segundo   Porque ainda mesmo nas causas de liberdade, movidas de conformidade com a Lei de 28 de setembro de 1871, e seu Regulamento nº 5.135 de 13 de novembro de 1872,[21] não há limitação alguma ao princípio sabiamente estatuído na citada *Ordenação* do Livro 3º, Título 5º, § 3º, adotada pela Lei de 20 de outubro de 1823; os casos manumissórios estabelecidos na Lei de 28 de setembro de 1871, que respeitou e manteve os preceitos da legislação anterior, *são especiais*; ainda quando, portanto, tal limitação houvesse, por ela se não derrogava o *princípio geral*, como bem determinam os Assentos de 16 de novembro de 1700, e 3º de 9 de abril de 1772;[22] o egrégio Tribunal da Relação da Corte, que, como os demais do Império, é porção da grande *Babel judiciária* do país, mesmo depois da promulgação da Lei de 1871, e ainda em o ano precedente, em mais de um acórdão, reconheceu e confirmou, em benefício do escravo, o direito de escolha de juiz, fora do conhecido domicílio do senhor; o Decreto

---

21. Gama cita primeiro a Lei do Ventre Livre e, na sequência, o seu decreto regulamentar que, com mais de 100 artigos, modulava a execução e os efeitos da reforma abolicionista. Cf., respectivamente, *Coleção das Leis do Império do Brasil de 1871*, tomo XXXI, parte I. Rio de Janeiro: Tipografia Nacional, 1871, pp. 147–152; e *Coleção das Leis do Império do Brasil de 1872*, tomo XXXV, parte II. Rio de Janeiro: Tipografia Nacional, 1872, pp. 1053–1079.
22. Os julgados mencionados, provenientes das Casas da Suplicação e do Cível, em Lisboa, não parecem ter relação direta com o argumento que Gama constrói no parágrafo. Ambos tratam de temas distintos e alheios a matérias que levassem a um "princípio geral" derrogado, razão pela qual não apresentarei adiante as ementas dos assentos. Ao que me parece, salvo melhor juízo, Gama trouxe os assentos como expediente retórico ornamental para intrincar o argumento e quiçá confundir potenciais replicantes. Os assentos podem ser consultados online.

nº 4.835 de 1º de dezembro de 1871,[23] para o caso da matrícula especial do escravo, e para o efeito da manumissão por conta do Estado, concede ao escravo, em certa condição, *residência especial*, e distinta da do senhor; a Lei nº 2.040 de 1871 outorga ao escravo, para manumissão, por meio de pecúlio,[24] *direito de petição*; o Decreto de 12 de abril de 1832,[25] expedido para execução da Lei de 7 de novembro de 1831,[26] respeitando o disposto na *Ordenação* do Livro 3º, Título 5º, citada, e na Lei de 10 de

---

23. Para execução do art. 8º da Lei do Ventre Livre, o decreto definia o regulamento para a matrícula especial dos escravizados e dos filhos da mulher escravizada. Cf. *Coleção das Leis do Império do Brasil de 1871*, tomo XXXIV, parte II. Rio de Janeiro: Tipografia Nacional, 1871, pp. 708-721.

24. Patrimônio, quantia em dinheiro que, por lei, foi permitido ao escravizado constituir a partir de doações, legados, heranças e diárias eventualmente remuneradas. Cf. *Coleção das Leis do Império do Brasil de 1871*, tomo XXXI, parte I. Rio de Janeiro: Tipografia Nacional, 1871, pp. 147-152, especialmente p. 149.

25. O decreto regulava a execução da Lei de 7 de novembro de 1831. Gama, por sua vez, fazia referência indireta ao art. 10 do decreto que reconhecia de modo bastante enfático a capacidade jurídica do preto (sublinhe-se, não escravizado) requerer sua liberdade com base no tráfico ilegal. Gama equipara categorias jurídicas que sabia bastante distintas — "preto" e "escravo" — para reforçar seu argumento, isto é, a formação e extensão de um direito de ação ao escravizado, assim como discutir a questão nos termos da lógica senhorial a um só tempo escravista e racista. Dada a força normativa do artigo, que Gama exploraria muitas outras vezes, leiamos-no na íntegra o art. 10: "Em qualquer tempo, em que o preto requerer a qualquer juiz, de paz ou criminal, que veio para o Brasil depois da extinção do tráfico, o juiz o interrogará sobre todas as circunstâncias que possam esclarecer o fato, e oficialmente procederá a todas as diligências necessárias para certificar-se dele, obrigando o senhor a desfazer todas as dúvidas que se suscitarem a tal respeito. Havendo presunções veementes de ser o preto livre, o mandará depositar e proceder nos mais termos da lei". Cf. *Coleção das Leis do Império do Brasil de 1832*, parte II. Rio de Janeiro: Tipografia Nacional, 1874, pp. 100-102.

26. Considerada uma lei vazia de força normativa, recebendo até o apelido de "lei para inglês ver", a conhecida Lei de 1831 previa penas para traficantes de escravizados e, de maneira não tão assertiva como a historiografia costuma cravar, declarava livres os escravizados que chegassem ao Brasil após a vigência da lei. Cf. *Coleção das Leis do Império do Brasil de 1831*, parte I. Rio de Janeiro: Tipografia Nacional, 1873, pp. 182-184.

março de 1682,[27] expressamente declara o escravo hábil *para requerer a sua manumissão, perante qualquer juiz de paz ou criminal*, que lhe convenha; e, consequentemente, obriga o senhor a vir responder perante o juiz escolhido pelo escravo; e o mesmo princípio foi repetido na Lei de 4 de setembro,[28] e no Decreto de 14 de outubro de 1850;[29] é claro, pois, e claro até à evidência, que o segundo fundamento do venerando acórdão não passa de mera invenção poética, e de todo ponto contrária ao direito e à jurisprudência dos Tribunais;

O terceiro Porque o privilégio — de escolha do juiz —, invocado na vertente hipótese, é incontestável, no regime judiciário que vigora; porque, estatuído em lei, como se acha, e fica plenamente demonstrado, só poderá desaparecer por disposição positiva, de nova lei, que precisamente o revogue;

O quarto Porque a *Ordenação* do Livro 3º, Título 5º,[30] invocada, é lei brasileira, feita pelo Poder Legislativo, e está em pleno vigor; e para que não tenha aplicação ao vertente caso, do que

---

27. O alvará regulava a liberdade e a escravidão de negros apreendidos na guerra dos Palmares, na antiga capitania de Pernambuco. Conhecido da historiografia sobretudo pela regulação da prescrição do cativeiro após cinco anos de posse da liberdade, nesse texto Gama se reporta a outro comando normativo do alvará — possivelmente o quinto parágrafo —, no qual o rei de Portugal outorgava que os cativos poderiam demandar e requerer liberdade, ainda que contra o interesse de seus senhores. Cf. Candido Mendes de Almeida. *Código Filipino, ou, Ordenações e Leis do Reino de Portugal*. Livro IV. Rio de Janeiro: Tipografia do Instituto Filomático, 1870, 1045–1047.
28. A conhecida Lei Eusébio de Queiroz estabelecia medidas, ritos e punições para reprimir o tráfico atlântico de escravizados. Cf. *Coleção das Leis do Império do Brasil de 1850*, tomo XI, parte I. Rio de Janeiro: Tipografia Nacional, 1850, pp. 267–269.
29. Regula a execução da Lei Eusébio de Queiroz, definindo como se dariam a repressão, o processamento e o julgamento dos contrabandistas. Cf. *Coleção das Leis do Império do Brasil de 1850*, tomo XIII, parte II. Rio de Janeiro: Tipografia Nacional, 1851, pp. 158–169.
30. Ver nota 4 acima, p. 74.

se infere *que terá para outros*, como afirma-se arbitrariamente, no venerando acórdão, indispensável é que se demonstre que a miséria tornou-se indigna do favor público, ou que os preceitos de piedade incompatibilizaram-se com os bons sentimentos, e tornaram-se alheios às regras e princípios de direito, e normas de sociabilidade, ou que a lei é contraditória, ou que o manumitente não é pessoa miserável!...;

O quinto Porque é certo, e fora de contestação, que — se na prática — não tem sido observada esta *Ordenação*, o que aliás não é exato porque a Relação da Corte, como já o dissemos, há pensado inversamente, será antes por incúria[31] ou por inadvertência dos julgadores, do que por exação,[32] como equivocadamente pretende-se no venerando acórdão; nem tampouco porque tenha sido revogada pelo art. 179, § 16 da Constituição do Império;[33] a carta constitucional, abolindo resolutamente os privilégios, fez claríssima exceção dos que fossem *julgados essenciais* e inteiramente ligados aos cargos, por utilidade pública; e evidente é que, em tais termos, referiu-se precisamente o poder, com a imposta abolição, às concessões honoríficas, graciosas e pessoais, e às regalias de ordem privada; e não interessou às de ordem pública, que foram, do modo o mais escrupuloso ressalvados; e muito menos as especialíssimas, consagradas no direito civil, por princípios benéficos de piedade, para apoio e justa proteção da miséria; a menos que os modernos juristas, com entono[34]

---

31. Negligência, desleixo ou falta de iniciativa.
32. Rigor, correção.
33. O art. 179 definia "a inviolabilidade dos direitos civis e políticos dos cidadãos brasileiros, que tem por base a liberdade, a segurança individual e a propriedade, é garantida pela Constituição do Império, pela maneira seguinte: (...) § 16º. Ficam abolidos todos os privilégios que não forem essenciais e inteiramente ligados aos cargos por utilidade pública". Cf. *Constituição Política do Império do Brasil*. Rio de Janeiro: Tipografia Nacional, 1824, pp. 41–44.
34. Sentimento de amor-próprio, pode ser entendido como orgulho, vaidade.

pindárico,[35] se bem que baldos[36] de senso jurídico, não pretendam, de um só jato, que a carta[37] eliminando aqueles privilégios, abolisse também a miséria, e com ela, no radiado golpe capitolino,[38] a viuvez, a orfandade e o cativeiro! Quanto à mantença[39] dos privilégios de ordem pública, quer interessem diretamente aos serventuários do Estado, quer particularmente aos indivíduos, que, por sua condição excepcional, necessitam do auxílio peculiar da autoridade, para a defesa regular da sua causa, é fato inconcusso,[40] que avulta em a nossa legislação. (Deixamos de citar, para não alongarmos inutilmente este escrito, as disposições que concedem privilégio de foro aos militares, aos legisladores, aos presidentes de Província, aos ministros, aos bispos, etc.; com relação ao mandato — aos príncipes, arcebispos e bispos, aos duques, marqueses, condes, doutores, militares, etc.; com relação aos miseráveis — aos ofendidos, etc.);

O sexto Porque os favores que a Legislação atual, que é a mesma em que nos esteiamos, tem outorgado aos manumitentes, não importam negação dos direitos dominicais;[41] e apenas, por eles, cuidou o legislador de coibir inveterados[42] abusos;

O sétimo Porque *em direito* é desconhecida a propriedade do homem sobre o homem; o cativeiro é um fato anormal, transitoriamente mantido pelos governos, porém repelido formalmente pelo direito; a liberdade é de direito natural (*Lei 30 de julho de*

---

35. Por sentido figurado, suntuoso, magnífico.
36. Desprovidos, carentes.
37. Isto é, a Constituição Política de 1824.
38. No sentido de imponente, triunfal.
39. Manutenção, custeio.
40. Inquestionável, indiscutível.
41. Senhoriais.
42. Bastante antigos, arraigados.

1609);⁴³ nas causas que sobre ela versarem, *pode o juiz dispensar na lei*, para mantê-la (*Ordenações*, Livro, 4º, Título 11, § 4º);⁴⁴ *porque o cativeiro é contra a natureza* (citada *Ordenações*, Título 42);⁴⁵ no Brasil não há lei alguma que instituísse o cativeiro; o suposto direito dominical é uma ficção odiosa, ilegalmente mantida, por circunstâncias imperiosas, que os poderes do Estado, compelidos pela vontade pública, tratam com afano⁴⁶ de remover.

O oitavo, finalmente Porque, sendo essencial a igualdade de posições dos litigantes, em juízo para a regular propositura e desenvolvimento dos pleitos, são indispensáveis os favores da lei, em prol dos miseráveis, que, na ausência de tais favores, serão vítimas da prepotência dos grandes, que tudo dominam; o que o venerando acórdão denominou *desigualdade* é, pelo contrário, o que o legislador, com muita sabedoria, instituiu, para equilíbrio das posições, em juízo.

43. Embora se trate de lei relativa à proibição do cativeiro de índios no Brasil do início do século XVII, Gama cita-a para reforçar seu argumento sobre o direito natural à liberdade. O motivo para escolhê-la como um entre os fundamentos normativos do direito à liberdade devia-se mais ao efeito persuasivo de coligir uma lei que já contava com quase três séculos de existência, do que ao seu conteúdo normativo ambíguo que vacilava sobre as razões de se manter ou não o cativeiro no Brasil. Cf. *Coleção Cronológica da Legislação Portuguesa*, 1603-1612. Lisboa: Imprensa de J. J. A. Silva, 1854, pp. 271-273.
44. O longo parágrafo quarto começa com a célebre sentença que se leria em muitas ações de liberdade no Brasil do século XIX: "E porque em favor da liberdade são muitas cousas outorgadas contra as regras gerais". Cf. Candido Mendes de Almeida. *Código Filipino, ou, Ordenações e Leis do Reino de Portugal*. Livro IV. Rio de Janeiro: Tipografia do Instituto Filomático, 1870, pp. 789-791, especialmente p. 790.
45. A *Ordenação* citada cuida de assunto diverso, qual seja, da não obrigação da pessoa morar em local onde não queira ficar. No entanto, em rápido relance, se admite que o cativeiro "é contra a razão natural". A breve menção, contudo, empresta embasamento normativo ao argumento do autor. Cf. Candido Mendes de Almeida. *Código Filipino, ou, Ordenações e Leis do Reino de Portugal*. Livro IV. Rio de Janeiro: Tipografia do Instituto Filomático, 1870, pp. 821-822, especialmente p. 821.
46. O mesmo que afã, empenho.

Julgamos ter discutido e demonstrado, à face da lei, que a resolução jurídica, a resolução legal, a resolução que não ataca os verdadeiros fundamentos do direito, nem os preceitos de moral, nem os puros sentimentos de piedade, que tanto enobrecem o elevado caráter dos legisladores e dos juízes dos povos cultos, em questões gravíssimas, de máximo interesse social, como a de que nos ocupamos, não é certamente a que, com mais paixão do que civismo, adotou o venerando Acórdão de 20 de março de 1874; se não a que, talvez por equívoco, em menos desafortunados pleitos, seguiu o colendo Tribunal da Relação da Corte; a que, por muitas vezes, com admirável isenção, e menosprezo de favoneados[47] preconceitos, firmaram os doutíssimos juízes, e os severos Tribunais de Portugal, que sabiam, em nome da razão, e em homenagem aos direitos naturais do homem, sem infração da lei civil, antepor o justo interesse do escravo, a causa nobilíssima da redenção, ao orgulho exulado[48] de hiperbólicos senhores, aos privados interesses dos dominadores do Estado, às graças do Rei, que era bastante poderoso para criar nobrezas, para instituir privilégios, para decretar e revogar as leis; porém somenos[49] para dominar altivas e retas consciências, e para impedir os ditames da justiça: eram juízes e tribunais livres, que, à semelhança do Sol, erguiam-se mais alto do que as cúpulas dos tronos.

São Paulo, 25 de junho de 1877

L. GAMA

---

47. Protegidos.
48. Exilado.
49. Inferiores, irrelevantes.

Capítulo 3
Sobre alforrias testamentárias
Escravo alforriado em testamento pode ser vendido ou doado pelo manumissor?[1]

Comentário Embora assinado por Antonio Carlos Andrada Machado e Silva, credito esse artigo a Luiz Gama. Eles eram sócios e amigos há muitos anos: dividiam o escritório, trabalhavam juntos diariamente, tinham afinidades políticas e mesmo convivência familiar. No entanto, Antonio Carlos nunca foi assíduo em debates jurídicos nos jornais. Custa encontrar, ao longo de uma década, artigos doutrinários que ele tenha publicado na imprensa. Que dirá ao se reduzir o enfoque para literatura normativo-pragmática relacionada com matérias de escravidão. É difícil encontrar uma reflexão autoral sobre o tema, principalmente por se tratar de um jurisconsulto especializado em causas comerciais e empresariais. Então, por que Antonio Carlos iria aos jornais, uma única vez, tratar de uma alforria testamentária, tema que não dominava e era competência de seu sócio? Por que adentraria em território inóspito e de todo irregular para ele? As hipóteses se afunilam para uma possibilidade que se afigura verossímil: em rápida síntese, ela sugere que Gama não poderia, dada a peculiaridade de outra ação em curso, sustentar embargos no Tribunal sem comprometer aquela outra causa em andamento. Entre o final de outubro e meados de novembro, Gama estava na linha de tiro dos desembargadores. Um passo em falso e ele poderia pôr a perder o processo Largacha. Desde junho que Gama pelejava publicamente com alguns desembargadores sobre o famoso crime da alfândega de Santos, sendo que a coisa ganhara complexidade com o Acórdão de 19 de outubro de 1877, emitido em desfavor de Largacha. Como se verá, a causa de Largacha mereceu de Gama a escrita do maior texto que se tem notícia de toda a sua literatura normativo-pragmática, lançado quatro dias após esse assinado por Antonio Carlos. Para responder se o *"escravo alforriado em testamento pode ser vendido ou doado pelo manumissor?"*, Antônio Carlos/Gama trazem um repertório normativo gigantesco, em escala temporal e geográfica, para conceituar o que era uma alforria, quais os requisitos que a tornavam juridicamente perfeita e, portanto, irrevogável, além de suas modalidades de concessão. O artigo é uma aula de direito.

1. *A Província de S. Paulo* (SP), Seção Judiciária, Tribunal da Relação, Foro de Santos, 14 de novembro de 1877, p. 2.

> *Semel autem causa probata, sive vera sit,*
> *sive falsa, non retractatur Institutas*
> JUSTINIANO, LIVRO 1°, TÍTULO 6°, § 6°[2]

> Haverá juiz sisudo que acredite na legalidade da venda de um escravo alforriado em testamento que não foi revogado pelo testador?
> DR. C. A. SOARES[3]

SUSTENTAÇÃO DE EMBARGOS NO TRIBUNAL DA RELAÇÃO

I

Senhor,

A manumissão ou alforria é a concessão legal e perpétua do cativeiro, qualquer que seja o fundamento, qualquer que seja o modo pelo qual se determine o ato.

A manumissão ou alforria, uma vez concedida, *por qualquer meio lícito*, é irrevogável (Livros 20, 26 e 33, Cód. *de liber. causa*,

---

2. A citação confere com o original. É de se notar que o autor busca nas longínquas fontes do direito romano o embasamento normativo introdutório para uma causa de liberdade do calor da hora. Com isso, o texto do imperador bizantino Justiniano I (482-565) ganhava tradução normativa local na São Paulo do século XIX. Em tradução adaptada, a máxima justiniana rezava que: "Uma vez aprovado o fundamento da alforria, quer as razões em que ela se baseia sejam verdadeiras ou falsas, ela não poderá ser revogada". Cf. Thomas Collet Sandars. *The Institutes of Justinian: With English Introduction, Translation, and Notes*. London: Longmans, Green, and Co., 1878, pp. 24-25.
3. Caetano Alberto Soares (1790-1867), nascido na ilha da Madeira, Portugal, foi um sacerdote católico e advogado radicado no Brasil. Foi um dos fundadores e presidente do Instituto dos Advogados do Brasil (1852-1857). Contudo, não encontrei a obra de onde vem a epígrafe.

etc.; Lei nº 2.040 de 28 de setembro de 1871, art. 4º, § 9º;[4] acórdãos da Relação da Corte, de 24 de abril de 1847, de 29 de fevereiro, e de 21 de outubro de 1848; do Supremo Tribunal de Justiça, de 5 de fevereiro de 1850, e de 20 de dezembro de 1873);[5] porque faz do liberto cidadão (*Institutas*, Justiniano, Livro 1º, Título 5º, § 3º, pág. 2, *Sed dedititiorum quidem pessima*, etc.;[6] *Constituição Política do Império*, art. 6º, § 1º, e art. 7º, §§ 1º, 2º e 3º;[7] *Código Filipino*, pág. 865, nota 3, e pág. 866, nota 1).[8]

A irrevocabilidade[9] provém de que a escravidão tem a sua origem no direito das gentes (*Servitus autem est constitutio ju-*

---

4. Esse dispositivo da Lei do Ventre Livre derrogou o trecho das *Ordenações* na parte que permitia a revogação de alforrias por ingratidão. Cf. *Coleção das Leis do Império do Brasil de 1871*, tomo XXXI, parte I. Rio de Janeiro: Tipografia Nacional, 1871, pp. 147–152, especialmente p. 150.
5. Não foram localizados os extratos dos referidos julgamentos.
6. Embora apenas o início da sentença seja citado, talvez por limitação de espaço tipográfico, o sinal de etcetera indica que o autor referencia o conjunto do texto normativo. Assim, todo o parágrafo trata das gradações de liberdade e de cidadania que os libertos poderiam alcançar nas sociedades de tradição jurídica romana. Cf. Thomas Collet Sandars. *The Institutes of Justinian: With English Introduction, Translation, and Notes*. London: Longmans, Green, and Co., 1878, p. 19.
7. O art. 6º, § 1º, definia constitucionalmente que os cidadãos do Império eram os homens nascidos no Brasil, quer fossem "ingênuos ou libertos". O caput do art. 7º estatuía como se perdia os direitos de cidadão, sendo a hipótese do parágrafo 1º aplicável em caso do nacional que se naturalizasse para outra nacionalidade; a hipótese do parágrafo 2º para aquele que aceitasse, sem autorização do Imperador, emprego, pensão ou condecoração de governo estrangeiro; e a previsão do parágrafo 3º aquela para o caso de sentença de banimento. O que Antônio Carlos e Gama afirmam, pois, é que o liberto só poderia perder direitos de cidadania nas hipóteses inscritas no rol constitucional. Cf. *Constituição Política do Império do Brasil*. Rio de Janeiro: Tipografia Nacional, 1824, pp. 4–5.
8. Ambas as notas reportam um extenso e intrincado debate doutrinário sobre gradações de estatuto civil do liberto, tipos de alforria, além da discussão jurídica sobre a impossibilidade da revogação da alforria baseado na alegação de ingratidão. Cf. Candido Mendes de Almeida. *Código Filipino, ou, Ordenações e Leis do Reino de Portugal*, Livro III. Rio de Janeiro: Tipografia do Instituto Filomático, 1870, pp. 865–866.
9. Impossibilidade de revocar, anular, revogar.

ris gentium);¹⁰ e *é apenas mantida transitoriamente* pelo direito civil; e não existindo no direito civil pátrio disposição alguma, mediante a qual se instituísse o cativeiro (*Institutas*, citada, Livro 1º, Título 3º, § 4º, *aut jure civili*, etc.),¹¹ é certo, é inconcusso,¹² que a liberdade uma vez adquirida, torna-se irrevogável (*Institutas*, Justiniano, citada, Livro 1º, Título 3º, § 2º, *Servitus autem est*, etc.;¹³ Constituição Política do Império, locuções citadas).¹⁴

A *fórmula* de direito das gentes, por a qual estabeleceu-se a escravidão entre os romanos, é de todo ponto inaplicável ao Brasil; portanto, a mesma *fórmula*, que inadmissível é para o estabelecimento da escravidão entre nós, não pode autorizar o reestabelecimento daquilo que justamente foi deposto (*Institutas*, Justiniano, citada, Livro 1º, Título 3º, § 3º, *Servi autem ex eo appellati sunt*, etc.).¹⁵

---

10. Em tradução livre, "a escravidão é uma instituição do direito de gentes", ou seja, uma construção semântica exclusiva ou interna a esse domínio do direito. Cf. Thomas Collet Sandars. *The Institutes of Justinian: With English Introduction, Translation, and Notes*. London: Longmans, Green, and Co., 1878, p. 14.

11. Em tradução livre, "pelo direito civil". A marcação de etcetera, por sua vez, liga a expressão "pelo direito civil" com o hipotético exemplo dado na próprio parágrafo citado, qual seja, o da pessoa livre maior de vinte anos que resolvesse aceder em ser escravizada. Cf. Thomas Collet Sandars. *The Institutes of Justinian: With English Introduction, Translation, and Notes*. London: Longmans, Green, and Co., 1878, pp. 14–15.

12. Incontestável, indiscutível.

13. Embora transcreva apenas o início do parágrafo, o autor remete, sobretudo, para a parte final do texto. Assim, se ele cita que "a escravidão é uma instituição", com a sinalização de etecetera ele aponta para o desfecho da sentença que, em tradução livre, definia essa instituição como "contrária ao direito natural". Cf. Thomas Collet Sandars. *The Institutes of Justinian: With English Introduction, Translation, and Notes*. London: Longmans, Green, and Co., 1878, p. 14.

14. Isto é, o art. 6º, § 1º, e o art. 7º, §§ 1º, 2º e 3º mencionados e discutidos acima.

15. A citação confere com o original. Todavia, provavelmente por limitação de espaço, o autor não anotou o texto normativo por completo. Para facilitar a nossa compreensão sobre a matéria, transcreverei a máxima na íntegra e, na sequência, proponho uma tradução livre. *Servi autem ex eo appelati sunt, quod imperatores captivos vendere jubent ac per hoc servare nec occidere solent: qui etiam mancipia dicti sunt, quod ab hostibus manu capiuntur*, ou seja, em

Os libertos tornam-se *cidadãos brasileiros*; e as qualidades constitutivas deste estado político só se perdem pelos fatos previstos em nossa lei fundamental (Constituição Política do Império, locuções citadas).[16]

O liberto não pode ser revocado[17] à escravidão; porque não pode ser vendido; visto como será criminoso quem vender o liberto (Código Criminal, art. 179).[18]

A lei não admitiu distinções; ninguém, pois, as poderá estabelecer, ampliando ou restringindo o preceito legal. (Assentos de 16 de novembro de 1700, e 3º de 9 de abril de 1772; leis de 29 de novembro de 1753, 6 de julho de 1755, [parte] principal, e 18 de agosto de 1769, § 11).[19]

II

É válida a manumissão ou alforria *qualquer que seja o modo da concessão*; o termo regulador da validade, e único, é a *capacidade do manumissor*; esta capacidade é legal e não presuntiva; pelo que, a nulidade, qualquer que seja, da forma do documento ou

---

tradução adaptada e sem prejuízo de sentido, "Os escravos são denominados *servi*, porque os senhores ordenam que seus cativos sejam vendidos, e assim os preservam, e não os matam. Os escravos também são chamados de *mancipia* porque são tirados do inimigo pela mão forte". Para o texto em latim e inglês, cf. Thomas Collet Sandars. *The Institutes of Justinian: With English Introduction, Translation, and Notes*. London: Longmans, Green, and Co., 1878, pp. 14–15.

16. Isto é, o art. 6º, § 1º, e o art. 7º, §§ 1º, 2º e 3º mencionados e discutidos acima.

17. Restituído, retroagido.

18. O *caput* do art. 179 do Código Criminal definia como crime contra a liberdade individual o fato de "reduzir à escravidão a pessoa livre, que se achar em posse da sua liberdade". Cf. *Código Criminal do Império do Brasil*. Recife: Tipografia Universal, 1858, p. 74.

19. Os julgados mencionados, provenientes das Casas da Suplicação e do Cível, em Lisboa, não parecem ter relação direta com o argumento que Antonio Carlos e Gama constroem no parágrafo. Os precedentes invocados, pois, especialmente porque combinados, tratam de temas distintos e alheios à matérias de alforria testamentária. Excepcionalmente não apresentarei adiante as ementas dos julgamentos. Para os interessados, contudo, indica-se que os assentos podem ser consultados no excelente repositório digital do projeto *O Governo dos Outros*.

meio, não afeta intrinsecamente a concessão (*Institutas*, Justiniano, citado Livro 1º, Título 5º, § 1º, *Multis autem modis manumissio procedit.*, etc.;[20] §§ 2º e 3º;[21] e Título 6º, § 7º;[22] acórdãos da Relação da Corte, de 20 de outubro de 1872 e de 23 de junho de 1873, e [acórdãos do] Superior Tribunal de Justiça de 20 de dezembro do mesmo ano;[23] e de 29 de outubro de 1864 (vide *Correio Mercantil* de 24 de novembro de 1864;[24] Julgamento 1.486;

20. Originalmente o autor citou o parágrafo 1º do título 3º, porém, a citação corresponde ao parágrafo 1º do título 5º do mesmo Livro 1º. Desfeito esse pequeno equívoco de citação, que pode inclusive ter sido ocasionado por erro tipográfico, traduzirei o excerto em latim posto no corpo do texto como "a alforria é validada de vários modos". Não obstante, como o autor relaciona essa passagem com a sequência do parágrafo, vide o sinal de etcetera, é importante destacar que a construção do argumento compreende a legitimidade da alforria à vista da capacidade jurídica do concessor para praticar o ato jurídico, mas também abarca outras formas de obtenção da alforria, como aquela que se dava através da litigância no foro. Para o texto em latim e inglês, cf. Thomas Collet Sandars. *The Institutes of Justinian: With English Introduction, Translation, and Notes*. London: Longmans, Green, and Co., 1878, pp. 17–18.
21. Respectivamente, o parágrafo 2º dizia quão simples, rápida e informal poderia ser a concessão da alforria, podendo ser pronunciada por quem de direito até mesmo no caminho do teatro ou de um banheiro; e o parágrafo 3º, por sua vez, discriminava em detalhes as divisões internas do estatuto jurídico de liberto na tradição jurídica romana. Cf. Thomas Collet Sandars. *The Institutes of Justinian: With English Introduction, Translation, and Notes*. London: Longmans, Green, and Co., 1878, pp. 19–21.
22. Embora cuide de limitações ao direito senhorial de conceder alforria, a exemplo da idade mínima do manumissor, esse trecho paradoxalmente reforça o exercício desse direito senhorial assinalando que o testador, por exemplo, possuía amplos poderes para dispor de sua propriedade como bem entendesse. Para maiores detalhes, cf. Thomas Collet Sandars. *The Institutes of Justinian: With English Introduction, Translation, and Notes*. London: Longmans, Green, and Co., 1878, pp. 24–25.
23. Não encontrei os acórdãos acima relacionados.
24. O acórdão foi publicado na íntegra em *Correio Mercantil* (RJ), Parte Forense, Supremo Tribunal de Justiça, 24 de novembro de 1864, p. 1. De fato, o acórdão reforçava o argumento do autor, uma vez que, segundo os ministros do Supremo Tribunal de Justiça, no julgamento de revista cível nº 6560, sendo incontestável que a liberdade fora "concedida espontânea e solenemente", ela deveria produzir efeitos e não poderia ser revogada.

Bremeu, *Universo Jurídico* Tratado 1º, Título 7º, § 6º, Resoluções nº 24 e nº 25;[25] Pothier, *Pandectas*, livro 40, tomo 3º, págs. 630 e 631).[26]

A alforria, considerada como ato jurídico, carece de fundamentos ou de características essenciais para ser regularmente considerada como *doação* (Livro 15, *Digesto*, *de manum.*, 40, I, *in extremum tempus manumissoris vitae*, etc., Savigny, *Direito Romano*, tomo 4º, § 170).[27] A *concessão manumissória é uma fórmula jurídica*, mediante a qual o libertador devolve ao libertando

---

25. A resolução nº 24 cuidava dos efeitos de liberdade em um testamento incompleto e a resolução nº 25, ato contínuo, definia o legado da liberdade como um legado pio, o que dispensaria solenidades cabíveis a um testamento ordinário. Cf. Antonio Cortez Bremeu. *Universo jurídico, ou Jurisprudência Universal, Canônica e Cesárea Regulada pelas Disposições de ambos Direitos, Comum e Pátrio*, tomo I. Lisboa: Oficina de Domingos Rodrigues, 1749, pp. 34-41, especialmente p. 39.
26. Não foi possível consultar a edição que Antonio Carlos e Gama consultaram. Sem embargo, é fora de dúvida que os autores citam o Livro 40, *De manumissionibus*, que trata justamente das alforrias, e possivelmente a seção terceira — se entendermos que seção possa ter sido em algum momento traduzida por tomo —, que versava sobre o início dos efeitos de liberdade nas alforrias testamentárias. O conhecimento normativo dessa seção é o que melhor se alinha com o argumento desenvolvido no parágrafo. Cf. Robert Joseph Pothier, *Le Pandette di Giustiniano*, volume v. Venezia: Coi Tipi di Antonio Bazzarini e Co, 1835, pp. 280-337.
27. A citação de Friedrich von Savigny (1779-1861), jurista alemão fundador da conhecida Escola Histórica de Direito, remete ao tema das doações *causa mortis*. No parágrafo citado, Savigny também discute o excerto indicado acima, qual seja, o *in extremum tempus manumissoris vitae confertur libertas*, que, em livre tradução, pode ser lido como "No final da vida do libertador, a liberdade é concedida". Assim, é possível que Antônio Carlos e Gama estivessem com o quarto tomo do célebre *Tratado de Direito Romano* aberto ao escrever o presente argumento. Optei por citar a edição francesa desse *Tratado* pois, em 1872, Gama discutiu esse mesmo parágrafo de Savigny e aparentemente dispunha dessa edição consigo. Para o livro do jurista alemão, cf. Friedrich von Savigny. *Traité de Droit Romain*, tomo IV. Paris: Librairie de Firmin Didot Frère, 1856, pp. 242-256; para o texto de Gama de 1872, cf. "Semântica jurídica da alforria testamentária", in: Luiz Gama. *Direito, 1870-1875*. São Paulo: Hedra, 2023, pp. 293-302.

o direito que tinha, ao valor do seu trabalho, como seu escravo — *servare*, Dr. C. A. Soares. Coment. às leis de 16 de janeiro de 1756, 6 de junho de 1755, e Alvará 2º de 16 de janeiro de 1773).[28]

Essencialmente considerada, a manumissão é um ato psicológico, do exclusivo domínio da lei moral; é o reconhecimento consciencioso do estado natural do homem: não é, não pode ser um *fato judicial* propriamente dito (*Institutas*, Justiniano, Livro 1º, citado, Título 3º, *qua quis dominio alieno contra naturam subjectur*).[29]

Sob este ponto de vista a alforria é isenta de toda condição; e, como *ato jurídico*, todas as condições remíveis ou revogáveis (dr. C. A. Soares, *Apontamentos jurid. manumis.* págs. 66 e 67, Parecer de 8 de novembro de 1855).[30]

A liberdade não pode ser objeto de propriedade; não pode ser considerada móvel de *doação*; esta *expressão jurídica* tem acepção peculiar (*libertas pecunia lui non potest, nec reparari emi potest*;[31] Ordenações, Livro 4, Título 42, Alvará de 30 de julho de 1609).[32]

---

28. A obra citada do jurista Caetano Alberto Soares não foi encontrada.
29. O autor cita a definição de escravidão, que é apresentada como uma "instituição do direito de gentes", ou seja, uma construção jurídica social. Logo na sequência dessa definição, vem o trecho recortado acima, que, em livre tradução, pode ser lido como "onde o homem é transformado em propriedade de outro, contra o direito natural". Assim, de um só fôlego, se lê que "a escravidão é uma instituição do direito de gentes onde o homem é transformado em propriedade de outro, contra o direito natural". Para maior aprofundamento, cf. Thomas Collet Sandars. *The Institutes of Justinian: With English Introduction, Translation, and Notes*. London: Longmans, Green, and Co., 1878, pp. 13-15.
30. A obra citada do jurista Caetano Alberto Soares não foi encontrada.
31. Em livre tradução, a sentença pode ser lida como "a liberdade não pode ser paga com dinheiro, nem pode ser comprada". Esse trecho foi corretamente anotado por Perdigão Malheiro como proveniente da compilação clássica de Ulpiano. Cf. Agostinho Marques Perdigão Malheiro. *A escravidão no Brasil: ensaio histórico-jurídico-social*, 1ª parte. Rio de Janeiro: Tipografia Nacional, 1866, p. 63.
32. O extrato do alvará citado declarava "ser contra o Direito natural o cativeiro dos indígenas" e proibía, em absoluto, tais práticas de escravização. Cf. Candido Mendes de Almeida. *Código Filipino, ou, Ordenações e Leis do Reino de Portugal*, Livro III. Rio de Janeiro: Tipografia do Instituto Filomático, 1870, p. 821.

III

Pelo antigo direito, hoje expressamente revogado pela Lei n. 2.040 de 28 de setembro de 1871, art. 4º, § 9º,[33] considerada a alforria como *doação inter vivos*, ou *causa mortis* (*Ordenações*, Livro 4º, Título 63, §§ 7º, 8º e 9º)[34] ao *Patrono* era permitido revogá-la; *mas somente em certos e determinados casos*, especificados na Lei (vide *Repertório*, verb. *Si enim Donatur* etc., tomo 2º, pág. 391, nota B).[35]

E a revogação *era judicial*, obtida em juízo contraditório, por fatos provados e julgados por sentença de juiz (dr. Loureiro, *Direito Civil Brasileiro*, § 9º;[36] *Código Filipino*, pág. 866, nota 1ª ao

---

33. O primeiro período do *caput* da conhecida Lei do Ventre Livre prescrevia que era "permitido ao escravo a formação de um pecúlio com o que lhe provier de doações, legados e heranças, e com o que, por consentimento do senhor, obtiver do seu trabalho e economias". O § 9º, a sua vez, invalidava o trecho das *Ordenações* "na parte que revoga as alforrias por ingratidão". Cf. *Coleção das Leis do Império do Brasil de 1871*, tomo XXXI, parte I. Rio de Janeiro: Tipografia Nacional, 1871, pp. 147–152, especialmente p. 150.

34. Esse título cuidava de "doações e alforrias que se podem revogar por causa de ingratidão". Desse modo, cada um dos parágrafos apresenta diversas causas que poderiam motivar tal revogação. O § 7º falava genericamente de "alguma ingratidão pessoal", fosse verbal ou material; o § 8º rezava que haveria causa para revogação de alforria quando o liberto não remisse, auxiliasse ou prestasse socorro ao patrono; e, finalmente, o § 9º limitava ao doador ou patrono a faculdade de revogar a alforria por ingratidão, não estendendo essa possibilidade, portanto, a eventuais herdeiros. Cf. Candido Mendes de Almeida. *Código Filipino, ou, Ordenações e Leis do Reino de Portugal*, Livro III. Rio de Janeiro: Tipografia do Instituto Filomático, 1870, pp. 865–867.

35. A citação confere exatamente com o original e é provável que Antônio Carlos e Gama tenham consultado o *Repertório* editado em 1795. O trecho em latim significa, em livre tradução, "se for dada", e a continuação da sentença, embora não citada no corpo do texto, é *non revocatit propter ingratitudinem, videtur renuntiare actionem, & in eadem voluntate perfiftere*, que por sua vez pode ser lida de modo adaptado como "uma dádiva e esta não for revogada por ingratidão, parece que se renuncia à ação e está completa a vontade". Cf. *Repertório das Ordenações e Leis do Reino de Portugal*, tomo II. Coimbra: Na Real Imprensa da Universidade, 1795, p. 391.

36. O trecho citado trata, de modo geral, "dos homens livres e escravos" e, em

§ 7º da *Ordenação*, Livro 4º, Título 63;[37] Teixeira Freitas, *Consolidação das Leis*, nota ao art. 419;[38] *Código da Louisiana*, art. 189;[39] Livro 15, citado, Digesto *De manum*. 40, 1, *in extremum tempus manumissoris vitae*; Savigny, *Direito Romano*, tomo 4º, § 170).[40]

Fora dos casos peculiares da lei, e sem as formalidades judiciárias, era, portanto, inadmissível a revogação.

Estas disposições foram sempre mantidas pelos Colendos Tribunais do Reino, como atestam os eminentes praxistas Lima e

particular, "do direito de resgatar". Para o jurista Trigo de Loureiro (1793-1870), esse direito também compreendia a "redenção dos cativos nas contas do testamento", ou seja, a possibilidade do resgate da liberdade através desse instrumento de direito privado. Cf. Lourenço Trigo de Loureiro. *Instituições de Direito Civil Brasileiro*, tomo I. Pernambuco: Tipografia da Viúva Roma & Filhos, 1851, pp. 4-5.

37. A paginação citada não deixa dúvidas de que o autor consultou a edição das *Ordenações* preparada e comentada pelo jurista Candido Mendes de Almeida (1818-1881). A nota referenciada, a sua vez, discute doutrinariamente a impossibilidade de retroagimento de estatuto civil no Brasil fora daquelas estipuladas no rol do art. 7º da Constituição Política do Império. Cf. Candido Mendes de Almeida. *Código Filipino, ou, Ordenações e Leis do Reino de Portugal*, Livro IV. Rio de Janeiro: Tipografia do Instituto Filomático, 1870, p. 866.

38. Nessa nota, o jurista Teixeira de Freitas (1816-1883) discute distintas modalidades do ato jurídico da doação. Embora defendesse, em determinados casos e sob condições particulares, a possibilidade de revogação da doação por ingratidão, Teixeira de Freitas ressalvou, ao fim de seu comentário e em tradução normativa do *Código da Louisiana*, que a "alforria por ato entre vivos" era "irrevogável da parte do senhor ou de seus herdeiros". Era essa, sobretudo, a parte que interessava ao argumento de Antônio Carlos e Gama. Cf. Augusto Teixeira de Freitas. *Consolidação das Leis Civis*, volume I. Rio de Janeiro: B. L. Garnier, 1876, pp. 296-298

39. Uma vez que essa referência normativa complementa o comentário do jurista Teixeira de Freitas citado acima, é provável que o autor tenha citado indiretamente esse texto normativo. O art. 189 do *Código da Louisiana*, ao seu turno, prescrevia que, em tradução livre e bastante aproximada da de Teixeira de Freitas, "uma alforria é irrevogável da parte do senhor ou de seus herdeiros". Para aprofundar sobre o direito civil na Louisiana escravista, cf. Judith Kelleher Schafer. "Roman Roots of the Louisiana Law of Slavery: Emancipation in American Louisiana, 1803-1857". In: *Louisiana Law Review*, 1996, pp. 409-422.

40. No início da exposição, o autor já havia citado tanto esse trecho do *Digesto*, quanto o parágrafo nº 170, do *Tratado de Direito Romano* de Savigny. Cf. n. 27, p. 93.

Barbosa nos seus comentários às *Ordenações*, Livro 4º, Título 63, §§ 7º, 8º e 9º;[41] assim como pelos do Brasil, segundos os Arestos venerandos retrocitados.

A concessão de alforria, ainda quando se dê em testamento cerrado, *se dela houver prova regular, não é revogável ad nutum*[42] (Vid. Perdigão Malheiro, Vol. 1º, § 146, 2º, not. 797;[43] Acórdão da Relação da Corte citados, de 29 de outubro de 1872, e de 23 de junho de 1873).[44]

IV

Nestes autos a espécie é clara, e o direito evidente.

O apelante foi alforriado em testamento regular, *licitamente, por quem o podia fazer.*

---

41. Para o conteúdo dessas *Ordenações*, ver nota 34, p. 95. Sobre os comentários dos "eminentes praxistas", o autor provavelmente fazia referência indireta, respectivamente, ao jurista português Amaro Lima e sua obra *Commentaria ad Ordinationes Regni Portugalliae*, de 1740, e ao também jurista português Agostinho Barbosa e sua obra *Judlusitani*, de 1720.
42. Discricionariamente, ao arbítrio.
43. A citação confere com o original. O autor busca no famoso tratado do jurista e político mineiro Agostinho Marques Perdigão Malheiro (1824–1881) a fundamentação teórica mais atualizada sobre o tema na doutrina jurídica brasileira. Citando a segunda parte do parágrafo 146, e em particular a nota de rodapé nº 797 de *A escravidão no Brasil*, o articulista insere seu argumento no campo da impossibilidade da revogação da alforria, especialmente àquela baseada na ingratidão do liberto. Nesse sentido, o autor discute os limites do direito senhorial e os fundamentos desse mesmo direito segundo a tradição jurídica romana. É de se notar, por último, que o repertório doutrinário desse mesmo trecho de *A escravidão no Brasil* foi utilizado indiretamente por Gama em artigo de maio de 1872, o que reforça a sua autoria do presente artigo. Cf. "Semântica jurídica da alforria testamentária", in: Luiz Gama. *Direito, 1870–1875*. São Paulo: Hedra, 2023, pp. 293–302. Para o texto do jurista mineiro, cf. Agostinho Marques Perdigão Malheiro. *A escravidão no Brasil: ensaio histórico-jurídico-social*, 1ª parte. Rio de Janeiro: Tipografia Nacional, 1866, pp. 187–190.
44. Não encontrei os citados acórdãos do Tribunal da Relação da Corte.

A substância do testamento é jurídica e a forma constitui instrumento público incontestável: *é o que é; e mantém quanto foi feito.*

Antes, porém, da abertura do testamento, a libertadora, por escritura pública, fez doação do liberto a um seu afilhado; e, destarte, por arbítrio próprio, sem fundamento, nem razão legal, revogou a concessão manumissória!...

Se este procedimento é lícito, como há quem o pretenda, é certo que o libertador pode revogar arbitrariamente a manumissão; e, com ela, o direito escrito!... (*Scriptum jus est lex, plebiscita, senatus-consulta, principum placita, magistratuum edicta, responsa prudentium*;[45] *Ordenações*, Livro 3º, Título 64, [parte] principal;[46] Lei 18 de agosto de 1769;[47] Borges Carneiro, *Direito Civil* parte 3ª, *introducão*, § 14, etc.),[48] se, porém, indubitável é que o *ex-senhor* não pode arbitrariamente revogar a manumissão,

---

45. Esse parágrafo das *Institutas* define que o direito é constituído de uma parte escrita e de outra não escrita. A expressão transcrita pelo autor, em tradução adaptada, indica que "o direito escrito são as leis, os plebiscitos, as resoluções do Senado, o beneplácito do príncipe, as ordens dos magistrados e as respostas dos sábios", esses últimos o equivalente aproximado para doutores ou doutrinadores. Para ler esse comando normativo, cf. Thomas Collet Sandars. *The Institutes of Justinian: With English Introduction, Translation, and Notes.* London: Longmans, Green, and Co., 1878, p. 9.

46. Esse título estabelece como seriam julgados os casos não previstos pelas extensas e detalhadas *Ordenações*. Com isso, o autor destacava qual era o papel e os limites do costume, do estilo da corte e da opinião dos jurisconsultos na apreciação de uma matéria jurídica. Cf. *Código Filipino, ou, Ordenações e Leis do Reino de Portugal*, Livro III. Rio de Janeiro: Tipografia do Instituto Filomático, 1870, pp. 663-665.

47. Conhecida como "Lei da Boa Razão", tal norma marcou época em Portugal e estabeleceu balizas fundamentais ao desenvolvimento do direito português (e brasileiro), ao ordenar, por exemplo, as fontes do direito e a prevalência de normas legisladas sobre outros tipos de normas.

48. O autor cita o civilista português Borges Carneiro justamente na parte em que esse doutrinador trata das condições de recepção do costume no ordenamento jurídico português. Para Borges Carneiro, o costume só teria validade na falta de lei ou estilo da corte, além de dever ser interpretado à luz da Boa Razão. O que se invoca, nesse caso, é a impossibilidade legal, quer

porque a Lei expressamente o proíbe, nula e imprestável deve ser a doação declarada, para subsistir inteira e exclusivamente a liberdade preconcedida no testamento, se bem que verificada depois; não só como ato irrevogável, *que é*, como está demonstrado, como porque, na vertente hipótese, prevalece o documento anterior, com exclusão do posterior, por contrário ser à liberdade (*In libertatibus levissima scriptura spectanda est*, Livro 5º, *Digesto, de manumissis testamento*, vide Pothier, *Pandectas*).[49]

V

Está demonstrado, em face do direito, e, portanto, em termos incontestáveis:

Que a manumissão foi concedida em testamento perfeito; e que, quando mesmo perfeito não fosse, uma vez conhecido e judiciado o testamento, desde que *lícita fosse a concessão*, por partir de *pessoa capaz*, era válida;

Que válida a concessão, por ser o meio lícito e partir de pessoa capaz, é, por direito, irrevogável;

Que, em essência, irrevogável é, porque o são as concessões manumissórias *inter vivos*, ou, *causa mortis*;

Que são irrevogáveis as concessões manumissórias *inter vivos* ou *causa mortis*, *porque o são a termo ou a título oneroso*;

---

por lei, precedente normativo ou mesmo por costume, do libertador revogar a alforria já concedida. Cf. Manuel Borges Carneiro. *Direito Civil*, Livro I. Lisboa: Impressão Régia, 1826, pp. 54–64.

49. A expressão, em livre tradução, pode ser lida como "a escrita deve ser compreendida como uma forma trivial para a liberdade." O excerto, como um todo, fala da dispensa de solenidades para o alforriamento. Embora não tenha encontrado esse texto nas *Pandectas* organizadas por Pothier, o estilo da referência remete a uma nota de Perdigão Malheiro em *A escravidão no Brasil*. É provável, então, que Gama e Antonio Carlos tenham recorrido nesse caso, como aliás em outras anotações, ao célebre ensaio do jurista mineiro. Cf. Agostinho Marques Perdigão Malheiro. *A escravidão no Brasil: ensaio histórico-jurídico-social*, 1ª parte. Rio de Janeiro: Tipografia Nacional, 1866, p. 64.

Que o são a termo ou a título oneroso porque os serviços prestados por o manumitente, até o falecimento do manumissor, *qualquer que seja o prazo*, constituem tacitamente contrato bilateral, e importam resgate; e o resgate uma indenização satisfatória;

Que, isto posto, a manumissão, assim concedida, é jurídica e legal, e irrevogável.

Tal será a verdade da Lei, enquanto o fato, que faz objeto desta causa não for devidamente contrariado.[50]

~

Senhor!

O venerando Acórdão embargado está em contradição manifesta com o direito, com as práticas de julgar, e com outro Aresto[51] *deste mesmo egrégio Tribunal*, invocado pelo embargante, nas suas razões de Apelação, proferido em pleito semelhante!

~

Um dos mais peregrinos talentos da Europa moderna, que, por largo tempo, com a irradiação do seu gênio, iluminou os auditórios de Portugal, lamentando, um dia, a confusão prejudicialíssima, causada pelos Arestos contraditórios, que emaranham a jurisprudência e obscurecem o foro, em vez de esclarecê-lo, por as normas salutares da invariabilidade, e certeza dos julgamentos, disse:

---

50. Os argumentos apresentados no curso do texto, e sumarizados nos itens dispostos acima, foram em diversas vezes defendidos por Gama. Entre os textos que guardam maiores correspondências, tanto na exposição fática quanto nas referências doutrinárias, destaca-se o "Semântica jurídica da alforria testamentária", in: Luiz Gama. *Direito, 1870–1875*. São Paulo: Hedra, 2023, pp. 293–302.
51. Ver n. 8, p. 65.

Esta espécie de Babel judiciária, que resulta da contradição dos julgados, apadrinhada pela independência individual dos juízes, que aliás constituem a coletividade necessária dos Tribunais, em nome dos quais, e sob os auspícios da majestade da Lei, que é a forma da unidade da justiça, devem ser meditadas, e são preferidas as sentenças, põe os litigantes na triste condição dos ébrios recalcitrantes, dominados da perigosa mania de cavalgar, que galgam arrojadamente a cela, por um lado, para cair, com rapidez, pelo outro, de onde, à socapa,[52] retiram-lhe o estribo!!!...

⌇

O embargante, senhor, cumpriu o seu dever: é um mísero escravo que, em nome do direito, implora liberdade e pede que se lhe faça Justiça.

O CURADOR, DR. ANTONIO CARLOS[53]

---

52. Por sentido figurado, o mesmo que maliciosamente.
53. Antonio Carlos Ribeiro de Andrada Machado e Silva (1830–1902) nasceu em Santos (SP) e pertence à segunda geração dos Andradas, sendo sobrinho de José Bonifácio, "o Patriarca", e filho de pai homônimo. Foi político, advogado, professor de Direito Comercial na Faculdade de Direito de São Paulo e sócio de Luiz Gama por aproximadamente uma década em um escritório de advocacia.

PARTE II

A INJÚRIA

NOTA INTRODUTÓRIA   *Em três textos relacionados a uma mesma causa, Luiz Gama, junto a um ou mais advogados, vem a público defender os interesses de seus clientes. No primeiro, encontramos uma carta aberta a um juiz — que anos mais tarde se tornaria notório desafeto de Gama e do movimento abolicionista —, assinada por muitos advogados e professores de direito de São Paulo. Embora cada signatário pudesse ter seu interesse particular ao firmar a carta aberta, o timing e a razão do desagravo ligavam-se diretamente ao processo dos clientes de dois desses advogados e autores: Luiz Gama e Laurindo Aberlado de Brito. O segundo e o terceiro textos, por sua vez, deixam evidente uma das motivações do primeiro, qual seja, a defesa de seus clientes para além do juízo e do tribunal, compreendendo a imprensa como fórum de salvaguarda de direitos, ideia, como se sabe, ampla e habilmente utilizada por Gama desde há muito tempo. O núcleo da demanda envolve a caracterização do tipo criminal da injúria. Num litígio que cuidava da disputa de posse de terras entre vizinhos, uma das partes, um certo Marques Capão, resolveu despejar "imundícias" — lixos, fezes, entre outros dejetos de igual valia — no limite do terreno em que a outra parte, Vicori e Chicherio, habitavam. Em resposta, os ofendidos atiraram os mesmos dejetos em uma das propriedades de Marques Capão, acrescentando um igrediente a mais na acalorada briga de vizinhos. Diziam eles que as imundícias lançadas "estavam frescas", prontas "para serem devoradas por o dito Capão e sua família". Ou seja, não só pagavam na mesma moeda como agregavam um insulto na contenda. Afinal, poderia o insulto verbal ser qualificado como injúria, na forma do Código Criminal? Havia na frase destacada algum conteúdo que desabonasse a conduta de Marques Capão? Ou, noutros termos, havia nas palavras de Vicori e Chicherio "a imputação de crime, vício ou defeito" ou expunham o queixoso "ao ódio ou desprezo público"? Questões, como se vê, de natureza jurídico-criminal, sobre as quais, como se verá, os autores se debruçaram para descaracterizar o entendimento controverso de que, de fato, aquelas eras palavras injuriosas.*

Capítulo 1
Desagravo a um juiz
Ao exmo sr. dr. Bellarmino Peregrino da Gama e Mello[1]

Comentário *Tão sucinta quanto sem razão aparente, a carta aberta é um exemplo das relações de amizade e interesses entre advogados, praticantes do foro, juízes e professores de direito de São Paulo. Assinada por vinte e sete signatários, o desagravo ao juiz de direito Bellarmino Peregrino da Gama e Mello era capitaneado — ao que se infere pela primeira assinatura — pelo político, advogado e professor de direito José Bonifácio, o Moço. Outros dois dos irmãos Andradas — Martim e Antonio Carlos, este último sócio de Luiz Gama — também assinavam a carta. O nome de Gama surge mais adiante. Todavia, se a ordem dos signatários não altera a razão do artigo, é de se notar que "este voto de apreço" expressa apoio a um juiz que estava sendo alvo de demasiadas e injustas críticas. A homenagem ao caráter indiviual do juiz, contudo, não seria condescendente com possíveis erros jurídicos. Aliás, a examinar as entrelinhas do contexto, o desagravo parecia ter como objetivo a revisão de um erro já cometido. Assim, prestigiar a "ilustração e honradez do magistrado" não parecia ser mera questão de congratulação por algum feito recente, ao contrário, sugeria que o juiz havia errado e, pelas virtudes que possuía, estaria obrigado a corrigir-se.*

Os abaixo-assinados, advogados na cidade de S. Paulo, julgam de seu dever dirigir uma manifestação de apreço ao juiz da 2ª Vara desta capital, o exmo. sr. dr. Bellarmino Peregrino da Gama e Mello.[2]

Compreendem que V. Excia. se possa enganar na aplicação do direito; e ninguém pode pretender a infalibilidade; rendem, porém, homenagem à ilustração e honradez do magistrado, e sabem apreciar a retidão de suas sentenças e a independência do seu caráter.

1. *A Província de S. Paulo* (SP), Seção Livre, 23 de outubro de 1877, p. 2.
2. Bellarmino Peregrino da Gama e Mello (?–?) foi advogado, juiz de direito, chefe de polícia e desembargador dos tribunais da Relação de Ouro Preto e de São Paulo.

Cidadãos zelam um patrimônio que também é o seu; advogados respeitam a justiça honesta, da qual são auxiliares no exercício de sua profissão.
Por estes motivos dirigem a V. Excia. este voto de apreço.

São Paulo, 21 de outubro de 1877
J. BONIFÁCIO[3]
LEONCIO DE CARVALHO
JOSÉ MARIA CORRÊA DE SÁ E BENEVIDES[4]
FRANCISCO JUSTINO G. DE ANDRADE[5]
MARTIM FRANCISCO R. DE ANDRADA
JOÃO THEODORO XAVIER[6]
ANTONIO CARLOS RIBEIRO DE ANDRADA MACHADO E SILVA[7]
JOSÉ CANDIDO DE AZEVEDO MARQUES
ANTONIO A. DE BULHÕES JARDIM
JOAQUIM IGNACIO RAMALHO[8]

3. José Bonifácio de Andrade e Silva (1827-1886), o Moço, nasceu em Bordeaux, França, e viveu grande parte da vida em São Paulo, onde se graduou e foi professor de Direito. Poeta, literato, foi na política que alcançou maior notoriedade, como deputado, ministro e senador em sucessivos mandatos desde o início da década de 1860.
4. José Maria Corrêa Sá e Benevides (1833-1901) foi advogado, professor da Faculdade de Direito de São Paulo e político. Presidiu as províncias de Minas Gerais (1869-1870) e do Rio de Janeiro (1870).
5. Francisco Justino Gonçalves de Andrade (1821-1902), nascido na Ilha da Madeira, Portugal, formou-se e fez carreira jurídica em São Paulo. Foi professor de Direito Natural e Direito Civil, alcançando notoriedade nesse último campo como autor de diversos livros doutrinários.
6. João Theodoro Xavier (1828-1878), natural de Mogi-Mirim (SP), foi advogado, professor de Direito Civil da Faculdade de Direito de São Paulo e político de destaque na vida provincial paulista. Em 1872, Xavier foi nomeado presidente da província de São Paulo, cargo que ocupou até 1875.
7. Ver n. 53, p. 101.
8. Joaquim Ignacio Ramalho (1809-1902), nascido em São Paulo (SP), foi presidente da província de Goiás (1845-1848) e diretor da Faculdade de Direito de São Paulo (1891-1902). Professor reconhecido, publicou obras jurídicas, a exemplo de *Elementos de processo criminal para uso das Faculdades de Direito do Império*, de 1856, e *Praxe brasileira*, de 1869, que Gama com frequência citava em suas petições administrativas ou judiciárias.

JOAQUIM JOSÉ VIEIRA DE CARVALHO[9]
PEDRO VICENTE DE AZEVEDO
FREDERICO J. C. DE A. ABRANCHES
JOAQUIM AUGUSTO DE CAMARGO
JOÃO ALVES DE SIQUEIRA BUENO   5
MANOEL AUGUSTO DE M. BRITO
JOSÉ FERNANDES COELHO
HENRIQUE A. BARNARBÉ VINCENT
JOÃO DA SILVA CARRÃO[10]
LUIZ GAMA   10
LAURINDO ABELARDO DE BRITO[11]
VICENTE FERREIRA DA SILVA
PAULO EGYDIO DE OLIVEIRA CARVALHO
ARTHUR DE CARVALHO
JOSÉ RUBINO DE OLIVEIRA[12]   15
ANTONIO JANUARIO PINTO FERRAZ
ANTONIO DINO DA COSTA BUENO

9. Joaquim José Vieira de Carvalho (1842-?), nascido em Santos (SP), foi advogado, juiz municipal, político e professor catedrático de Economia Política na Faculdade de Direito de São Paulo (1881-1886).
10. João da Silva Carrão (1810-1888), o conselheiro Carrão, nasceu em Curitiba (PR) e foi advogado e político. Presidiu as províncias do Pará (1857-1858) e de São Paulo (1865-1866), foi deputado sucessivas vezes, ministro da Fazenda (1866) e senador do Império (1880-1888).
11. Laurindo Abelardo de Brito (1828-1885), nascido em Montevidéu, Uruguai, foi advogado, promotor público, deputado pelo Paraná, onde foi presidente da Assembleia Provincial (1862-1863), e também por São Paulo, província da qual foi presidente (1879-1881).
12. José Rubino de Oliveira (1837-1891), nascido em Sorocaba (SP), foi advogado, subdelegado de polícia e professor catedrático de Direito Administrativo da Faculdade de Direito de São Paulo (1882-1891). É, igualmente, o primeiro professor negro da Faculdade de Direito de São Paulo.

Capítulo 2
O tribunal deixou a injúria correr solta
Foro da capital[1]

Comentário *Tão somente cinco dias após a carta pública ao juiz Bellarmino Peregrino da Gama e Mello, dois de seus autores, Luiz Gama e Laurindo Abelardo de Brito, escreveram uma defesa pública de três clientes, que estavam metidos na ruidosa causa que ocupava tanto o juízo cível da capital quanto o Tribunal da Relação de São Paulo. Ao que parece, muito embora não haja conclusão categórica, o magistrado que julgaria uma dessas causas era o próprio Gama e Mello, juiz da 2ª vara cível de São Paulo. Na carta precedente, por exemplo, os autores e signatários afirmavam que o juiz poderia se "enganar na aplicação do direito"; já na presente, mencionam que a consciência de um juiz — como a de um advogado, aliás — estava sujeita "às condições do erro involuntário". Um texto, portanto, se liga ao outro. Literatura normativo-pragmática por excelência, estilo ao qual Gama dedicava-se desde há muito, este artigo funciona como uma preliminar de mérito, isto é, introduz questões gerais concernentes ao processo de que trata; sustenta de antemão a inocência de seus clientes; provoca a parte contrária; e, por fim, anuncia que discutirá a fundo — o que de fato se deu — detalhes do caso concreto. O artigo é bastante sóbrio, refletindo, por um lado, a recente derrota que os advogados Gama e Brito haviam sofrido no Tribunal da Relação e, por outro lado, preparando o caminho para melhor sorte em julgamento futuro.*

---

1. *A Província de S. Paulo* (SP), Seção Livre, 30 de outubro de 1877, p. 2. Republicado na capa da edição seguinte, *A Província de S. Paulo* (SP), Seção Livre, 31 de outubro de 1877, p. 1.

> Por meras presunções os néscios julgam;
> Os sábios por verdades, que divulgam.[2]

Se fôramos juízes e alguém, por amizade ou civismo, escrevesse, sem incumbência nossa, alguma defesa dos nossos atos, qualificados com injúria do nosso caráter, julgando ofendida a nossa dignidade, repeliríamos a oficiosa defesa, como calculado presente de gregos;[3] e assim procederíamos, porque a defesa do nosso brio e da nossa honra é da nossa exclusiva atribuição.

Escrevemos estas linhas como defesa própria; para ressalva dos nossos nomes e resguardo da nossa profissão; e como protesto solene a um escrito do sr. Bernardo Marques Capão, publicado na *Província* de 15 do corrente, e agora reproduzido, com estrépito,[4] nos jornais da Corte, com o fim sinistro de prejudicar a clientes nossos, que tentaram recursos legais que ainda pendem de decisão...

Somos advogados dos srs. Julio Vicori, Carlos Vicori e Carlos Chicherio, contendores do sr. Capão, que, por a *vitória* obtida, com a condenação daqueles, veio à imprensa, ardente do mais expansivo entusiasmo, entoar loas[5] ao egrégio Tribunal da Relação!...

Acreditamos, e tal é a nossa convicção, que o egrégio Tribunal menos bem julgou a questão de injúrias; assim como há julgado mal, e até com violação manifesta do direito, em outros pleitos; mas não ousamos qualificar de prevaricadores[6] os juízes; porque na consciência de cada um deles, se bem que, como a nossa,

---

2. Embora não tenha sido possível identificar a autoria dessa máxima, que tanto pode ser oriunda da literatura portuguesa quanto do gênio poético do próprio Gama, ela parece ser inspirada no versículo do *Livro de Provérbios*: "As palavras dos sábios divulgam conhecimento, mas o coração dos insensatos não procede assim". Traduzido a partir da versão autorizada do Rei Jaime. Cf. *Bíblia King James*, Provérbios, 15:7, 1999.
3. No sentido de ardil, armadilha.
4. Estardalhaço.
5. Elogios.
6. Corruptos, aqueles que não cumprem seu dever por interesse ou má-fé.

sujeitas às condições do erro involuntário, irradia-se a majestade da lei, avulta o emblema da justiça, e o símbolo sagrado da autoridade nacional.

O sr. Capão, se, inspirado em bons sentimentos, acatasse, com a devida prudência, os conselhos dignos do seu douto advogado, não daria à estampa o tristíssimo escrito a que aludimos...

Louvamos, entretanto, em parte, o seu precipitado procedimento; porque ele justificará a publicação, que faremos em tempo, das principais peças do processo, e da incontestável improcedência do gabado[7] acórdão[8] da Relação.

Ao sr. Bernardo Capão afirmamos que, pela causa dos nossos constituintes tomamos o mais vivo interesse; não poupamos o menor esforço em seu benefício; mas, nós o garantimos, *ninguém praticou um único ato ofensivo da lei, ou do decoro dos juízes*: eles e nós somos livres no cumprimento dos nossos deveres, e sinceros no mútuo respeito que nos tributamos.

Em mãos do exmo. sr. dr. juiz de direito, para julgamento, está uma causa cível, em que o sr. Capão contende[9] com os nossos clientes Vicori, relativamente à propriedade de um terreno, que é o motivo da desmoronada balbúrdia criminal.

Dar-se-á que a publicação do sr. Capão seja um ardil para inquinar[10] de viciosa a futura sentença?...

Lamenta o sr. Capão a sua pobreza, que, bem como a riqueza, não é, de per si, título de honra para ninguém; e acreditamos que o faz industriosamente;[11] visto como estas pensadas lamentações estão em contraste notável com a sua soprada[12] basófia[13] de há

---

7. Enaltecido.
8. Ver n. 2, p. 64.
9. Disputa.
10. Macular, manchar.
11. Por sentido figurado, astuciosamente.
12. No sentido de insuflada, propagada.
13. Presunção, vaidade exacerbada.

pouco, quando em lugares públicos dizia: "que para meter na cadeia os Vicori, gastaria *os poucos contos de réis que possui, e venderia até a camisa!*"...

Pomos termo a este artigo, escrito em defesa dos nossos clientes, e nossa, sem ofensa ao sr. Bernardo Marques Capão, que, com razão, arde em festas, pelo haver o colendo Tribunal da Relação felicitado com a sorte de um inesperado Acórdão![14]

A questão é de direito.

São Paulo, 26 de outubro de 1877
DR. LAURINDO A. DE BRITO[15]
L. GAMA

---

14. No mês seguinte, o jornal *A Reforma* (RJ) noticiava que as respectivas penas dos três clientes de Gama e Brito haviam sido perdoadas. Embora não se tenha maiores detalhes de como esse perdão tenha se dado, se judicialmente ou por acordo entre partes, o fato é que o desfecho do caso foi de algum modo favorável aos interesses defendidos pelos advogados Gama e Brito. Cf. *A Reforma* (RJ), 18 de novembro de 1877, Fatos diversos, p. 3.
15. Ver n. 11, p. 107.

Capítulo 3
O que é, afinal, a injúria?
Tribunal da relação – O fato de alguém deitar imundícias à porta ou na casa de outrem constitui crime de injúria, em face do artigo 236 do Código Criminal?[1]

Comentário   Literatura normativo-pragmática. Dividido em quatro tópicos, o artigo conceitua qual o melhor entendimento doutrinário sobre o delito de injúria. Distinguindo-o da qualificação genérica de ofensa e/ou provocação, Gama e Brito dão uma definição autoral sobre a injúria — "o ataque difamatório dirigido contra alguém, com ofensa ou prejuízo da sua reputação" —, sem perder de vista a defesa de seus clientes. Para os advogados, não estava provado nos autos que Vicori e Checherio haviam cometido tal delito, nem segundo o Código Criminal brasileiro, nem sob a perspectiva do Código das Duas Sicílias, provavelmente invocado em razão da procedência dos indivíduos incriminados pelo Tribunal da Relação de São Paulo. Gama e Brito descaracterizam a ideia de que o fato tenha sido injurioso, mais até, de que o fato teria sido criminoso. O modo pelo qual "deitaram as imundícias à porta" de uma propriedade de Marques Capão, para Gama e Brito, escapava à tipificação criminal que se emprestava. Justamente por isso, diziam, "se escapa à qualificação jurídica, excede a condição imprescindível do direito escrito; e, assim sendo, não é crime de injúria, porque, para que o seja, carece de existência legal, atenta a limitação posta nos artigos 1º e 229 do Código Criminal". O raciocínio técnico jurídico é lógico e apelava, no limite, para o princípio da legalidade, qual seja, que em não se havendo lei anterior que defina o crime, não há, fatalmente, a configuração legal daquele crime.

I

Injúria, na peculiar acepção do sistema legal moderno, é exclusivamente toda e qualquer *ofensa*, cometida por palavras, escritos, impressos, desenhos, gravuras, emblemas e outros meios semelhantes, próprios para produzir uma manifestação imediata do

1. *A Província de S. Paulo* (SP), Seção Judiciária, 31 de janeiro de 1878, p. 1.

pensamento, na intenção de *ofender* a honra, a consideração ou o melindre de uma determinada pessoa ou corporação (Código das Duas Sicílias, artigo 365).[2]

A injúria, pois, como todos os delitos ativos, tem um caráter genérico; é uma *ofensa* que constitui ação voluntária, infringente do preceito da Lei criminal (Código Criminal, art. 2º, § 1º);[3] e tem igualmente uma face especial e distintiva, não só quanto ao objeto que determina a sua existência, como ao modo ou meios de sua perpetração, e à intensidade refletiva[4] do fato e sua aplicação (Código citado, art. 236).[5]

Este preceito-legal, bem como os demais da mesma natureza, em matéria criminal, é complexo, prescrito, claro e restrito (Zuppetta, *Metaphysica da Sciencia das leis criminaes*, Livro 1º, Capítulos 1 a 5).[6]

---

2. Gama e Brito não reproduziram textualmente o artigo citado mas, de modo criativo, sem dúvida, adaptaram-no e preservaram o sentido normativo na interpretação que fizeram. Em tradução livre, o art. 365 da Parte Penal do Código das Duas Sicílias, de 1819, dispunha: "Injúria é qualquer ofensa pública ou privada expressa em palavras, gestos, inscrições ou de qualquer outra forma, desde que tenha o objetivo de causar a perda ou diminuição da estima da pessoa contra a qual é dirigida". Cf. *Codice per lo Regno delle Due Sicilie*, parte II, Leggi Penali. Napoli: Stabilimento Tipografico di D. Co. Capasso, 1849, p. 54.
3. O *caput* do art. 2º estatuía que se julgaria como "crime ou delito" o previsto nas hipóteses de seus parágrafos, a começar pelo citado § 1º, que assim definia "toda a ação ou omissão voluntária contrária às Leis penais". Cf. *Código Criminal do Império do Brasil*. Recife: Tipografia Universal, 1858, p. 10.
4. O mesmo que reflexiva.
5. Nesse artigo se lê as hipóteses para julgamento do crime de injúria. Cf. *Código Criminal do Império do Brasil*. Recife: Tipografia Universal, 1858, p. 90.
6. Luigi Zuppetta (1810–1889) foi advogado, político e professor de direito penal da Universidade de Nápoles, Itália. Em 1868, publicou o *Corso completo di Diritto Penale comparato*, sendo a primeira parte intitulada *Metafisica della scienza delle leggi penali*. Para o livro citado por Gama e Brito, em edição francesa, cf. Louis Zuppetta. *Leçons de métaphysique de la science des lois pénales*. Paris: Joubert, Libraire-Éditeur, 1847, pp. 9–41.

II

Constituem delito de injúria:

▷ A *imputação* de um fato criminoso não compreendido no artigo 229 do Código Criminal;[7] e assim,
▷ A *imputação* de vícios ou defeitos que possam expor ao ódio ou desprezo público;
▷ A *imputação* vaga de crimes ou vícios, sem fatos especificados;
▷ *Tudo quanto pode prejudicar a reputação de alguém*: os *discursos, os gestos* ou os sinais, reputados insultantes *na opinião pública* (Código Criminal, art. 236).[8]

É injúria, portanto, em face da expressa disposição do nosso direito:

▷ A imputação de fato criminoso, de ação particular ou privada;
▷ A imputação de crimes ou vícios de ação privada ou pública, não havendo especificação de fatos, principalmente na segunda hipótese;
▷ A imputação de vícios ou defeitos que possam expor o increpado[9] ao ódio ou desprezo público, sejam os fatos verdadeiros ou não; e de tudo quanto possa prejudicar a sua reputação (Código Criminal, arts. 229 e 236).[10]

Temos, portanto, que a injúria *é a difamação, originada em fatos de ordem privada, segundo os preceitos da lei penal*; delito este que pode ser perpetrado por palavras, ou por sinais ou gestos, *reputados insultantes na pública opinião*.

---

7. Isto é, aquele artigo que traçava os limites penais do crime de calúnia. Cf. *Código Criminal do Império do Brasil*. Recife: Tipografia Universal, 1858, p. 89.
8. *Código Criminal do Império do Brasil*. Recife: Tipografia Universal, 1858, p. 90.
9. Acusado, tachado.
10. *Código Criminal do Império do Brasil*. Recife: Tipografia Universal, 1858, pp. 89–90.

Disto conclui-se necessária e evidentemente que injúria é o ataque difamatório dirigido contra alguém, com ofensa ou prejuízo da sua reputação; pelo que não só se não poderá considerar *injúria* toda a ofensa ou provocação, que diretamente não vise o ataque difamatório à reputação, como, principalmente, tendo o legislador previsto os fatos materiais, e qualificado excepcionalmente o delito, indicado, por exemplos, os meios de sua perpetração, tornou certo, e é incontestável, que não haverá injúria fora dos casos indicados, e muito menos quando se não der o concurso dos meios previstos, salvas as exceções consignadas na lei.

III

Posto o fato em confronto com a lei, e comparado, ponto por ponto, com os seus preceitos, lógica e única é a conclusão.

O que se indaga não é da espécie de ofensa ou desacato que resulta do fato de um indivíduo lançar imundícias à porta ou na casa de outrem; quer-se saber se tal ocorrência constitui o delito de injúrias previsto no artigo 236 do Código.

Do detido exame dos preceitos positivados na Lei, evidencia-se que o fato, nem mesmo em sentido translato,[11] quando considerado como *sinal* pois que não é desenho, nem emblema, nem gravura, nem gesto, nem discurso, não contém, de modo algum, *imputação* de ato criminoso ou alusão manifesta de vícios ou de defeitos que possam expor alguém ao ódio ou desprezo público, ou de qualquer outra ação que possa prejudicar a reputação de alguém.

Ora, se o fato que consideramos, em face das prescrições da Lei, não pode ser considerado meio de perpetrar injúria, é incontestável que, por ele, se não pode determinar a existência de tal delito; e se se não pode determinar, por esse fato, a existência do delito, por não constituir móvel[12] ou meio para a sua perpetração, é que certamente escapa à qualificação jurídica; se escapa

---

11. Figurado, metafórico.
12. Motivo, razão.

à qualificação jurídica, excede a condição imprescindível do direito escrito; e, assim sendo, não é crime de injúria, porque, para que o seja, carece de existência legal, atenta a limitação posta nos artigos 1º e 229 do Código Criminal.[13]

IV

Na hipótese que consultamos, deu-se que Bernardo Marques Capão, porque trouxesse dúvidas[14] com os seus vizinhos Julio Vicari e Carlos Vicari, originadas de contestações sobre a servidão de terrenos, que a estes pertencem, mandara como calculado desforço[15] lançar imundícies em um valo divisório, com o intuito de o inutilizar, em prejuízo dos seus vizinhos, e de lhes causar incômodos; e que os contendores Vicari, por seu turno, mandassem como repulsa de momento extrair do valo essas imundícies, e, com outras semelhantes, lançá-las em uma olaria de Marques Capão, dizendo "que estavam frescas para serem devoradas por o dito Capão e sua família"??...

Se o fato em si, como ficou demonstrado, não constitui crime de injúria, menos ainda o poderão constituir as expressões todas relativas de que foi acompanhado; porque tais expressões não importam insulto; e não importam insulto, porque não envolvem imputação de crime, vício ou defeito, nem expõem aqueles a quem foram dirigidas ao ódio ou desprezo público.

---

13. Ao citar o primeiro artigo do Códido Criminal, Gama novamente fundamenta uma opinião no princípio da reserva legal, com base no qual só pode haver crime se lei anterior assim o definir. Quanto ao art. 229, leiamos os termos: "Julgar-se-á crime de calúnia o atribuir falsamente a alguém um fato que a Lei tenha qualificado criminoso, e em que tenha lugar a ação popular ou procedimento oficial de Justiça". Cf. *Código Criminal do Império do Brasil*. Recife: Tipografia Universal, 1858, p. 89.
14. Reparem como Gama e Brito hábil e taticamente eufemizam uma colérica briga de vizinhos como uma ocasional desentendimento, "dúvidas" entre eles.
15. Vingança, retaliação, represália.

É certo, entretanto, que a despeito da disposição da Lei, da natureza dos fatos, segundo a prova judicial do sumário,[16] e das alegações dos acusados, o colendo Tribunal da Relação do distrito,[17] por uma formal inversão da ocorrência, revogou uma sentença absolutória da primeira instância,[18] se bem que firmada em diverso fundamento, e condenou os acusados por votação unânime, como autores de crime de injúria! E basearam o seu venerando Acórdão, que é de 28 de setembro do ano precedente, em que o ato praticado pelos acusados é reputado insultante na opinião pública, mas não demonstraram, porque não o podiam fazer, as relações do fato com os ditames da Lei; e muito menos a prova, aliás indispensável, de que o aludido fato é reputado insultante na *opinião* pública, principalmente quando dos autos consta o contrário.

Agitamos esta questão pela imprensa por entendermos que o julgamento do colendo Tribunal, sobre ser injurídico, foi injusto; e para provocarmos novo e acurado estudo da matéria, que nos parece digna de maior ponderação.

São Paulo, 18 de janeiro de 1878
DR. ABELARDO DE BRITO[19]
L. GAMA

---

16. Provas aduzidas no sumário de culpa, que apresentam os indícios da acusação.
17. Tribunal de segunda instância.
18. Sentença penal que põe fim ao processo com resolução do mérito, absolvendo ou condenando o réu.
19. Ver n. 11, p. 107.

PARTE III

O ABUSO DA LIBERDADE DE OPINIÃO E DE IMPRENSA

NOTA INTRODUTÓRIA *A defesa que Gama faz do seu cliente Justiniano Silva é digna das páginas da história do direito e da política. A disputa entre Silva e Ribeiro de Lima — que prestou queixa contra Silva, movido, segundo Gama, por "odiosa demanda para a cobrança de quantia superior à que lhe é devida" — foi o pano de fundo para a lição de direito que Gama deu às autoridades judiciárias e ao público leitor de São Paulo. É certo que o litígio entre ambos, Silva e Lima, era mais um capítulo de uma história que já ia comprida. No entanto, o valor jurídico da petição de Gama — revertendo decisão anterior de juiz que, mais tarde, foi declarado incompetente para o feito — reside em uma interpretação singular sobre um tema sobre o qual pairavam "dúvidas no foro, e dúvidas gravíssimas, porque interessam elas à ordem e às fórmulas substanciais do processo criminal e, portanto, às garantias e segurança do cidadão, máxime tratando-se do sagrado direito e exercício da liberdade constitucional de comunicar os pensamentos". E continuava o raciocínio até o centro normativo da demanda: "Dúvidas que atingem ao ponto importantíssimo de saber-se se a Lei de 20 de setembro de 1830 foi revogada ou apenas derrogada por a legislação posterior". A questão envolvia interesses graúdos, que simplesmente poderiam restringir a liberdade de imprensa e, por extensão, pensando no contexto de Gama, o direito político em constituir uma posição abolicionista e republicana da imprensa. "Consultado levianamente o Poder Executivo", asseverava Gama — aliás, insistia —, "como sempre acontece em casos idênticos, resolveu este [o Poder Executivo] indebitamente, exorbitando das suas atribuições legais,* por interpretação autêntica, *em Aviso de 15 de janeiro de 1851, que a mencionada Lei de 20 de setembro de 1830 está inteiramente revogada, pelo que os crimes cometidos, por via da imprensa, devem ser processados e punidos por as leis posteriores!..." O leitor verá o caso em detalhes. Por ora, basta notar como um simples processo é tomado a sério não só para resolver uma demanda pontual, mas para se criar um precedente relevante, sobretudo aos homens de imprensa, no foro de São Paulo. A partir da leitura normativa sobre responsabilidade criminal no delito de "abuso da liberdade de comunicar os pensamentos", Gama desenvolve um argumento que discerne o campo de ação de cada agente de imprensa — autor, editor, impressor e distribuidor — como requisito base para apurar qual a eventual conduta criminosa de cada um. Em síntese, Gama exigia um processo crime minucioso e, pode-se até dizer, garantista, ainda que tornando o trabalho da acusação muito mais complexo. Quem disse, aliás, que a vida da defesa é facilitar o jogo acusatório?*

Capítulo 1
Quem se defende não ofende
Foro da capital[1]

Comentário   *Literatura normativo-pragmática. Gama elabora uma monumental peça de defesa de seu cliente, Justiniano Silva, que enfrentava a acusação de um crime tipificado à época como "abuso da liberdade de comunicar os pensamentos". Foi Silva, aliás, quem decidiu publicar a petição de seu advogado e a sentença que acolhia os argumentos de Gama. A querela se dava porque o alferes Ribeiro de Lima se sentiu injuriado por palavras escritas por Justiniano Silva na imprensa de São Paulo. Silva teria dito que Ribeiro de Lima extorquia clientes e, com violência, os obrigava a pagar débitos vencidos. Tratava-se, em síntese, de uma espécie de briga de feira, ou de armazém, se preferirem. Gama nem de longe trata de discutir os dizeres — "aliás textuais" — de seu cliente. Sua estratégia foi mais longe e, para tal, mobilizou o conhecimento normativo que sabidamente possuía, interpretando a Constituição, as Ordenações, a lei de imprensa da época, obras doutrinárias de referência, assentos da Casa da Suplicação, acórdãos de tribunais de Relação, decretos e avisos executivos, para então aportar na tipificação do delito conforme regramento do Código Criminal e do Código de Processo Criminal. Nesse sentido, Gama descaracteriza a jurisdição que inicialmente processara o feito, justificando, em sequência, qual seria a jurisdição competente para a matéria; disseca e discrimina quais responsabilidades caberiam aos potenciais agentes criminosos, descartando, contudo, a existência do crime de injúria. Isso, ressalve-se, se houvesse qualquer configuração criminal no fato narrado pelo queixoso Ribeiro de Lima. Realmente, a defesa de Gama — constituída por diferentes tópicos, entre eles, o "fundamento da causa" e a "demonstração de contrariedade" — é uma aula de direito. Gama tanto cuida da tradição jurídica, quanto observa as minúcias do rito do processo crime. Disserta sobre condutas criminosas e suas respectivas responsabilidades no delito de "abuso da liberdade de comunicar os pensamentos", coteja provas documentais e testemunhos, especula hipóteses, concluindo pela inocência de seu cliente. Não faltaria, todavia, aquela verve crítica que enquadrava juízes ignorantes ou negligentes no ofício que exercem. "Improcedente é o presente processo, deforme, monstruoso, nulo e imprestável, perante o direito e a lei", resumia — e fulminava — Luiz Gama.*

1. *Correio Paulistano* (SP), Seção Particular, 07 de julho de 1878, p. 1-2.

O sr. alferes João Antonio Ribeiro de Lima, que jamais pretendeu perseguir-me, como apregoa, por costume, deu contra mim segunda queixa, por crime de injúrias. Para que o respeitável público avalie da sinceridade do sr. Ribeiro de Lima, e da elevação da sua justiça, nos processos que contra mim promove, publico, em seguida, as razões produzidas nos autos, em minha defesa, pelo meu advogado, e a sentença proferida pelo íntegro sr. dr. Sebastião José Pereira, juiz de direito do 1º Distrito Criminal da Comarca. Com esta publicação pretendo mostrar, como sempre, que em todas questões judiciais em que tenho-me achado, por graça do sr. Ribeiro Lima, o direito, mau grado alguns julgamentos irregulares, tem sempre estado por mim.

São Paulo, 4 de julho de 1878
C. JUSTINIANO SILVA[2]

Meritíssimo Juiz
À imparcialidade do Juízo, que é a razão do direito e o critério da lei;
À ilustração do emérito julgador, que é o símbolo da sabedoria e o verbo interjectivo[3] da justiça;
Por a manutenção da verdade dos autos, que é o dever do magistrado, e a suma segurança dos direitos do cidadão, expomos as seguintes considerações.

---

2. Texto publicado por Justiniano Silva, cliente de Gama, à guisa de introdução.
3. Que expressa sentimento, apelo, ordem.

I
FUNDAMENTO DA CAUSA

Pretende o querelante.[4]

▷ Alferes J. A. Ribeiro de Lima que, com infração da lei criminal, lhe fizesse injúria o querelado,
▷ Cidadão Candido Justiniano Silva;

E indica, em sua petição de queixa, como objeto ou fundamento material do delito, as expressões seguintes, atribuídas ao querelado, com referência dolosa do caráter do autor:

Exigências exageradas do mesmo senhor (o queixoso) que, de mim (o acusado), queria cobrar desarrazoadamente quantia maior do que a devida; vender gêneros de má qualidade aos fregueses; trocar os gêneros vendidos por outros inferiores; invadir violentamente a casa dos compradores para ajustar as contas.

Estas expressões, aliás textuais, são extraídas de trechos de um artigo inserto na *Gazeta de Notícias* de 20 de dezembro do ano precedente, com esta inscrição — S. Paulo, Foro da Capital — e aqui reproduzido em o jornal *Província de S. Paulo*, nº 859, de 27 de dezembro do mesmo ano.[5]

Pretende, portanto, o queixoso, em vista da ocorrência que refere, a condenação do querelado, como incurso no art. 236, §§ 1º e 3º, combinado com o [art.] 237, § 3º, do Código Criminal.[6]

---

4. Que apresentou queixa, ofendido
5. A referência é exata. Cf. *A Província de S. Paulo* (SP), Seção Livre, 27 de dezembro de 1877, pp. 1-2.
6. O art. 236 determinava quais as hipóteses para julgamento do crime de injúria. O § 1º dizia do fato criminoso não abarcado no enquadramento do art. 229, isto é, na tipificação penal da calúnia; no § 3º, se definia como injúria a "imputação vaga de crimes, ou vícios sem fatos especificados". O art. 237, § 3º, a sua vez, especificava a criminalidade da injúria quando cometida "contra pessoas particulares ou empregados públicos, sem ser em razão do seu ofício". Cf. *Código Criminal do Império do Brasil*. Recife: Tipografia Universal, 1858, pp. 90-91.

O querelado, porém, contestando a perpetração do aludido delito e negando absolutamente a sua responsabilidade, ainda mesmo na hipótese de criminação[7] do fato, afirma:

1º Que não cabe nas atribuições dos juízes singulares, com exclusão do foro comum, o conhecimento e o julgador [julgamento] dos delitos por abuso de liberdade de comunicar os pensamentos por a imprensa (Lei de 20 de setembro de 1830);[8]

2º Que assim o têm entendido e decidido juízes distintos no Foro da Corte;

3º Que, à vista do exposto, a decisão deste processo, e dos semelhantes, observando-se a regra geral, compete ao Tribunal do Júri, pelo que, a forma adotada contra o acusado, sobre ser irregular, é ilegal;

4º Que, além do exposto, em face da lei e dos princípios de jurisprudência, não é este Juízo competente para conhecer da presente causa, por fatos que se hão de provar;

5º Que o acusado não é nem pode ser o responsável legal do impresso criminado;

6º Que, em tal impresso, em tese, como deve necessariamente ser considerado, há uma *agregação* de atos lícitos, constitutivos de justa defesa, que, à vista do direito, não determinam existência de crime;

---

7. Imputação, acusação.
8. Gama se reporta de modo geral à lei que tratava dos delitos cometidos por meio da imprensa e, em particular, ao processo de julgamento através de júri (art. 14 e seguintes). Cf. *Coleção das Leis do Império do Brasil*, 1830, parte I. Rio de Janeiro: Tipografia Nacional, 1876, pp. 35–48.

7º Que quando mesmo tais fatos pudessem constituir delito, não seria, por certo, o de injúrias, de todo ponto inadmissível, na vertente hipótese, porque os crimes decorrem dos fatos previstos por a lei, e não podem ser imputados arbitrariamente.

II
DEMONSTRAÇÃO DA CONTRARIEDADE

Movendo-se dúvidas no foro, e dúvidas gravíssimas, porque interessam elas à ordem e às fórmulas substanciais do processo criminal e, portanto, às garantias e segurança do cidadão, máxime[9] tratando-se do sagrado direito e exercício da liberdade constitucional de comunicar os pensamentos; dúvidas que atingem ao ponto importantíssimo de saber-se se a Lei de 20 de setembro de 1830 foi revogada ou apenas derrogada por a legislação posterior; consultado levianamente o Poder Executivo, como sempre acontece em casos idênticos, resolveu este indebitamente, exorbitando das suas atribuições legais, *por interpretação autêntica*, em Aviso de 15 de janeiro de 1851,[10] que a mencionada Lei, de 20 de setembro de 1830, está inteiramente revogada, pelo que os crimes cometidos, por via da imprensa, devem ser processados e punidos por as leis posteriores!...

Acontecendo, porém, que nada resolvesse esta extravagante resolução do Poder Executivo, violadora da lei comum e infringente de preceitos constitucionais, progrediram as dúvidas, dando, como natural resultado, disparatados julgamentos e uma jurisprudência caótica, se bem que rigorosamente lógica.

O Supremo Tribunal de Justiça, por Acórdão de 22 de agosto de 1848, e o egrégio Tribunal da Relação de Pernambuco, por

---

9. Principalmente, especialmente.
10. O aviso executivo, "por interpretação autêntica", na fina ironia do autor, opinava pela revogação da lei de abuso de liberdade de imprensa. Cf. *Coleção das Decisões do Governo do Império do Brasil*, 1851, tomo XIV. Rio de Janeiro: Tipografia Nacional, 1852, pp. 314–328.

Acórdão de 9 de março de 1849, resolveram "que o delito de abuso de liberdade de imprensa somente pode ser julgado no Tribunal do Júri, em virtude de expressa e não revogada disposição do art. 68 da citada lei de 1830".[11] E desta jurídica e libérrima[12] opinião também é o eminente jurisconsulto sr. Marquês de S. Vicente (vide *Direito Público Brasileiro*, Título 8, capítulo 2, seção 3, § 3º, nº 545, *in fine*).[13]

---

11. A referência ao acórdão do Supremo Tribunal de Justiça é exata. Cf. Candido Mendes de Almeida. *Arestos do Supremo Tribunal de Justiça*. Rio de Janeiro: B. L. Garnier, 1885, p. 329.
12. Superlativo de livre, algo como muitíssimo livre, muitíssimo liberal.
13. Gama citava a obra constitucional de José Antonio Pimenta Bueno (1803–1878), o marquês de São Vicente, destacado jurista que já tinha exercido os cargos de juiz, desembargador, ministro do Supremo Tribunal de Justiça, além de ter sido presidente das províncias de Mato Grosso (1836–1838) e São Pedro do Rio Grande do Sul (1850); ministro da Justiça (1848) e das Relações Exteriores (1870–1871). O *Direito Público Brasileiro* de Pimenta Bueno era talvez o principal livro doutrinário do constitucionalismo brasileiro da segunda metade do século XIX. A passagem citada, pertencente à seção "da liberdade do pensamento e sua comunicação", conceituava que "A imprensa política é tambem assaz preciosa; não é menos do que o direito que tem e deve ter o cidadão de participar, de intervir no governo de seu país, de expor publicamente o que pensa sobre os grandes interesses da sociedade de que ele é membro ativo. É um direito antes político do que natural ou individual, como reconhece o art. 7º do Código Criminal, que só dispensa a qualidade de cidadão ativo quando se trata de defesa própria, que é por si muito recomendável. A imprensa política é a sentinela da liberdade, é um poder reformador dos abusos e defensor dos direitos individuais e coletivos. Quando bem manejada pelo talento e pela verdade, esclarece as questões, prepara a opinião, interessa a razão pública, triunfa necessariamente. É o grande teatro da discussão ilustrada, cujas representações têm mudado a face do mundo político. Encadeá-la [enjaulá-la] fora entronizar o abuso e o despotismo. Mas, por isso mesmo que tal é a alta missão da imprensa, é claro que se não deve abusar dela e transformá-la em instrumento de calúnia ou injúria, de desmoralização, de crime. Sua instituição tem por fim a verdade e o direito, não os ataques grosseiros, os sarcasmos, as perfídias, a desordem e anarquia. Em tais casos os próprios direitos individuais e públicos são os que clamam pela repressão. Para evitar a parcialidade na respectiva lei regulamentar, *o direito constitucional estabelece as seguintes garantias essenciais: 1º, o direito de livre publicação não pode ser impedido; 2º, não pode haver censura prévia; 3º, o julgamento da criminalidade será da competência do júri*; tudo

E, ou porque nos páramos[14] do direito errem os levitas,[15] delirantes e tomados do santo espírito das leis, ou seja balda[16] antiga dos mórbidos Themistas[17] ouvirem, de preferência, conselhos, para evitar os labores de enfadonho estudo, novamente consultaram o Poder Executivo sobre o melhor caminho a seguir nestas lôbregas[18] agruras do direito escrito...

E o Poder Executivo, depois de prudentemente ouvir a respectiva Seção do Conselho do Estado[19] *sobre a mesma questão decidida por Aviso de 15 de janeiro de 1851*, julgou-se incompetente para desatar o gordiano nó:[20] e, assim, devolveu o caso para a jurisprudência dos tribunais!... (vide Aviso nº 83, de 26 de fevereiro de 1866).[21]

---

mais pertence à lei regulamentar, que é sujeita à reforma e perfeição, e que não pode ser imutável". Cf. José Antonio Pimenta Bueno. *Direito Público Brasileiro e Análise da Constituição do Império*. Rio de Janeiro: Tipografia Imperial e Constitucional de J. Villeneuve e C., 1857, p. 396, grifos meus.

14. Planaltos.
15. Sacerdotes.
16. Pode ser lida como falta de juízo ou tipo de mania nociva.
17. Possível referência a juristas, jurisconsultos e juízes, alçados, ainda que ironicamente, à posição de sacerdotes da justiça, cultores da lei.
18. Sombrias, nebulosas, assustadoras.
19. Refere-se a uma das seções do Conselho de Estado, órgão consultivo ao imperador formado por uma seleção de ministros de Estado e outras figuras-chave do direito e da política nacional. Para o Segundo Reinado, suas atribuições estão marcadas na Lei nº 234 de 23 de novembro de 1841. Sobre a formação e importância política dessa instituição, cf. José Reinaldo de Lima Lopes. *O Oráculo de Delfos: o Conselho de Estado no Brasil-Império*. São Paulo: Saraiva, 2010. Para o papel da Seção de Justiça, cf., especialmente, pp. 156–186.
20. Remete à passagem lendária em que Alexandre, o Grande (356–323 a.C), cortou o nó da corda que atava a carroça do antigo rei Górdio a uma das colunas do templo de Zeus. A metáfora, nesse caso, indica um problema de difícil solução.
21. A ementa do aviso estabelecia que "a questão acerca do julgamento dos crimes de abuso de liberdade de imprensa" não competia "ao Poder Executivo, e sim à jurisprudência dos tribunais". Cf. *Coleção das Decisões do Governo do Império do Brasil de 1866*, tomo XXIX. Rio de Janeiro: Tipografia Nacional, 1866, p. 93.

E o colendo Tribunal da Relação da Corte, tomando ao sério, ao que parece, *a régia delegação de poderes*, por Acórdão de 15 de setembro de 1865, declarando em vigor a legislação posterior, reconhece, em termos explícitos, que a especial disposição do art. 68 da Lei de 20 de setembro de 1830 subsiste, porque não foi revogada clara, positiva e expressamente por lei alguma (vide Aviso nº 262, de agosto de 1857)!...[22]

O art. 68 da Lei de 20 de setembro de 1830[23] encerra conceitos preciosos, da mais alta magnitude política, regulamenta peculiarmente um preceito constitucional, estabelece, com sólidas cautelas, de modo jurídico, a garantia de um direito natural sabiamente aceita e imposta pela Constituição; estatui sobre a forma do processo e firma, em termos claros e inalteráveis, o preceito altamente liberal de que, em tais delitos, só o Tribunal do Júri é competente para julgar o cidadão: é uma disposição expressa, que somente por outra igual pode ser derrogada (Aviso de 21 de junho de 1877).[24]

Se, como reconheceu implicitamente o governo, e, com evidência, proclamam os tribunais, este artigo da lei, tão peculiar em seu sistema, não foi clara, positiva e expressamente revogado, é certo, é incontestável que ele está em pleno vigor.

▷ Porque os preceitos legais, garantidores do exercício de direitos, e maiormente de direitos constitucionais, só por absurdo se podem considerar revogados por meras induções ou por fórmulas indiretas de inqualificável hermenêutica;

---

22. Não foi possível localizar a referência.
23. No correr desse parágrafo, em particular, Gama dará um peso normativo considerável a esse artigo da lei de setembro de 1830. Vale a pena conferir, pois, *in verbis* a letra da lei: "É nula toda a sentença proferida por outro tribunal ou juízes que não forem os do júri competente, e nunca produzirá efeito algum, nem mesmo para servir de fundamento à nova ação no juízo a que competiria". Cf. *Coleção das Leis do Império do Brasil*, 1830, parte I. Rio de Janeiro: Tipografia Nacional, 1876, pp. 35–48, especialmente p. 46.
24. Não foi possível localizar o teor desse aviso.

▷ Porque somente quando cessa a razão da lei é que cessa a sua disposição (*Ordenações*, Livro 2º, Título 29, § último; Livro 4º, Título 103, §§ 2º e 3º; Alvará de 17 de outubro de 1768);[25]
▷ Porque na hipótese vertente, se o preceito não foi clara, positiva e expressamente revogado, subsiste, e deve ser rigorosamente guardado; ou se está em contradição com disposições análogas deve ser autenticamente interpretado (Assento de 16 de novembro de 1700; *Ordenações*, Livro 4º, Título 45);[26]
▷ Porque se o preceito depende de interpretação autêntica, não são competentes para dá-la nem os ministros, nem os magistrados;
▷ Porque as leis só podem ser feitas, interpretadas, suspensas e revogadas pelo Poder Legislativo (Constituição, art. 15, § 8º);[27]
▷ Porque o Poder Legislativo é exclusivamente delegado à Assembleia Geral, com sanção do imperador (Constituição, art. 13);[28]

---

25. Nenhuma das referências listadas nesse parágrafo, salvo melhor juízo, parecem corresponder com o argumento desenvolvido. Em todo caso, para as *Ordenações* do Livro 2º, cf. Candido Mendes de Almeida. *Código Filipino, ou, Ordenações e Leis do Reino de Portugal*, Livro II. Rio de Janeiro: Tipografia do Instituto Filomático, 1870, p. 446; e para as *Ordenações* do Livro 4º, cf. Candido Mendes de Almeida. *Código Filipino, ou, Ordenações e Leis do Reino de Portugal*, Livro IV. Rio de Janeiro: Tipografia do Instituto Filomático, 1870, p. 1006. Para o inteiro teor do alvará, que me escapa de todo a razão de ter sido invocado, uma vez que não parece se adequar ao argumento exposto, cf. *Coleção da Legislação Portuguesa*, de 1763 a 1774. Lisboa: Tipografia Maigrense, 1829, pp. 370–372.
26. O teor do julgamento de 1700 não se adequa ao argumento que Gama desenvolve. Ao que me parece, salvo melhor juízo, Gama trouxe o assento como expedienteretórico ornamental para intrincar o argumento e quiçá confundir potenciais replicantes. O assento pode ser consultado no repositório digital do projeto *O Governo dos Outros*. Para as *Ordenações* citadas, cf. Candido Mendes de Almeida. *Código Filipino, ou, Ordenações e Leis do Reino de Portugal*, Livro IV. Rio de Janeiro: Tipografia do Instituto Filomático, 1870, pp. 830–832.
27. O *caput* do art. 15 determinava o que era "da atribuição da Assembleia Geral", estando entre essas atribuições, segundo o parágrafo 8º, o de "fazer leis, interpretá-las, suspendê-las e revogá-las". Cf. *Constituição Política do Império do Brasil*. Rio de Janeiro: Tipografia Nacional, 1824, pp. 6–7.
28. Na letra do art. 13: "O Poder Legislativo é delegado à Assembleia Geral com a Sanção do Imperador". Cf. *Constituição Política do Império do Brasil*. Rio de Janeiro: Tipografia Nacional, 1824, p. 6.

▷ Porque a lei, qualquer que ela seja, só deixa de vigorar quando é, por outra, expressamente revogada (Lei de 12 de maio de 1840, art. 8º);[29]
▷ Porque, isto posto e bem ponderado, resulta, e é certo, que não foi competentemente revogado o art. 68 da Lei de 20 de setembro de 1830; subsiste a sua disposição e, portanto, nulo é completamente o presente processo (Constituição, art. 179, § 11; Decreto nº 4.824 de 22 de novembro de 1871, art. 50; *Ordenações*, Livro 1º, Título 58, § 17, e Título 66, § 29).[30]

29. Segundo o artigo 8º, "As leis provinciais, que forem opostas à interpretação dada nos artigos precedentes, não se entendem revogadas pela promulgação desta lei sem que expressamente o sejam por atos do Poder Legislativo Geral". Cf. *Coleção das Leis do Império do Brasil de 1840*, tomo III, parte I. Rio de Janeiro: Tipografia Nacional, 1863, pp. 5-7.
30. O *caput* do art. 179 declarava que a "inviolabilidade dos direitos civis e políticos dos cidadãos brasileiros, que tem por base a liberdade, a segurança individual e a propriedade, é garantida pela Constituição do Império" de numerosas maneiras, entre elas, a estatuída em seu parágrafo 11, *in verbis*, "Ninguém será sentenciado, senão pela autoridade pública competente, por virtude de lei anterior e na forma por ela prescrita". Cf. *Constituição Política do Império do Brasil*. Rio de Janeiro: Tipografia Nacional, 1824, pp. 41-43. O art. 50 do decreto de 1871, a sua vez, determinava que: "A queixa ou denúncia que não contiver os requisitos legais não será aceita pelo juiz, salvo o recurso voluntário da parte". Cf. *Coleção das Leis do Império do Brasil de 1871*, tomo XXXIV, parte II. Rio de Janeiro: Tipografia Nacional, 1871, pp. 653-683, particularmente p. 672; o Título 58, § 17, do Livro 1º das *Ordenações* versava sobre possibilidades de revogação de normas. É provável que Gama tivesse em vista o excerto com o seguinte teor: "posto que sejam feitas com a solenidade devida". Cf. Candido Mendes de Almeida. *Código Filipino, ou, Ordenações e Leis do Reino de Portugal*, Livro I. Rio de Janeiro: Tipografia do Instituto Filomático, 1870, pp. 85-91, e em destaque, p. 90; do Título 66, § 29 das mesmas *Ordenações*, Gama remetia, provavelmente, ao trecho: "E as posturas e vereações, que assim forem feitas, o corregedor da comarca não lhes poderá revogar, nem outro algum oficial ou desembargador nosso, antes as façam cumprir e guardar (...)" Cf. Candido Mendes de Almeida. *Código Filipino, ou, Ordenações e Leis do Reino de Portugal*, Livro II. Rio de Janeiro: Tipografia do Instituto Filomático, 1870, pp. 144-153, especialmente p. 149.

Está determinado no Código Criminal, em termos imperativos, e de modo indeclinável em o art. 7º:

Que, nos delitos de abuso da liberdade de comunicar os pensamentos, são criminosos, e, por isso, responsáveis:

> 1º O impressor, o qual ficará isento de responsabilidade, mostrando, por escrito, obrigação de responsabilidade do editor, sendo este pessoa conhecida, residente no Brasil, que esteja no gozo dos direitos políticos; salvo quando escrever em sua causa própria, caso em que se não exige esta última qualidade;
>
> 2º O editor, que se obrigou, o qual ficará isento de responsabilidade, mostrando obrigação, pela qual o autor se responsabilize, tendo este as mesmas qualidades exigidas no editor para escusar o impressor;
>
> 3º O autor, que se obrigou.[31]

É, pois, evidente que, por força da lei, no Juízo, é precisamente o impressor o primeiro responsável, como autor presumido e intuitivo do impressor criminado.

Impressor ou tipografário, em acepção jurídica, e na frase técnica da lei, é o dono, o senhor, o proprietário, o que, pelo direito, tem o domínio da tipografia (Código Criminal, art. 303; dr. M. da Cunha, *Anotações ao Código Criminal*, página 55; Ferreira Borges, *Dicionário Jurídico*, página 136);[32]

---

31. *Código Criminal do Império do Brasil*. Recife: Tipografia Universal, 1858, pp. 12–13.
32. Na letra do art. 303: "Estabelecer oficina de impressão, litografia ou gravura sem declarar perante a Câmara da cidade, ou vila, o seu nome, lugar, rua e casa em que pretende estabelecer, para ser escrito em livro próprio, que para esse efeito terão as Câmaras; e deixar de participar a mudança de casa, sempre que ela aconteça". Gama faz referência exata ao trecho e página em que se discute as responsabilidades penais do impressor, editor e autor nos delitos de imprensa. Gama, cabe destacar, optou em citar a obra de maneira simplificada e própria de quem referencia um livro *inter pares*, ou seja, entre especialistas na matéria. Assim, embora o livro possa ser chamado de "Anotações ao Código Criminal", seu título oficial é *O Código Penal do Império do Brasil*. Mendes da Cunha (1797–1858), como era conhecido, foi professor de Direito Romano da Faculdade de Direito do Recife. Cf. Manoel Mendes da Cunha Azevedo.

Editor é o cidadão que, no gozo de direitos políticos, sob sua própria responsabilidade, ou de outrem, se faz cargo da publicação de escritos alheios (Código Criminal, art. 7º, § 2º);[33]

Autor é o cidadão que, no gozo de direitos políticos, produz ou exibe trabalho escrito, para ser publicado (Código citado, art. 7º, § 3º).[34]

Temos, pois, segundo as prescrições legais, que:

▷ O primeiro responsável por a publicação dos escritos, em razão do seu ofício, é o impressor;
▷ O impressor só poderá ser escusado da responsabilidade provando imediata e legalmente a do editor;
▷ Esta responsabilidade, do editor, só é aceitável quando conjuntamente seja provada a sua idoneidade;
▷ A escusa do impressor, ou do editor, é judicial, provocada por queixa ou denúncia e julgada pelo juiz, pois que constitui auto

---

O Código Penal do Império do Brasil. Recife: Tipografia Comercial de Meira Henriques, 1851, p. 55. Além de conferir com original, a referência cuida precisamente do que Gama vem desenvolvendo no corpo do texto. Do *Dicionário jurídico-comercial* de José Ferreira Borges (1796–1838), jurisconsulto português e autor do primeiro Código Comercial de Portugal, Gama consultou o verbete "dono". A citação confere exatamente com a página indicada e, mais, Gama reproduz a ordem dos termos — "senhor", "proprietário" [o que tem o] "domínio" — conforme apresentada pelo doutrinador português. Cf. José Ferreira Borges. *Dicionário jurídico-comercial*. Porto: Tipografia de Sebastião José Pereira, 1856, p. 136.

33. O art. 7º, § 2º, que se lê no corpo do texto, qualifica o editor e define sua responsabilidade penal. Cf. *Código Criminal do Império do Brasil*. Recife: Tipografia Universal, 1858, p. 13.

34. A definição é do próprio Gama, haja vista o Código Criminal, na parte que se lê no corpo do texto, não esmiuçar, como o fez com a figura do editor, quem seria juridicamente o autor. Cf. *Código Criminal do Império do Brasil*. Recife: Tipografia Universal, 1858, p. 13.

de corpo de delito (Pimenta Bueno, *Direito Criminal*).[35] Do mesmo modo, poderá o editor escusar-se da responsabilidade, exibindo, em juízo, a do autor idôneo, que se o obrigou.

Tal é a ordem legal do processo.

∽

Terá a *Província de S. Paulo* um "impressor" e um "editor" que possam regularmente assumir a responsabilidade legal dos escritos que imprimem-se nesse jornal?

Na falta dessas duas entidades legais, poder-se-á, *ipso facto*,[36] devolver a responsabilidade criminal do escrito ao autor, ainda quando este se tenha obrigado?

A *Província de S. Paulo* é propriedade de uma associação comanditária,[37] da qual o representante "se não conhece nestes autos."[38]

---

35. Possivelmente, Gama se refere ao célebre *Apontamentos sobre o processo criminal brasileiro*, de José Antonio Pimenta Bueno (1803–1878), conhecida autoridade política que desempenhou os cargos de juiz, desembargador (1844–1847), ministro da Justiça (1849), presidente do Conselho de Ministros (1870–1871) e senador do Império (1853–1878). Cf. José Antonio Pimenta Bueno. *Apontamentos sobre o processo criminal brasileiro*. Rio de Janeiro: Imprensa Nacional do Diario, 1857.
36. Por isso mesmo, necessariamente.
37. O mesmo que sociedade em comandita, forma associativa que possui duas classes de sócios: os comanditados e os comanditários. Os comanditados têm responsabilidades ilimitadas frente a terceiros, maiores obrigações sociais, trabalham e contribuem financeiramente; os comanditários, ao contrário, têm responsabilidade limitada, são alheios a obrigações na administração do negócio, não contribuem com trabalho, apenas com capital. Gama utiliza os atributos da pessoa jurídica que representa, o jornal *A Província de S. Paulo*, para descaracterizar sua responsabilidade na denúncia oferecida.
38. É provável que Gama esteja citando um excerto do processo, ou mesmo de sentença judicial.

São redatores deste jornal os drs. Américo de Campos[39] e F. Rangel Pestana;[40] é administrador J. Maria Lisboa,[41] cidadão português, encarregado da parte econômica da empresa.

Está, portanto, demonstrado, a toda luz, que este jornal não tem "impressor" ostensivo, e menos ainda "editor" conhecidos (vide Declaração, fl. 8, página 1ª, principal).

A petição inicial de fl. 4, cuja forma é desconhecida em direito, de próprio arbítrio, e com menoscabo da lei, deu patente de impressor, sob denominação de editor, ao dr. Francisco Rangel Pestana, e tal petição, aliás inaceitável em juízo, por não conter os requisitos do art. 79 do Código de Processo Criminal,[42] para obrigar o impressor, como acusado, na conformidade do art. 7º, § 1º, do Código Criminal,[43] e que, entretanto, foi deferida,

---

39. Américo Brazilio de Campos (1835-1900), nascido em Bragança Paulista (SP), foi advogado, promotor público, jornalista e diplomata. Entre diversas colaborações na imprensa, foi redator d'*O Cabrião*, diretor do *Correio Paulistano* e fundador d'*A Província de São Paulo*. Desde os seus tempos de estudante na Faculdade de Direito de São Paulo, na turma que se formou em 1860, até a ruptura pública dos finais de 1880, Américo de Campos foi um dos parceiros mais próximos de Luiz Gama, podendo ser encontrado em diversas fontes atuando ao lado de Gama na imprensa, na política ou na tribuna.

40. Francisco Rangel Pestana (1839-1903), natural de Nova Iguaçu (RJ), foi jornalista e político. Fundador do jornal *A Província de São Paulo* (1875), foi também deputado e senador por sucessivas legislaturas.

41. José Maria Lisboa (1838-1918), nascido em Lisboa, Portugal, foi jornalista, tipógrafo, editor e empresário radicado em São Paulo. Fundou, dirigiu e foi redator de dezenas de periódicos, destacando-se o *Correio Paulistano*, *A Província de São Paulo* e o *Almanach Litterario de S. Paulo*.

42. Os requisitos eram: a descrição do fato criminoso com todas as suas circunstâncias envolvidas; o valor provável do dano que se alegava sofrido; o nome do autor, ou seus sinais característicos, se a autoria fosse desconhecida; as razões de convicção ou presunção; a nomeação de todos os informantes e testemunhas do fato; e, finalmente, o tempo e o lugar em que foi o crime perpetrado. Cf. Araujo Filgueiras Junior. *Código do Processo do Império do Brasil*, tomo I. Rio de Janeiro: Eduardo & Henrique Laemmert, 1874, pp. 57-58.

43. Ver *caput* do artigo na p. 131, e notas 33 e 34, p. 132.

com infração manifesta do art. 50 do Decreto nº 4.824 de 22 de novembro de 1871,[44] deveria ter sido rejeitada, e, não o sendo, criou mais uma insanável deformidade nos autos.

O autor desta causa, preterindo soberanamente a fórmula da lei, chamou a juízo não o impressor, como devera, mas o editor, para responder em primeiro lugar!... E não contente com este ato de ilegal inversão, qualificou de editor ao dr. Francisco Rangel Pestana!! (vide fl. 4, verso).

E o dr. Pestana, sem atender a irregularidade do chamado, e sem refletir na ilegalidade do ato, enviou indevidamente o imprestável documento de fl. 9!...

A pessoa indicada e citada, e que não veio a juízo, como editor, para exibir intempestivamente o autógrafo, é o dr. Francisco Rangel Pestana; e a ele somente se refere a certidão de fls. 4 e 5; o oficioso apresentante do documento, no entanto, é o dr. Américo de Campos!... (vide fls. 10 e 11).

Exibido o autógrafo de fl. 9, sem que se desse a verificação da idoneidade do autor, e nem julgada fosse a exoneração do inventado editor, foram os autos entregues ao querelante, que ressurgiu no juízo com a petição de fl. 2!...

E deu-se o chamamento do editor, de modo irregularíssimo, e sem que acusado fosse o impressor; e em ausência de *queixa* do querelante, meio único pelo qual se poderia legalmente instaurar o processo, que tem formas impretéríveis; e foi o improvisado editor exonerado de responsabilidade, mediante a falsa obrigação de um estrangeiro, notoriamente conhecido, como tal qualificado no processo, que nunca foi guarda nacional, nem juiz de fato,[45] nem votante, nem eleitor de paróquia, nesta cidade importante, onde há mais de 20 anos tem efetiva residência; e sem que se mostrasse, quando admissível fosse, a sua obrigação, que ele está no gozo de direitos políticos, ou que em qualquer tempo estivesse.

---

44. Ver nota 30, p. 130.
45. O mesmo que jurado, julgador no Tribunal do Júri.

Assim fica provado, e de modo inconcusso,[46] que a *Província de S. Paulo* não tem impressor, nem editor; que, se os tem, não são conhecidos; e que, portanto, nulo é este processo, porque a queixa é nenhuma.

~

Há muito tempo que o querelado reside no termo da capital, paróquia da Sé, e distrito do sul (vide documentos sob nº 6, 7 e 8).

E tendo a sua residência, como tem, efetiva e legal neste distrito, segundo a prova que exige o direito, que exibe o querelado, não pode ele ser processado nem julgado pelo juiz de direito do 2º Distrito Criminal da comarca desta cidade.[47]

Porque o governo da província, em cumprimento do seu dever, executando o preceito legal, dividiu a comarca da capital em dois distritos criminais; e, por este ato, o distrito do sul da paróquia da Sé, onde reside o acusado, foi incluído no primeiro da comarca (doc. nº 3).

É certo, entretanto, que a tipografia da *Província de S. Paulo* está situada à rua da Imperatriz, no distrito do norte da paróquia da Sé, distrito este que foi incluído, pelo ato mencionado, no 2º Distrito Criminal da comarca, onde verificou-se a propositura do pleito; mas este fato, de *per si*, não constitui, nem pode juridicamente constituir, o que, na expressão da lei, se chama foro do delito; porque a existência do foro de delito, fato legal, do qual decorre a competência do juízo, em razão da escolha do querelante (Código de Processo Criminal, art. 160, § 3º, 2ª parte),[48] é

---

46. Inabalável, indiscutível.
47. Jurisdição que corresponde ao distrito norte da freguesia da Sé.
48. O *caput* do art. 160 prescrevia que "o denunciado, ou aquele contra quem houve queixa, não será ouvido para a formação da culpa". Já o § 3º, 2ª parte, definia que "o distrito da culpa [era] aquele lugar em que foi cometido o delito", ou onde residisse o réu, "ficando à escolha do queixoso". Cf. Araujo Filgueiras Junior. *Código do Processo do Império do Brasil*, tomo I. Rio de Janeiro: Eduardo & Henrique Laemmert, 1874, pp. 84-85.

fatalmente uma designação objetiva, que prescreve determinado local, com exclusão de qualquer outro, em que se tenha cometido o delito.

É, porém, igualmente certo que na presente peculiar hipótese, não é a tipografia o local do cometimento ou berço do delito, na frase dos juristas; o fato material ou elemento objetivo do crime, neste caso, consiste na publicidade, esta existe por a distribuição dos impressos, e esta distribuição realizou-se em diversos pontos de diferentes paróquias (vide Código Criminal, art. 230, e [art] 7º, § 4º).[49] Não se pode precisar o lugar da publicação, nem designar o foro do delit; a queixa, portanto, só podia ser dada no foro do réu, perante o juízo de direito do 1º Distrito: fez-se o contrário: nulo é o sumário por incompetência do juiz.[50]

∽

Nos processos por abuso da liberdade de comunicar os pensamentos é condição essencial, para existência do delito, que o impresso criminado seja distribuído por mais de 15 pessoas (Código Criminal, art. 239);[51]

---

49. Na letra do art. 230: "Se o crime de calúnia for cometido por meio de papeis impressos, litografados ou gravados, que se distribuirem por mais de quinze pessoas contra corporações que exerçam autoridade pública"; o art. 7º, § 4º, tratava especificamente das condutas criminais do vendedor e do distribuidor. Cf. *Código Criminal do Império do Brasil*. Recife: Tipografia Universal, 1858, p. 13.
50. Arremata, portanto, arguindo que o sumário de culpa está prejudicado por obra do juiz que conheceu da queixa de que não poderia, uma vez que não possuía competência para julgá-la.
51. Ao mencionar a distribuição para mais de 15 pessoas como potencial elemento de responsabilização penal, Gama cita indiretamente o art. 7º, § 5º. A referência expressa ao art. 239, a sua vez, deixa uma porta de saída para outro argumento, caso se fizesse necessário provar a verdade da imputação tida por injuriosa pelo queixoso. Cf. *Código Criminal do Império do Brasil*. Recife: Tipografia Universal, 1858, p. 13 e p. 91.

E não é admissível a existência de tal condição por simples ou mesmo por fundada presunção, que indiretamente resulte de cogitações imaginosas das testemunhas, ou de fatos não averiguados judicialmente, que bem podem ocultar inexatidões ofensivas da verdade ou dos direitos da defesa (Código Criminal, art. 36).[52]

E os depoimentos de fls. 18, 22 e 24, e seguintes, sobre serem todos prestados por pessoas suspeitas, se não legalmente incapazes — os distribuidores do jornal acusados e o administrador da tipografia —, responsáveis de fato, e segundo o direito, pelo delito, mormente[53] quando não são conhecidos o impressor, nem o editor, e o autor é estrangeiro, são nenhuns perante a lei, por não conterem afirmação clara, positiva e inobliterável[54] do fato principal da distribuição (Código Criminal, art. 7º, § 4º, e art. 239; Acórdão do [Tribunal] da Relação do Recife de 5 e 8 de abril de 1862).[55]

∽

O querelado é vítima de uma exigência exorbitante do autor, que contra ele traz odiosa demanda para a cobrança de quantia superior à que lhe é devida;

---

52. O texto normativo definia que, *in verbis*, "nenhuma presunção, por mais veemente" que fosse, serviria de "motivo para imposição de pena". Cf. *Código Criminal do Império do Brasil*. Recife: Tipografia Universal, 1858, p. 25.
53. Sobretudo, principalmente.
54. Inapagável, impossível de não se levar em conta.
55. O art. 7º, § 4º, definia também como criminoso do delito de abuso da liberdade de comunicar os pensamentos àquele que estava na ponta da cadeia da comunicação, isto é, na forma da lei, "o vendedor e o que fizer distribuir os impressos, ou gravuras, quando não constar quem é o impressor, ou este for residente em país estrangeiro, ou quando os impressos e gravuras já tiverem sido condenados por abuso e mandados suprimir". O art. 239, por sua vez, prescrevia que "as imputações feitas a qualquer corporação, depositário ou agente de autoridade pública, contendo fatos ou omissões contra os deveres dos seus empregos, não sujeitam a pena alguma, provando-se a verdade delas". Todavia, a ementa do acórdão citado não foi localizada. Cf. *Código Criminal do Império do Brasil*. Recife: Tipografia Universal, 1858, p. 13 e p. 91.

O querelado impugnou o petitório[56] e está usando de recursos legais para tirar-se da iminente violência que lhe faz o autor, à sombra da lei, sob indevida proteção da justiça, e patrocinado por um ajeitado-direito que realmente não existe.

Condenado por uma injurídica sentença que obriga o acusado ao pagamento do que não deve, apelou para o Superior Tribunal e, revoltado, mui justificadamente, por a injustiça de tal julgamento, veio à imprensa invocar a opinião autorizada dos doutores e a imparcialidade dos judiciosos cidadãos; e, para isso, repetiu, em defesa da sua causa e como prova do seu incontestável gravame,[57] o que, em alegações judiciais, em peças-forenses, já tinha afirmado, *sem reclamação alguma* do querelante, que só agora, decorridos meses, deu-se por ofendido de uma simples transcrição!...

É aforismo de direito, e muito antigo, "quem se defende não faz injúria, porque não ofende".

Além do que fica exposto, separar trechos de um escrito, deslocar frases, ou isolar assertos ou pensamentos conexos, como fez o autor, é infringir escandalosamente a lei, para criar crimes de injúrias (vide Código Criminal, arts. 8º, 240, e 241; Acórdão da Relação da Corte, 1862; documento nº 5).[58]

---

56. Refere-se à parte da petição inicial em que se elabora o pedido.
57. Prejuízo, dano sofrido.
58. O art. 8º estipulava que os escritos e discursos em julgamento por abuso da liberdade de comunicar os pensamentos seriam "interpretados segundo as regras de boa hermenêutica, e não por razões isoladas e deslocadas". Ao seu turno, o art. 240 prescrevia: "Quando a calúnia ou injúria forem equívocas, poderá o ofendido pedir explicações em juízo, ou fora dele". Por fim, o texto do art. 241 estatuía: "O juiz que encontrar calúnias ou injúrias escritas em alegações, ou cotas de autos públicos, as mandará riscar a requerimento da parte ofendida, e poderá condenar o seu autor, sendo advogado, ou procurador, em suspensão do ofício por oito anos a trinta dias, e em multa de quatro a quarenta mil réis". Cf. *Código Criminal do Império do Brasil*. Recife: Tipografia Universal, 1858, pp. 13–14 e pp. 91–92.

Os fatos de que se queixa o querelante, e que ele próprio extraiu de um escrito, com a calculada intenção de perseguir ao querelado, e forçá-lo a um acordo na temerosa demanda cível, são:

1º Que o querelante é exagerado nas suas exigências, querendo cobrar mais do que lhe deve o querelado;

2º Que o querelante vende gêneros de má qualidade aos seus fregueses;

3º Que troca os gêneros vendidos por outros inferiores;

4º Que invade violentamente a casa dos compradores para ajustar contas.

Os dois primeiros fatos, não contendo, como realmente não contêm, expressões diretas e positivamente ofensivas, só poderiam ser considerados injuriosos mediante as diligências determinadas expressamente em o artigo 240 do Código Criminal.[59]

O terceiro, se delito envolve, é o previsto no artigo 264, § 4º, do Código Criminal;[60] e, neste caso, não constitui crime de injúrias (documentos números 1 e 2).

O quarto encerra uma verdade judicialmente provada pelo próprio querelante; não há, nem pode haver, crime na referência de fatos verdadeiros, sinceramente feita, em defesa de direitos, sem dolo e sem má-fé; queixe-se o querelante de si mesmo; e lembre-se "que quem não quer ser lobo não lhe veste a pele" (documento nº 4).

---

59. O artigo apresentava opções de processamento para "quando a calúnia e a injúria" fossem "equívocas". Cf. *Código Criminal do Império do Brasil*. Recife: Tipografia Universal, 1858, p. 91.

60. Previsão normativa para crimes de estelionato, sendo a hipótese do § 4º assim definida: "Em geral, todo e qualquer artifício fraudulento pelo qual se obtenha de outrem toda a sua fortuna, ou parte dela, ou quaisquer títulos". Cf. *Código Criminal do Império do Brasil*. Recife: Tipografia Universal, 1858, pp. 98–99.

III

Improcedente é o presente processo, deforme, monstruoso, nulo e imprestável, perante o direito e a lei; porquanto:

Não cabe nas atribuições dos juízes singulares, por exceção não autorizada, o seu julgamento, a despeito das modificações que lhe não são aplicáveis, estabelecidos na Lei n° 261 de 3 de dezembro de 1841, e no Regulamento n° 120 de 31 de janeiro de 1842;[61]

Não foi, nem podia ser revogada, por *disposição genérica*, a peculiar e privada, expressamente preceituada o artigo 68 da Lei de 20 de setembro de 1830 (Assento de 16 de novembro de 1700; *Ordenações*, Livro 4°, Título 45);[62]

Não é destituída de autoridade filosófica esta jurídica opinião, aliás confirmada até pelo Supremo Tribunal de Justiça;

É, pelo direito e pela lei, da competência exclusiva do Júri o julgamento da causa;

Assim sendo, nula é a queixa, imprestável o processo e improcedente a ação (Constituição Política, art. 179, § 11; Decreto n° 4.824 de 22 de novembro de 1871, art. 50);[63]

O distrito da subdelegacia do Sul da paróquia da Sé pertence ao 1° Distrito Criminal da comarca da capital;

A queixa foi dada e processada perante o dr. juiz de direito do 2° Distrito Criminal, incompetente, portanto, para dela conhecer; nenhum, por nulidade insanável, é conseguintemente o pleito por ele ordenado.

---

61. Gama cita, respectivamente, a lei de reforma do Código de Processo Criminal e o regulamento da parte policial e criminal dessa mesma lei de reforma penal. Para o inteiro teor de ambas as normas, cf. *Coleção das Leis do Império do Brasil de 1841*, tomo IV, parte I. Rio de Janeiro: Tipografia Nacional, 1842, pp. 101–122; e *Coleção das Leis do Império do Brasil de 1842*, tomo V, parte II. Rio de Janeiro: Tipografia Nacional, 1843, pp. 39–134.
62. Para o artigo da "lei de imprensa", ver nota 23, p. 128; para o assento e as *Ordenações* citadas, consulte nota 26, p. 129.
63. Para os respectivos textos normativos, cf. nota 30, p. 130.

Sem queixa, nem denúncia, foi exibida a responsabilidade perante juiz incompetente; com irregularidade de forma, inobservância do direito e infração da lei, foi acusado o editor, em vez do impressor; em falta de responsável legal, criou-se, de improviso, um editor; do mesmo modo, foi este substituído pelo autor; o autor é estrangeiro e não pode ser criminado;

O escrito criminado não contém matéria infringente das leis penais; quando a contivesse, o delito não seria o de injúrias; não contém matéria criminal, porque encerra justa defesa, produzida sem má fé, em juízo contencioso, sem reclamação do autor; e, se quem se defende não ofende, a defesa justa não pode constituir injúria; além de que, as expressões malsinadas[64] são trechos truncados, adrede[65] extraídos de um escrito complexo; frases mutiladas, assertos destacados para determinar cavilosa[66] interpretação, com violação notória da lei; e o delito não seria de injúria, porque o fato atribuído, quando criminoso fosse, importaria delito que tem procedimento oficial de justiça;

As testemunhas chamadas a depor são os distribuidores do jornal querelado, são os perpetradores do ato material, são os agentes da publicação, os responsáveis legais dela, os delinquentes qualificados, se tal publicação encerra ofensas;

A distribuição necessária, feita por mais de 15 pessoas, não está provada, porque os depoimentos concluem por presunções e as presunções não fazem prova em juízo;

A causa está completamente perdida, para o autor, por nulidades quanto às fórmulas; por absoluta improcedência, quanto aos fatos; por absurda, quanto ao direito; e por atentatória, quanto à lei.

E, pois, em nome da justiça e da moralidade dos tribunais, em honra da ciência, para manutenção da lei, em respeito à liberdade individual e para garantia da segurança dos cidadãos:

---

64. Denunciadas, repreendidas.
65. Intencionalmente, de propósito.
66. Maliciosa, capciosa.

Pede-se ao meritíssimo julgador a absolvição do acusado, e condenação do autor nas custas do sumário.[67]

São Paulo, 7 de abril de 1878
O advogado,
LUIZ GAMA

SENTENÇA

Vistos estes autos em que são partes o alferes João A. Ribeiro de Lima, autor, e Candido Justiniano Silva, réu. Considerando que nos crimes de abuso de imprensa são responsáveis, em primeiro lugar, os impressores ou donos das tipografias, os quais só ficam isentos de responsabilidade mostrando por escrito obrigação da responsabilidade do editor, sendo este pessoa conhecida, residente no Brasil e que esteja no gozo de seus direitos políticos (art. 7º, § 1º do Código);[68]

Considerando que o editor só é escusado mostrando obrigação pela qual o autor se responsabilize, devendo esse autor ter as mesmas condições exigidas no editor para isentar o impressor (art. citado, § 2º);[69]

Considerando que o autor de um escrito só é responsável quando obrigue-se pela publicação do mesmo (art. citado, § 3º);[70]

Considerando que nestes autos não consta a citação do impressor, nem que este exibisse obrigação escrita do editor;

Considerando que, sendo requerida a citação do dr. Francisco Rangel Pestana, compareceu o dr. Américo Brazilio de Campos, sem que conste que um ou outro seja editor que se obrigou, ou impressor;

---

67. Refere-se ao processo.
68. O texto normativo está transcrito na n. 13, p. 127.
69. Idem.
70. Idem.

Considerando que, na hipótese de serem editores os drs. Pestana e Campos, o documento por eles apresentado não prova que o querelado seja o autor do artigo, e que pela publicação dele se obrigou, porquanto o documento de fl. 8 refere-se à publicação ou transcrição de um artigo inserto na *Gazeta de Notícias* e nenhuma prova há nos autos de que esse artigo seja o de que trata o querelante;

Considerando que, dos escritos em que forem cometidos abusos, não se devem isolar e destacar frases, mas se os deve considerar em todo contexto;

Considerando que o artigo de fls. [não informadas], tomado em seu todo, representando um só ato, uma só intenção, não pode conter atos diversos publicados pelo mesmo agente que motivem a acumulação de penas, se fora lícito destacar as frases para classificar umas de injuriosas e de caluniosas outras, também o seria considerar tantos crimes de injúria ou de calúnia quantas fossem as frases que de uma e outra classe pudessem ser encontradas no mesmo escrito;

Considerando que tomado o artigo em sua integridade deve preponderar o crime de natureza mais grave, sendo por ele absorvidos os outros, e que na hipótese destes autos deve-se considerar o artigo como calunioso, e portanto devendo o processo ser o comum e da competência do Júri e não o especial de alçada do juízo singular;

Julgo improcedente a queixa de fl. 2, e condeno o autor nas custas.

São Paulo, 28 de maio de 1878
SEBASTIÃO JOSÉ PEREIRA[71]

---

71. Sebastião José Pereira (1834–1881), nascido em São Paulo (SP), foi advogado, juiz de direito e presidente da província de São Paulo (1875–1878).

PARTE IV

A FALSIFICAÇÃO DE MOEDA

NOTA INTRODUTÓRIA   *A prisão do fotógrafo Victor Telles e mais cinco artistas mexeu com a cidade de São Paulo, aliás, nos dizeres de Gama, com "todo o país". Fosse apenas figura retórica, ou não, o suposto crime alcançou, de fato, uma proporção fora do comum. A polícia armou um aparato de guerra para invadir o modesto estúdio de fotografia da rua Direita, centro de São Paulo, onde Telles trabalhava. A partir da denúncia de uma só testemunha, Telles e seus companheiros se viram alvo de uma batida policial que os tomavam como suspeitos de um crime gravíssimo contra o Tesouro Nacional: eram acusados sumariamente pelo crime de falsificação de papel-moeda. O pequeno estúdio do fotógrafo, portanto, abrigaria máquinas e mais máquinas voltadas para fabricação de dinheiro falso. Gama assume a defesa dos artistas no tribunal, requerendo ordem de* habeas corpus, *e também na imprensa, através de dois artigos, que se leem a seguir.*

Capítulo 1
A falsificação da lei
Moeda falsa – fatos e boatos[1]

Comentário   *Literatura normativo-pragmática. Já na primeira frase — "Sabe todo o país..." —, tem-se a dimensão da repercussão pública que a causa havia alcançado na imprensa e nas ruas de diversas cidades do Brasil. A descrição suscinta do fato de que se discutia a criminalidade é lapidar: "Victor Telles e mais cinco artistas foram presos como suspeitos de fabrico e introdução de moeda-papel falsa na circulação monetária do império". O fotógrafo Victor Telles e os demais artistas estavam presos há aproximadamente um mês. Gama, por sua vez, contava o caso com sua habitual maestria narrativa. A "misteriosa reclusão de seis homens, que, há quase um mês, esperam por formação de culpa!...", ganhava foros de luta épica, bem ao gosto do poeta, advogado e literato. Num inquérito viciado e amparado num testemunho contaminado, argumentava Gama, "Victor Telles tinha adquirido proporções de herói de romance; era o novo Samuel Gelb, mesmo sem licença do velho Dumas!" O inquérito policial, contudo, apontava a materialidade do crime e a autoria dos mesmos artistas como falsários: o simples fotógrafo era apontado como mentor intelectual de um crime ousado. O promotor público ordenou mais diligências, entre elas, um exame nas máquinas que seriam destinadas à fabricação de papel-moeda falso. Este "elemento de prova criminal", ainda que a defesa tenha sido de algum modo cerceada de acompanhar a perícia, tornou-se peça-chave da estratégia de Gama, que passou a discutir alguns quesitos da perícia neste artigo. De maneira hábil, certamente visando a decisão do Tribunal da Relação de São Paulo, que pautaria o caso na semana seguinte, Gama conclui o texto convencido — e tratando de convencer seus leitores, especialmente seus leitores no tribunal... — de que "é evidente a não existência do delito" de falsificação de papel-moeda. Se houve algo falsificado, diria o advogado, foi a lei. O protesto de Gama, afinal, era "contra o arbítrio, que é a falsificação criminosa da lei", ocorrida, nesse caso, pelo "equívoco e a ilusão do juiz", que, "violando o direito, tortura sem motivo ao cidadão, em nome da segurança comum".*

---

1. *A Província de S. Paulo* (SP), Seção Livre, 01 de fevereiro de 1878, p. 2.

Sabe todo o país que o sr. Victor Telles[2] e mais cinco artistas foram presos como suspeitos de fabrico e introdução de moeda-papel[3] falsa na circulação monetária do império; e que, em razão de tal suspeita, estão presos há perto de um mês, sem formação de culpa!...
    O sr. dr. Henrique Antonio Barnabé Vincent,[4] promotor público da comarca, não se satisfazendo com o resultado das diligências policiais, requereu novos exames, do modo seguinte:

O promotor público interino, porque seja necessário, para marchar com passo seguro, e completar a prova de moedeiros-falsos dos presos Victor Telles, e outros, necessita que se faça exame em diversos objetos, em que os exames anteriores não foram completos, e em outros em que se não fez exame, como nas duas máquinas de numerar o mal examinado rolo de papel de linho encontrado na casa de Victor, e chapas metálicas encontradas nas casas de Victor e de Esprik de Verny,[5] por ser este exame de grande alcance para a denúncia dos mesmos.

Requer, por isso, que se faça o exame por pessoas profissionais, não de fotografia, e com urgência.

QUESITOS

1º Se o papel de linho apresentado é da mesma natureza ou idêntico ou imita o papel das notas de papel-moeda do tesouro nacional;

2º Se o dito papel serve, ou preparado poderá servir para estampar, sem fazer diferença alguma, notas do tesouro nacional, de cem mil réis, de cinquenta, de vinte, de dez, de cinco, de dois, de mil, ou de quinhentos réis;

---

2. Victor Telles de Rebello e Vasconcellos, brasileiro naturalizado, viveu em Montevidéu, Uruguai, Pelotas (RS) e morava em São Paulo, onde tinha um estúdio de fotografia estabelecido na rua Direita.
3. Dinheiro e/ou título de crédito conversível em ouro ou moeda.
4. Embora não tenha informações pessoais de Barnabé Vincent, sabe-se que ele assinou, junto com Gama, ainda em 1878, um desagravo público ao juiz Gama e Mello. Cf., nesse volume, *Ao exmo. sr. dr. Bellarmino Peregrino da Gama e Mello.*
5. Esprik de Verny, ou João Esprek de Verny, era alemão e morava na ladeira de Piques, São Paulo.

3º Se as máquinas de numerar servem para numerar notas do tesouro nacional, se os algarismos estampados por qualquer das duas máquinas são idênticos, em forma, aos algarismos dos números das notas do tesouro nacional;

4º Se acharam ou existem recibos da casa de Victor Telles numerados pelas ditas máquinas;

5º Qual a largura, comprimento e grossura das chapas metálicas encontradas nas casas de Victor Telles e Esprik de Verny;

6º Se as chapas têm tamanho suficiente para abrir-se uma forma de qualquer nota do Tesouro Nacional.

RESPOSTAS

Ao 1º quesito Que pelo exame feito, e conforme os dados ao seu alcance, respondem que o papel de linho de que se trata, parecendo da mesma natureza do papel de algumas notas do Tesouro Nacional, não é, contudo, idêntico;

Ao 2º quesito Que o dito papel, mesmo preparado, não pode servir para serem nele estampadas notas do Tesouro Nacional, de qualquer valor, sem haver diferenças;

Ao 3º quesito Que as duas máquinas de numerar não servem para as notas do Tesouro Nacional, cujos algarismos não são idênticos aos estampados por qualquer das referidas máquinas;

Ao 4º quesito Não respondem por não terem conhecimento do objeto de que aí se trata;

Ao 5º quesito Que entre as chapas apresentadas a exame, existem três com as seguintes dimensões:
Uma com 188 milímetros de comprimento e 83 ditos de largura;
Outra com 183 milímetros de comprimento e 74 ditos de largura;
E a terceira com 192 milímetros de comprimento e 75 ditos de largura;

Ao 6º quesito Finalmente, que essas três chapas são as únicas, das apresentadas, que têm tamanho e espessura suficientes para abrir-se uma forma de qualquer nota do Tesouro, de 5$000 réis, 2$000 réis, 1$000 e 500 réis americanas.

(Assinados)
ANTONIO D. DA. C. BUENO (JUIZ)
F. H. TRIGO DE LOUREIRO (PERITO)
JOÃO R. DA. F. ROSA (IDEM)
H. A. B. VINCENT (PROMOTOR)
J. MOREIRA LYRIO (TESTEMUNHA)
M. C. QUIRINO CHAVES (IDEM)
E. DE OLIVEIRA MACHADO (ESCRIVÃO)

∽

Este exame, que deve ser considerado da maior importância, como elemento de prova criminal, e que, entretanto, muito favorece a causa dos supostos fabricantes de moeda falsa, embora obscuro em diversos pontos, no que concerne à defesa dos acusados, efetuou-se em ausência destes, cujos direitos não foram devidamente acatados.

Todos conhecem esta lamentável ocorrência, se não calculado embuste, com que foi surpreendida até a perspicácia da autoridade, e que deu em resultado a misteriosa reclusão de seis homens, que, há quase um mês, esperam por formação de culpa!...[6]

Todos conhecem, por a leitura dos periódicos e do relatório firmado pelo exmo. sr. dr. chefe de polícia,[7] os indícios fundados

---

6. Fase do processo em que se apura os indícios mínimos da existência, natureza e circunstâncias do crime e de seus potenciais agentes.

7. Embora não nominado expressamente, o chefe de polícia era o próprio Furtado de Mendonça. Francisco Maria de Sousa Furtado de Mendonça (1812–1890), nascido em Luanda, Angola, foi subdelegado, delegado, chefe de polícia e secretário de polícia da província de São Paulo ao longo de quatro décadas. Foi, também, professor catedrático de Direito Administrativo da Faculdade de Direito de São Paulo. A relação de Luiz Gama com Furtado de Mendonça é bastante complexa, escapando, em muito, aos limites dos eventos da demissão de Gama do cargo de amanuense da Secretaria de Polícia, em 1869. Para que se ilustre temporalmente

em presunções, e as presunções destruídas pelas próprias testemunhas da acusação e pelos exames policiais, que serviram de base à ilegal detenção de seis cidadãos, com flagrante violação da lei!...

Há em todo vasto inquérito organizado pela polícia *um só depoimento* que faz carga aos acusados; e é tal depoimento prestado pelo sr. Joaquim Fernandes da Cunha, negociante da cidade de Santos; mas este sr. Fernandes da Cunha, na considerada opinião dos distintos senhores tenentes Gaspar e Dias Baptista (*está escrito nos autos!*) É *indigno de fé*; porque, pelo seu caráter e irregular procedimento, tem má reputação; era íntimo amigo de Victor Telles, e seu hospedeiro em Santos; veio a S. Paulo, de propósito, para denunciar à polícia Victor Telles e os seus companheiros; deu como causa da denúncia o fato de não querer Telles pagar-lhe a quantia de 300$000 réis!

E a autoridade, seguramente por inadvertência, em vez de mandar que a denúncia fosse tomada por termo, no sôfrego intuito de arranjar prova, invertendo as posições, converteu o *denunciante* em *testemunha*!!...

Neste memorável inquérito tudo tem corrido ao sabor da autoridade; à mercê dos boatos; ao som das inventivas[8] as mais extravagantes; e das calúnias desaforadas: a moeda falsa, as chapas, as gravuras, as máquinas, a química, e até a sublimada alquimia avultaram na encantada fotografia da rua Direita! Victor Telles tinha adquirido proporções de herói de romance; era o novo

---

a relação, tenhamos em vista que à época do rompimento público, aos finais da década de 1860, ambos já se conheciam e trabalhavam juntos há cerca de duas décadas; e, mais, Gama não rompeu definitivamente com Furtado de Mendonça, como erroneamente indica a historiografia, visto o presente artigo, *Aos homens de bem*, que é uma espécie de defesa moral e política da carreira de Furtado de Mendonça.

8. Alegações inventadas, invencionices, fantasias.

Samuel Gelb, mesmo sem licença do velho Dumas![9] Para complemento do quadro dava-se o edifício como minado; e todo o quarteirão prestes a ir pelos ares!!...

Tudo isto se disse; afirmou-se; a polícia ouviu e não contestou; e a imprensa repetiu sobressaltada!...

Tudo, porém, tem o seu tempo; depois dos boatos, os fatos.

O sr. Joaquim Fernandes da Cunha, que é o protagonista deste drama, já representou os seus papéis; fez de *testemunha denunciante*, entidade nova no direito criminal; todos devem dar-se por divertidos; é tempo de baixar o pano, para que as vítimas do embuste possam voltar aos lares; e, sem culpas e sem penas, cuidar do trabalho e da família.

Guardamos silêncio enquanto a polícia, tomada de sincero civismo, embora errando, procurava os vestígios de um crime gravíssimo; de um atentado contra a fortuna pública e particular; contra a propriedade nacional; hoje, porém, que é clara, que é evidente a não existência do delito; hoje que o equívoco e a ilusão do juiz, por sua indesculpável insistência, violando o direito, tortura sem motivo ao cidadão, em nome da segurança comum, protestamos contra o arbítrio, que é a falsificação criminosa da lei.

São Paulo, 31 de janeiro de 1878
O advogado,
LUIZ GAMA

9. Alexandre Dumas (1802–1870), o pai, nascido em Villers-Cotterêts, França, foi jornalista, dramaturgo e romancista de grande sucesso. Autor de obras consagradas como *Os três mosqueteiros* (1844) e *O Conde de Monte Cristo* (1844–1846), também escreveu *Dieu Dispose* (1851), publicada como folhetim no *Jornal do Commercio* (1851–1852) sob o título de *Deus Dispõe*, e que tem Samuel Gelb como protagonista. Todavia, Samuel Gelb também é personagem de *Le Trou de l'Enfer* (1862), outro romance de Dumas que Gama possivelmente tenha lido. Cf., respectivamente, Alexandre Dumas. *Dieu Dispose*. Bruxelles: Librairie de C. Muquardt, 1851; e Alexandre Dumas. *Le Trou de l'Enfer*. Paris: Michel Lévy Frères Libraires-Éditeurs, 1862. Para ler outro artigo em que Gama cita um protagonista de um romance de Dumas, em mais uma inequívoca prova de que o *afro-brasileiro* era leitor do *afro-francês*, cf. "Quem salva o povo é o povo", in: Luiz Gama. *Democracia, 1866–1869*. São Paulo: Hedra, 2022, pp. 95–104.

Capítulo 2
Pingos nos is
Tribunal da relação[1]

Comentário *Literatura normativo-pragmática. Gama rebate a redação da Tribuna Liberal, que havia criticado a decisão do Tribunal da Relação de São Paulo em conceder ordem de* habeas corpus *em favor de Victor Telles e os outros cinco artistas presos sem formação de culpa. O artigo tem passagens que detalham os bastidores da causa e alguns detalhes da sessão no Tribunal da Relação de São Paulo. Revela, também, como Gama se constitui em advogado dos clientes aprisionados, agindo, conforme conta, "por inspiração própria, e não por conselhos ou sugestões de outrem". Após 33 dias presos, Telles e os demais artistas conseguem, por intermédio de Gama, a tão desejada soltura.*

A notícia relativa à concessão de *habeas corpus* em favor de Victor Telles e outros, dada pela *Tribuna Liberal* de hoje, é inexata em grande parte.

Fui eu quem requereu *habeas corpus* em prol dos pacientes; e o fiz em meu nome; por inspiração própria, e não por conselhos ou sugestões de outrem.

Serviram de fundamento à petição as ilegalidades incontestáveis de que foram vítimas os custodiados.

É verdade que o paciente Carvalho Amarante foi advertido, quando estava sendo interrogado pelo exmo. sr. conselheiro presidente do Tribunal, por se haver encostado na balaustrada;[2] assim como é verdade haver o mesmo Carvalho Amarante procurado o sr. dr. Aquilino para seu advogado; mas é igualmente

---

1. *A Província de S. Paulo* (SP), Seção Livre, 10 de fevereiro de 1878, p. 3.
2. Nesse caso, fileira de pequenas colunas que divide o espaço do tribunal ocupado por advogados, promotores, juízes, testemunhas, réus, serventuários, do público do auditório.

certo que o sr. dr. Aquilino recusara a causa e aconselhou ao paciente de procurar outro advogado, incluindo o meu humilde nome entre os considerados que declarou.

Não é também exato que o exmo. sr. conselheiro Gama[3] insinuasse a qualquer dos acusados o recurso de *habeas corpus*. Carvalho Amarante, sabendo que a polícia o queria prender, por ignorância das leis do processo, e antes de tomar advogado, foi à casa do sr. conselheiro Gama, em procura do dr. Aquilino. Encontrou o dono da casa e narrou-lhe o caso. A resposta do sr. conselheiro Gama foi esta:

Vá se apresentar à autoridade, ou espere que o prendam.

Foi isto o que narrou perante o Tribunal o sr. Carvalho Amarante, e não o que lhe é atribuído pela *Tribuna*.

O voto contrário do exmo. sr. conselheiro Gama, aliás improcedente, não tem a origem que a *Tribuna* lhe empresta; S. Excia. votou para que fosse de novo ouvido o dr. juiz de direito, por ser deficiente e pouco clara a informação prestada.

Sou reconhecido como acérrimo[4] inimigo de arbitrariedades; não dispenso favores nem aos meus próprios amigos; porque acima da amizade está a lei, a verdade e o público interesse; mas não posso, por isso mesmo, autorizar, com o meu silêncio, censuras injustas esteiadas em inexatidões.

São Paulo, 9 de fevereiro de 1878
O advogado,
LUIZ GAMA

---

3. Ver n. 11, p. 75.
4. Obstinado, inflexível.

PARTE V

O ROUBO

NOTA INTRODUTÓRIA   *Gama avisava ao público: "vou em cumprimento do meu dever". Talvez o leitor da época não se desse conta do que estava por vir. Mas, do primeiro texto localizado, em junho de 1877, até o último, em março de 1878, correram nove meses e um total de doze artigos diferentes. Todos os textos são relacionados ao mesmo caso: o roubo da alfândega de Santos e a prisão do principal suspeito do crime, o tesoureiro da alfândega, Antonio Eustachio Largacha. Não foi um roubo qualquer. O país inteiro noticiou o crime. Logo se soube que mais de 185 mil contos de réis — o equivalente aproximado a atuais vinte milhões de reais! — foram surrupiados do cofre-forte da alfândega. Todas as evidências colhidas em diligências sumárias apontavam para o tesoureiro Largacha. Imediatamente posto em prisão, Largacha procurou um advogado e, não se sabe como, chegou a Luiz Gama. Em realidade, Gama trabalharia com outro advogado — o também jornalista Ribeiro Campos —, mas não está claro quem assumiu a causa primeiro. Seja como for, trabalharam em equipe enquanto Largacha mofava desesperado numa cela da cadeia de Santos. Ambos, Gama e Ribeiro Campos, escreveram individualmente sobre o caso e também em coautoria. Contudo, por razões de método, a seleção de artigos que compõem essa seção reúne aqueles firmados individualmente por Gama e os assinados em conjunto, além de duas réplicas de um contendor que se sentiu pessoalmente injuriado e a quem Gama resolveu responder dirigidamente. Ao todo, são doze textos, todos firmados por Gama, sozinho ou em dupla, e as duas mencionadas contestações de terceiros. Entre todos os artigos, um deles — "Egrégio Tribunal da Relação – Processo da Alfândega de Santos" — possui uma estrutura singular e uma natureza que lhe torna histórico já de saída: é simplesmente o mais extenso artigo escrito por Luiz Gama. Devido ao tamanho, não saiu, como os demais, publicado nas colunas convencionais do jornal* A Província de S. Paulo, *senão como encarte especial do jornal e, ao que parece, também como livreto avulso. Além disso, o artigo foi republicado no espaço mais caro de um dos principais e mais lidos jornais do país à época, o* Jornal do Commercio (RJ). *Assim, se é verdade que esse artigo é o mais extenso de toda literatura normativo-pragmática de Luiz Gama, é também, provavelmente, aquele que mais leitores alcançou, haja vista a repercussão geral do roubo milionário e a ampla circulação do texto na imprensa de São Paulo e do Rio de Janeiro. Embora o "Egrégio Tribunal da Relação – Processo da Alfândega de Santos" seja bastante sólido e tenha unidade em si mesmo, é de se notar que os demais textos não só não lhe são estranhos, como convergem para o mesmo assunto, elaboram hipóteses trabalhadas anteriormente e versam sobre ideias semelhantes. Desse modo, pode-se dizer que a discussão do célebre crime da alfândega de Santos ocupou um espaço central na reflexão jurídica de Gama entre os anos 1877 e 1878. Lidos em conjunto, os doze textos podem ser vistos como uma articulação entre perícia criminal, conhecimento normativo e sede de justiça. Combinação, aliás, em que Gama era mestre.*

Capítulo 1

O que fundamenta a ordem de prisão do tesoureiro da alfândega?
Habeas corpus[1]

Comentário Já no primeiro parágrafo, Gama revela ter sido derrotado no Tribunal da Relação de São Paulo, que havia negado uma ordem de soltura requerida por ele, e qual a síntese da decisão dos desembargadores. Aliás, Gama saía da sessão no tribunal direto para a escrivaninha onde redigiu o texto. Este, portanto, é escrito no calor da hora, imediatamente após a denegação da ordem de soltura. Ainda assim, não se vê um Gama colérico, como talvez fosse de se esperar de um advogado recém saído derrotado da tribuna de defesa. Ao contrário, a verve sóbria combina com a forma solene que o comentário normativo-pragmático assume ao longo das páginas. "Tenho por injurídica, ilegal e insubsistente esta decisão", cravava Gama, partindo para a discussão técnica, por um lado, e principiológica, por outro, ambas solidamente alicerçadas na tradição do conhecimento normativo brasileiro. O Tribunal da Relação, como argumentaria, não era competente "para conhecer a procedência de prisões administrativas", como era, afinal, o tipo da ordem de prisão expedida contra seu cliente, Largacha. Mas se esse era um dos argumentos, não se pode dizer que era o que dava coesão e estrutura para a obra que passaria a escrever por mais de dez textos. Gama iria ao fundamento da ordem; ao fundamento da norma. "A questão, para mim", advertia Gama, "não só por amor da ciência do direito, como em relação às garantias legais, mantenedoras da honra e da liberdade do cidadão, é: se a ordem de prisão, expedida contra o tesoureiro da alfândega de Santos, tem fundamento legal". Da simples questão — se a ordem de prisão tinha fundamento legal —, uma obra de arte. O que Gama encontraria no fundo da ordem, no fundo da norma, é próprio dos livros de história do direito.

---

1. *A Província de S. Paulo* (SP), Seção Livre, 20 de junho de 1877, p. 2.

I

O colendo Tribunal da Relação, em sessão de hoje, depois de ampla discussão, negou a ordem de soltura, por mim requerida, em favor do major Antonio Eustachio Largacha,[2] tesoureiro da alfândega de Santos, por o motivo de entender que é legal a prisão requisitada pela autoridade administrativa, e realizada pelo sr. dr. juiz municipal da cidade de Santos contra o mesmo tesoureiro.

Tenho por injurídica, ilegal e insubsistente esta decisão; e, por isso, sem faltar ao acatamento devido aos provectos[3] jurisconsultos, membros conceituados do egrégio Tribunal, vou em cumprimento do meu dever, e para esclarecimento da questão, perante o público, discuti-la à face das disposições vigentes.

No correr do meu escrito omitirei, por conveniência de método, a opinião singular do exmo. sr. conselheiro Gama,[4] presidente do Tribunal, se bem que, em muitos pontos, contraria aos princípios filosóficos do direito, e infringentes das leis in-

---

2. Não encontrei informações biográficas seguras sobre o major Largacha que, aliás, tem seu sobrenome grafado ora como "Lagarcha", "Largarcha", ou como se lê no corpo desse parágrafo. Para a presente edição, manterei as diferentes grafias a fim de facilitar pesquisas futuras que se debrucem sobre os passos desse agente. É de se notar, contudo, que o *Almanack administrativo, mercantil e industrial do Rio de Janeiro* apontou que Largacha, em 1865, era "cocheiro" e responsável por um "carro de aluguel" em Santos. Cf. *Almanack administrativo, mercantil e industrial do Rio de Janeiro*. Rio de Janeiro: Tipografia Universal de Eduardo & Henrique Laemmert, 1865, p. 386. Em 1868, Largacha aparece em registros históricos esparsos como vereador eleito em Santos. Embora hajam poucos elementos disponíveis para mapear a sua biografia, é possível dizer que o "cocheiro", "major", "vereador" e "tesoureiro" tinha uma trajetória de vida multifacetada.
3. Experientes.
4. Ver n. 11, p. 75.

quebrantáveis da lógica; porque tal opinião foi vitoriosamente combatida pelos seus ilustrados colegas, e principalmente pelos exmos. srs. desembargadores Uchôa,[5] Faria[6] e Accioli.[7]

E assim procedo em razão de prevalecer o princípio, aliás incontestável, de não carecer o Tribunal da Relação de competência para conhecer da procedência de prisões administrativas, ainda quando ordenadas pelo ministro da Fazenda, presidente do Tribunal do Tesouro Público Nacional,[8] em vista da disposição expressa e evidente do art. 18 da Lei nº 2.033 de 20 de setembro de 1871.[9]

A questão, para mim, a questão que cumpre ventilar, não só por amor da ciência do direito, como em relação às garantias legais, mantenedoras da honra e da liberdade do cidadão, é: se a ordem de prisão, expedida contra o tesoureiro da alfândega de Santos, tem fundamento legal.

Sustento que a autoridade administrativa, na vertente hipótese, não tinha jurisdição para requisitar a prisão; não tinha jurisdição, porque o alcance atribuído ao tesoureiro não é ad-

---

5. Ignacio José de Mendonça Uchôa (1820–1910), nascido na província de Alagoas, foi promotor público, juiz municipal e de órfãos, juiz de direito, desembargador dos tribunais da relação de Porto Alegre e de São Paulo, além de procurador da Coroa, Soberania e Fazenda Nacional e ministro do Supremo Tribunal de Justiça.
6. Ver n. 6, p. 64.
7. Luiz Barbosa Accioli de Brito (1825–1900) nasceu no Rio de Janeiro (RJ), foi juiz municipal e de órfãos, juiz de direito, desembargador e ministro do Supremo Tribunal de Justiça.
8. O todo-poderoso ministro da Fazenda era João Maurício Wanderley (1815–1889), o barão de Cotegipe. Nascido em Barra (BA), Wanderley foi juiz e político de expressão nacional. Foi deputado por diversas legislaturas, presidente da província da Bahia (1852–1856), senador do Império (1856–1889), além de ministro da Marinha (1868–1870), da Fazenda (1875–1878) e das Relações Exteriores (1885–1888).
9. Na letra da lei: "Os juízes de direito poderão expedir ordem de *habeas corpus* a favor dos que estiverem ilegalmente presos, ainda quando o fossem por determinação do chefe de polícia ou de qualquer outra autoridade administrativa, e sem exclusão dos detidos a título de recrutamento, não estando ainda alistados como praças no exército ou armada". Cf. *Coleção das Leis do Império do Brasil de 1871*, tomo XXXI, parte I. Rio de Janeiro: Tipografia Nacional, 1871, pp. 126–139.

ministrativo; requisitando a prisão, a autoridade administrativa cometeu um erro; e sendo o erro ofensivo da disposição legal, a realização da prisão, por parte da autoridade judiciária, requisitada, importa ilegalidade e violação da liberdade do funcionário: é o que passo a demonstrar.

São Paulo, 19 de junho de 1877
LUIZ GAMA

Capítulo 2
Destrinchando a ilegalidade da ordem de prisão
Habeas corpus[1]

Comentário *Publicado no dia do aniversário de 47 anos de seu autor, a segunda parte de "Habeas Corpus" sobe o tom da primeira, agregando informações então desconhecidas pelo público, passando a discutir o fundamento legal da ordem prisão de Antonio Largacha. Para começar, Gama discute o testemunho do inspetor da tesouraria — cargo da alta burocracia fazendária — perante os desembargadores do Tribunal da Relação. Habilmente, afirma que o depoente agiu com "inqualificável arrogância" contra o Poder Judiciário — notemos a destreza em fazer dessa causa um conflito de juridisções entre poderes distintos, i.e., Poder Executivo e Poder Judiciário. Ao desqualificar a palavra do inspetor da tesouraria, que ordenara a prisão, muito embora a expedição do ato oficial tivesse a firma do ministro da Fazenda, Gama atacava o cerne da alegação das autoridades administrativas que haviam posto Largacha, tesoureiro da alfândega, na prisão. O repertório normativo — especialmente alvarás, decretos, leis, Códigos — impressiona. Gama esmiúça a questão e constrói um argumento, sintetizado em doze tópicos, pela "improcedência da prisão administrativa", já que era "fora de dúvida que irregular, arbitrária e violenta foi a prisão do tesoureiro da alfândega de Santos". Ao final dessa parte da história, Gama arrematava numa retórica que, antes de reiterar o estilo que lhe deu fama, evidencia uma vez mais pressupostos de um raciocínio jurídico singular. Vejamos: "Se a lei não pode ser contrariada; se o direito tem uma razão filosófica; se a lógica não é um contrassenso; se os fatos não foram por mim falsificados; se a narração não foi por mim feita com preterição da verdade; e se o caso é como descrito, fica a votação, a denegação unânime da ordem de soltura pelo colendo Tribunal da Relação, a manutenção do arbítrio imposto pelo ministro da Fazenda, requisitado pelo inspetor da tesouraria, e realizado pelo sr. dr. juiz municipal de Santos, um ato de injustiça solene, com todas as honras fúnebres de um saimento magno, é um ato de injustiça régia, imponente, em grosso, ou por atacado".*

---

1. *A Província de S. Paulo* (SP), Seção Livre, 21 de junho de 1877, p. 2.

II

A autoridade administrativa, disse eu, ao terminar a primeira parte deste artigo, ontem publicada, errou requisitando a prisão do tesoureiro da alfândega de Santos; e hoje acrescento — exorbitou; porque não tinha jurisdição para fazê-lo. E na informação que prestou ao colendo Tribunal da Relação atentou, com inqualificável arrogância, contra a soberania e independência do Poder Judiciário, que não é subordinado ao presidente do Tribunal do Tesouro Público Nacional, ainda quando tal poder seja representado pelo mais humilde juiz de paz de aldeia.

O sr. inspetor da tesouraria, com calculado intuito, disse na sua resposta *que a prisão fora ordenada pelo ministro da Fazenda!...* E eu, de minha parte declaro que, se o ministro tal fez, o que devo crer, confiado na palavra do sr. inspetor, violou a disposição da lei; e o papel que com tão alegre satisfação desempenhou o sr. inspetor da tesouraria perante o dever e a lei não é, por certo, dos mais honrosos.

Em especial observância do Título 3°, § 2° e Título 7°, §§ 9°, 10 e 11 do Alvará de 28 de junho de 1808, por força do disposto no art. 88 da Lei de 4 de outubro de 1831 e art. 310 do Código Criminal, determinou-se, no Decreto n° 657 de 5 de dezembro de 1849, art. 2°, que o ministro e secretário de Estado dos Negócios da Fazenda e presidente do Tribunal do Tesouro Público Nacional, *na corte*, e os inspetores das tesourarias, *nas províncias, podem e devem ordenar* a prisão dos tesoureiros, recebedores, coletores,[2] etc., quando forem *omissos* ou *remissos* em fazer as entradas dos dinheiros a seu cargo, nos prazos que pelas leis e regulamentos lhe estiverem marcados.[3]

---

2. Diz-se dos funcionários do Ministério da Fazenda encarregados do lançamento e/ou arrecadação de tributos.
3. As múltiplas referências normativas formam um quadro de fundamentação legal bastante complexo. Entretanto, vale observar a síntese de cada uma das normas citadas pelo autor. Assim, tem-se que o título 3°, § 2°, do alvará do príncipe regente declara, *in verbis*, que ao "que pertence aos bens e rendas, cuja

arrecadação é diaria e finaliza no último [dia] de cada um mês, ordeno que a entrada se faça no meu Real Erário logo nos primeiros dias do mês próximo seguinte; que a cobrança dos subsídios, alfândegas e Casa da Moeda, onde as conferências, exames e contagens têm mais demora, a entrega se faça nos primeiros oito dias seguintes; que pelo que pertence a contratos, bilhetes da alfândega, arrendamento dos próprios reais, e outros reditos desta natureza, venham os cômputos ao dito Erário até quinze depois do vencimento; e que havendo negligência dos tesoureiros, recebedores, almoxarifes, contratadores ou rendeiros, retardando as remessas ou entregas, além dos prazos que por este meu Alvará lhes são concedidos, se expeçam logo no meu real nome contra eles, pelo presidente do Erário, as necessárias ordens de suspensão dos lugares, seqüestros, prisões e mais diligências que julgar oportunas para a segurança da minha Real Fazenda, e para se fazerem pronptas e efectivas as entradas que formarem o objeto de tais ordens". O texto normativo do título 7°, § 9°, a sua vez, determinava que: "Os tesoureiros das alfândegas mandarão nos primeiros oito dias de cada mês ao Real Erário, ou às tesourarias gerais das Juntas, ou das provedorias da minha Fazenda, onde as houver, com guia assinada pelo juiz e administrador, e certidão do que houverem tido de rendimento às ditas Casas de Arrecadação no mês próximo antecedente, todo o recebimento que nele tiveram, assim em dinheiro como em bilhetes sobre os assinantes, na parte onde até agora se admitiram; e isto debaixo das penas de suspensão seqüestro e prisão, pelo simples fato da demora da dita entrada". O título 7°, § 10, estabelecia que: "os recebedores e administradores do subsídio da aguardente da terra, do equivalente do contrato do tabaco, dos dízimos do açúcar, do subsídio literário, ou de outra qualquer das minhas rendas que tenha entrada diária, farão as entregas do seu recebimento mensal na tesouraria-mor do Erário nos primeiros dias do mês próximo seguinte, na conformidade do que acima fica dito a respeito dos tesoureiros das alfândegas e debaixo da mesma cominação". O título 7°, § 11, do mesmo alvará, cuidava que: "os tesoureiros, recebedores ou administradores de iguais ou semelhantes rendas, assim nas províncias deste Estado, como nas dos meus domínios ultramarinos, ficam da mesma sorte obrigados a fazer as entregas dos seus recebimentos nos tesouros ou cofres gerais das rendas públicas, nos sobreditos prazos, incorrendo nas penas que ficam referidas os que o contrário praticarem; concedendo, porém, a espera de 15 dias aos recebedores ou administradores que, pelas distâncias das suas residências, fizerem as entregas das minhas rendas por quartéis". Cf. *Coleção das Leis do Brasil de 1808*, parte I. Rio de Janeiro: Imprensa Nacional, 1891, pp. 74–89. Já o art. 88 da citada lei de 1831, prescrevia que: "todas as disposições do Alvará de 28/06/1808, nos títulos 3°, 4°, 5°, 7°, e 8°, continuam em vigor, fazendo parte desta lei em tudo que por ela não fica revogado". Cf. *Coleção das Leis do Império do Brasil de 1831*, parte I. Rio de Janeiro: Tipografia Nacional, 1875, pp. 103–127. O art. 310 do Código Criminal estatuía que "todas

No mesmo Decreto nº 657 de 5 de dezembro de 1849, arts. 3º, 4º, 5º e 6º, estatuiu-se mais:[4]

Que, para efetuarem-se as prisões nos casos previstos, de *omissão* ou *remissão*, o presidente do Tribunal do Tesouro, *na*

as ações ou omissões que, sendo criminosas pelas leis anteriores, não são como tais consideradas no presente Código, não sujeitarão à pena alguma que já não esteja imposta por sentença; que se tenha tornado irrevogável; ou de que se não conceda revista". Cf. *Código Criminal do Império do Brasil*. Recife: Tipografia Universal, 1858, p. 113. Por fim, o art. 2º do decreto de 1849, rezava que "em especial observância do Título 3º, § 2º, e Título 7º, §§ 9º, 10 e 11 do referido Alvará, o ministro e secretário de estado dos Negócios da Fazenda e presidente do Tribunal do Tesouro Público Nacional, na Corte, e os inspetores das tesourarias nas províncias, podem e devem ordenar a prisão dos tesoureiros, recebedores, coletores, almoxarifes, contratadores e rendeiros quando forem remissos ou omissos em fazer as entradas do dinheiro a seu cargo nos prazos que pelas leis e regulamentos lhes estiverem marcados". Cf. *Coleção das Decisões do Governo do Império do Brasil*, 1849, tomo XII, parte II. Rio de Janeiro: Tipografia Nacional, 1850, pp. 213-215.

4. Gama, agora, destrincha os limites legais daquela autoridade administrativa. Assim, respectivamente, o art. 3º dizia que "para se efetuarem estas prisões nos casos do artigo antecedente, o presidente do Tesouro na corte ordenará, e os inspetores das tesourarias nas províncias deprecarão por seus ofícios às autoridades judiciárias que as mandem fazer por seus oficiais, e lhes remetam as certidões delas". O art. 4º, a seu turno, regia que "estas prisões assim ordenadas serão sempre consideradas meramente administrativas, destinadas a compelir os tesoureiros, recebedores, coletores ou contratadores ao cumprimento de seus deveres, quando forem omissos em fazer efetivas as entradas do dinheiro público existente em seu poder; e por isso não obrigarão a qualquer procedimento judicial ulterior". O art. 5º disciplinava que "verificadas as prisões, o presidente do Tesouro e os inspetores das tesourarias marcarão aos presos um prazo razoável para dentro dele efetuarem as entradas do dito dinheiro públicos a seu cargo, e dos respectivos juros devidos na conformidade do art. 43 da Lei de 28 de outubro de 1848". O art. 6º, finalmente, previa que "se os tesoureiros, recebedores, coletores e contratadores depois de presos não verificarem a entrada do dinheiro público no prazo marcado, se presumirá terem extraviado, consumido ou apropriado o mesmo dinheiro e, por conseguinte, se lhes mandará formar culpa pelo crime de peculato, continuando a prisão no caso de pronúncia e mandando-se proceder civilmente contra seus fiadores". Cf. *Coleção das Decisões do Governo do Império do Brasil*, 1849, tomo XII, parte II. Rio de Janeiro: Tipografia Nacional, 1850, pp. 213-215.

Corte, ordenará, e os inspetores das tesourarias, nas províncias, deprecarão,[5] por seus ofícios, às autoridades judiciárias, que as mandem fazer, por seus oficiais;

Que *estas prisões assim ordenadas* serão sempre consideradas meramente administrativas e destinadas a compelir os tesoureiros, recebedores, coletores, etc., ao cumprimento dos seus deveres, *quando forem omissos ou remissos em fazer efetivas as entradas dos dinheiros públicos existentes em seu poder*; e por isso *não obrigarão a qualquer procedimento judicial ulterior*;

Que, verificadas estas prisões, o presidente do Tribunal do Tesouro e os inspetores das tesourarias marcarão aos presos um prazo razoável para, dentro dele, efetuarem as entradas dos dinheiros públicos a seu cargo, e dos respectivos juros devidos na conformidade do art. 43 da Lei de 28 de outubro de 1848;[6]

Que se os tesoureiros, recebedores, coletores, etc., depois de presos, não verificarem as entradas de dinheiros públicos, no prazo marcado, *se presumirá terem-nos extraviado, consumido, ou apropriado*; e, por conseguinte, *se lhes mandará formar culpa, por crime de peculato*, continuando a prisão no caso de pronúncia.

É certo, portanto, à vista das disposições deste decreto, que, na vertente hipótese, o tesoureiro, coletor, etc., só podem ser presos administrativamente por omissão ou remissão; que omissos ou remissos serão eles considerados não só quando, com inobservância das leis e regulamentos, deixarem de fazer as entradas dos dinheiros cujo recebimento ou guarda lhes caiba, senão quando o presidente do Tribunal do Tesouro e os inspetores das tesourarias saibam, ou tenham motivos para crer, que tais fun-

---

5. Responderão à deprecada, isto é, ao ato escrito pelo qual um juiz ou tribunal pede a outro, ou autoridade que o valha, que cumpra algum mandado ou ordene alguma diligência.
6. Na letra da lei: "A dívida ativa proveniente de alcances de tesoureiros, coletores, ou outros quaisquer empregados, ou pessoas a cujo cargo estejam dinheiro público, será sujeito ao juro anual de nove por cento em todo o tempo da indevida detenção". Cf. *Coleção das Leis do Império do Brasil de 1848*, tomo x, parte 1. Rio de Janeiro: Tipografia Nacional, 1849, pp. 25–40.

cionários *conservam em si os dinheiros, e os não entregam por simples falta*, isenta de culpa; e tanto assim é que, depois de advertidos, e mesmo presos, dando-se a entrada dos dinheiros, *não há lugar procedimento algum judicial ulterior*; e quando não realizam as entradas, depois da advertência, e findo o prazo para isto marcado, *presume-se* a existência de extravio, consumição e apropriação dos dinheiros. Dá-se, por conseguinte, que neste caso a prisão administrativa é uma coerção limitada, condicional e peculiar.

É coerção porque não só compele o funcionário ao cumprimento do dever preterido, como porque pune a falta cometida; é limitada porque não alcança toda a extensão do fato, e só se aplica enquanto o alcance não excede os limites da simples omissão; é condicional porque a sua existência depende da exibição pecuniária do alcance; e é peculiar porque, dada a omissão, nos limites preventivos, constitui a sanção exclusiva.

Se, portanto, antes da prisão do funcionário, antes de ele ser advertido, antes da existência ou conhecimento do alcance administrativo, o presidente do Tribunal do Tesouro ou os inspetores das tesourarias souberem da existência de fatos que suscitar possam a *presunção* de que os dinheiros fossem extraviados, consumidos ou apropriados, não poderão nem deverão ordenar ou requisitar a prisão de tais funcionários; porque à vista das disposições citadas do Decreto nº 657 de 5 de dezembro de 1849, não existe a simples *omissão* ou *remissão* que constitui o *alcance administrativo*; há o extravio, há consumição, há apropriação, que constituem o *alcance criminal*, ou peculato, nos termos do artigo 170 do Código Criminal.[7] E o peculato não pode ser processado

---

7. O *caput* do art. 170 definia o crime de peculato como: "Apropriar-se o empregado público, consumir, extraviar, ou consentir que outrem se aproprie, consuma ou extravie, em todo ou em parte, dinheiro ou efeitos públicos, que tiver a seu cargo". Cf. *Código Criminal do Império do Brasil*. Recife: Tipografia Universal, 1858, pp. 69–70.

e julgado pela autoridade administrativa; é crime de responsabilidade; e, quando cometido por empregado não privilegiado, corre o respectivo processo perante os juízes de direito.

A doutrina contrária conduz ao absurdo; anula a disposição da lei; gera invasão de poderes; viola o direito do cidadão; atenta contra a segurança individual; torna a prisão em meio ordinário, e indispensável, para ajuste de contas; e leva a anarquia aos tribunais e ao seio da sociedade.

Se, preso o funcionário, é bastante a *presunção* da existência do peculato para que a autoridade administrativa demita de si o reconhecimento do fato e o devolva à autoridade judiciária; incontestável é que a jurisdição da autoridade administrativa limita-se ao caso de simples omissão; e não menos óbvio também é, ao menos para os que entendem que o direito não anda divorciado da lógica, que o conhecimento prévio, isto é, o conhecimento da existência do peculato, ou de qualquer outra ocorrência de força maior, que vede ao funcionário de fazer a entrada de dinheiros, *que não tenha em seu poder*, inabilita necessariamente o presidente do Tribunal do Tesouro e os inspetores da tesouraria de ordenarem ou requisitarem a prisão dos funcionários.

Ou isto é uma verdade inconcussa[8] ou a Lei é contraditória, ou o alcance administrativo e o criminal são idênticos, ou as autoridades administrativa e judiciária são uma mesma cousa, ou a prisão administrativa é indispensável para que se dê o processo judiciário, e neste caso a autoridade judiciária é um corpo, que tem por cabeça a administração, e o Decreto nº 657 é uma fantasmagoria!...

A prisão ordenada ou requisitada pelo presidente do Tribunal do Tesouro, ou pelos inspetores das tesourarias, depois de constar nas respectivas repartições a existência do peculato, ou de caso de força maior, é um ato de violência e arbítrio; não é um ato administrativo regular; é uma exorbitância de atribuições; é um atentado formal, que nenhuma relação tem, nem pode ter,

---

8. Inabalável, incontestável.

com *fiscalização da receita e despesa pública, arrecadação, distribuição e contabilidade das rendas*, como se expressa a lei; é o conhecimento de fatos de ordem diversa, para o que não tem jurisdição nem competência.

Assim considerada a questão, e demonstrada, como fica, a improcedência da prisão administrativa, nas circunstâncias em que as discuto, é fora de dúvida que irregular, arbitrária e violenta foi a prisão do tesoureiro da alfândega de Santos:

1º Porque é de notoriedade pública que, de 17 a 19 de fevereiro deste ano, foi arrombado o cofre daquela repartição, do qual foi subtraído o dinheiro que falta;

2º Porque, no dia 19 de fevereiro, foi o tesoureiro suspenso pelo inspetor da alfândega, *em razão do roubo do cofre*, até ulterior deliberação;

3º Porque esta medida preventiva foi ordenada pelo próprio presidente do Tribunal do Tesouro;

4º Porque, conhecida a causa da não entrada do dinheiro, ainda quando conivente fosse o tesoureiro na subtração, a designação de prazo, para que ele realize tal entrada, importaria um ato de comédia;

5º Porque todo o ato de autoridade é um fato de jurisdição; não há exercício de jurisdição sem lei que o determine; não se pode dar exercício de jurisdição sem um fato que o autorize; e a lei não pode ter aplicação senão relativamente aos fatos por ela previstos;

6º Porque o fato previsto no Decreto nº 657, cuja disposição é invocada pelo sr. inspetor da tesouraria, que se proclama portador de uma ordem ilegal do ministro da Fazenda, é de *omissão*, ou de alcance administrativo; mas o fato verdadeiro, o fato que está provado e reconhecido pelo próprio ministro, pelo inspetor da alfândega, e pelo da tesouraria, é o de subtração, que, quando se pudesse atribuir ao tesoureiro, constituiria o crime de peculato, para cujo conhecimento não tem competência a administração;

7º Porque considerado todo este concurso de circunstâncias, ponderadas as disposições da lei, e examinadas as atribuições da autoridade administrativa, resulta que a deprecada, para a prisão, foi ilegal e arbitrária;

8º Porque existindo, como existe, a detenção do tesoureiro, verificada por mandado do dr. juiz municipal de Santos; não se podendo considerá-la como ato administrativo, em face da lei, torna-se tal detenção um ato judicial;

9º Porque não é a requisição, em si, que determina a natureza do ato; senão a espécie jurídica ou legal que dá causa à sua existência;

10º Porque na ausência do fundamento jurídico ou legal, e do objeto correlativo que o justifique, é a ocorrência julgada de per si, como fato especial;

11º Porque, visto quanto fica expendido, e aplicada a doutrina ao caso, não sendo o alcance administrativo, não podendo, por isso, autorizar a prisão requisitada, torna-se ela ato próprio, singular, e exclusivo do juiz que indebitamente a decretou;

12º Porque sendo a prisão judiciária e não administrativa, por força da lei, e da natureza do fato, não podia ser decretada sem ordem do sr. juiz de direito da comarca, autoridade competente para a formação da culpa; sem a deposição de duas testemunhas, *que jurassem de ciência própria*; sem a exibição de prova documental; sem a confissão do culpado, feita em juízo competente, como prescreve a Lei n° 2.033 de 20 de setembro de 1871, art. 13, § 2°,[9] e o Código do Processo Criminal, artigo 94.[10]

Se a lei não pode ser contrariada; se o direito tem uma razão filosófica; se a lógica não é um contrassenso; se os fatos não foram por mim falsificados; se a narração não foi por mim feita com preterição da verdade; e se o caso é como descrito, fica a votação, a denegação unânime da ordem de soltura pelo colendo Tribunal da Relação, a manutenção do arbítrio imposto pelo ministro da Fazenda, requisitado pelo inspetor da tesouraria, e realizado pelo sr. dr. juiz municipal de Santos, um ato de injustiça solene, com todas as honras fúnebres de um saimento[11] magno, é um ato de injustiça régia, imponente, em grosso, ou por atacado.

São Paulo, 20 de junho de 1877

LUIZ GAMA

---

9. O *caput* do art. 13° determinava que "o mandado de prisão será passado em duplicata. O executor entregará ao preso, logo depois de efetuada a prisão, um dos exemplares do mandado, com declaração do dia, hora e lugar em que efetuou a prisão, e exigirá que declare no outro havê-lo recebido; recusando-se o preso, lavrar-se-á auto assinado por duas testemunhas. Nesse mesmo exemplar do mandado, o carcereiro passará recibo da entrega do preso com declaração do dia e hora". O disposto no § 2°, a sua vez, cuidava que "à exceção de flagrante delito, a prisão antes da culpa formada só pode ter lugar nos crimes inafiançáveis, por mandado escrito do juiz competente para a formação da culpa ou à sua requisição; neste caso, precederá ao mandado ou à requisição declaração de duas testemunhas, que jurem de ciência própria, ou prova documental de que resultem veementes indícios contra o culpado ou declaração deste confessando o crime". Cf. *Coleção das Leis do Império do Brasil de 1871*, tomo XXXI, parte I. Rio de Janeiro: Tipografia Nacional, 1871, pp. 126–139, especialmente p. 130.
10. O texto da lei declarava que "a confissão do réu em juízo competente, sendo livre, coincidindo com as circunstâncias do fato, prova o delito; mas, no caso de morte, só pode sujeitá-lo à pena imediata quando não haja outra prova". Cf. Araujo Filgueiras Junior. *Código do Processo do Império do Brasil*, tomo I. Rio de Janeiro: Eduardo & Henrique Laemmert, 1874, p. 61.
11. Enterro.

Capítulo 3
Crítica à manutenção da prisão ilegal
Tribunal da relação – habeas corpus[1]

Comentário   *O artigo é simples: resume o caso de maneira objetiva e reitera os pontos defendidos nos dois textos anteriores. Porém, ele guarda uma informação a mais, que nos será valiosa para a travessia sobre o caso Largacha, processo ao qual Gama dedicou longos meses de estudo e trabalho, tornando-o, sem dúvida, um dos mais importantes em que advogou. A informação valiosa mora no detalhe. Tanto na epígrafe quanto na conclusão do artigo, Gama faz referência a um julgamento ocorrido no Tribunal da Relação da Corte. Trata-se de uma decisão, em sede recursal, sobre uma ação em que se acusava um empregado público do crime de peculato. A ementa do acórdão — posta à guisa de epígrafe — poderia ser lida como precedente aplicável ao caso Largacha. Era isso o que Gama buscava ao citar a "palavra unânime de quatorze insuspeitos juízes", i.e., os juízes da Relação da Corte, que acolheram o argumento do empregado público, que se defendia da acusação de peculato. "Neste acórdão", reforçava Gama, "está integralmente mantida a doutrina que sustentei, que é a consagrada na Lei, a única verdadeira". É claro que a equiparação entre um caso e outro partia de uma leitura interessada. Mas há nela, também, a ideia de uniformização dos julgados, princípio caro para a organização judiciária, e a força do precedente, que, se não vinculante, ao menos constitutivo como baliza hermenêutica. Gama não só ganhava pontos com o público, demonstrando que a doutrina que defendia era acatada em outras juridições, mas também sinalizava aos desembargadores do tribunal paulista que o entendimento de seus pares da Corte era, de fato e de direito, a melhor doutrina ao caso Largacha. Seja como for, Gama abria frentes e repertórios para sustentar o direito de seu cliente.*

1. *A Província de S. Paulo* (SP), Seção Livre, 14 de agosto de 1877, p. 1–2.

> Não é possível constituir em responsabilidade criminal a empregado público qualquer, por crime de peculato, sem que previamente preste ele contas, e seja verificado o seu alcance, com apropriação sua do dinheiro público.
>
> GAZETA JURÍDICA, N° 176, 1° DE AGOSTO DE 1877, ANO V, VOL. 16, PÁGINA 370, APELAÇÃO N° 428[2]

Em as colunas da *Província*, números 704 e 705, de 20 e 21 de junho precedente, discuti o fato importantíssimo da denegação de *habeas corpus*, por mim requerido, em favor do major Antonio Eustachio Largacha, tesoureiro da Alfândega de Santos.

Foram objeto da petição, por mim endereçada ao colendo Tribunal da Relação desta província, e da discussão, pela imprensa, a incompetência da autoridade administrativa para, na hipótese, requisitar a prisão do tesoureiro; por se não ter verificado alcance administrativo; e a exorbitância da autoridade judiciária, por cuja conta exclusivamente corria a ilegal detenção.

2. A citação e a referência são exatas. O acórdão da Apelação Crime n° 428, do Tribunal da Relação da Corte, transcrito na *Gazeta Jurídica*, possui um outro trecho que vale destacar, tendo em vista o argumento que Gama vai se dedicar a construir nesse e nos demais artigos sobre o famoso roubo da Alfândega de Santos. Para os desembargadores, o "fato criminoso de se haver ele [autor] apropriado de quantias pertencentes à Câmara Municipal era indispensável, para ter lugar a denúncia, que houvesse a referida Câmara tomado contas ao Acusado, e dessas contas resultasse, de modo líquido e fora de toda a dúvida, a verificação do alcance do Acusado, para então se lhe fazer efetiva a responsabilidade criminal; o que não consta dos autos, e antes destes se depreende que tais contas não foram tomadas, resultando desta omissão a falta de prova concludente e satisfatória do crime imputado ao Acusado, prova essa indispensável para basear a justa condenação". Embora fossem casos distintos, Gama tinha esse precedente como parte do seu repertório normativo e buscaria, em sua estratégia judicial, patentear a deficiência das provas produzidas para aferir a responsabilidade criminal do acusado que ele defendia. Cf. "Tribunal da Relação da Corte, Apelação crime n° 428", in: *Gazeta Jurídica: revista mensal de doutrina, jurisprudência e legislação*, n° 176, ano v, vol. 16, 1° de agosto de 1877, pp. 370-371.

Para o primeiro caso apoiei-me nas disposições expressas do Decreto nº 657 de 5 de dezembro de 1849; e, para o segundo, nas da Lei nº 2.033 de 20 de setembro de 1871.[3]

Não era competente a autoridade administrativa porque ela própria, por atos oficiais seus, provados e incontestáveis, reconhecera que o alcance, arbitrariamente atribuído ao tesoureiro, não era administrativo; porque o alcance tinha por origem a perpetração irrecusável de um crime público; se o tesoureiro fosse responsável, a responsabilidade seria a prevista no artigo 170 do Código Criminal;[4] e, em tal caso, o procedimento caberia à autoridade judiciária; esta, porém, não poderia decretar a prisão, por faltarem-lhe os elementos indispensáveis, tão peremptoriamente exigidos na citada Lei nº 2.033 de setembro de 1871: prova material do fato, e da sua imputabilidade, por testemunhas ou documentos irrecusáveis.

Na discussão aludida afirmei que o colendo Tribunal da Relação, encantoando[5] o direito, dispensando na lei, e atendendo a meras conveniências governamentais, embora justificáveis, excepcionalmente, em especialíssimas circunstâncias, cometera flagrante injustiça.

O respeito que sei guardar, sempre que me dirijo aos provectos[6] representantes da lei, é inquebrantável garantia de que só discuto por amor da verdade; em defesa do que é justo; contra todo o arbítrio; em prol da manutenção da liberdade.

Este mesmo interesse generoso; esta mesma defesa imparcial; e este mesmo respeitoso sentimento, que sempre existiu, ao lado

---

3. Conforme se lê nos artigos precedentes, Gama citou os arts. 2º, 3º, 4º, 5º e 6º do decreto que tratava da administração da Fazenda Nacional; e os arts. 13, § 2º, e 18 da lei de reforma judiciária de 1871.
4. Na letra da lei: "Apropriar-se o empregado público, consumir, extraviar, ou consentir que outrem se aproprie, consuma ou extravie, em todo ou em parte, dinheiro ou efeitos públicos, que tiver a seu cargo". Cf. *Código Criminal do Império do Brasil*. Recife: Tipografia Universal, 1858, pp. 69–70.
5. Isolando, afastando.
6. Experientes.

da nativa altivez, traz-me de novo à imprensa, para repetir: a denegação de *habeas corpus* ao tesoureiro da Alfândega de Santos foi um ato de clamorosa injustiça!

Não sou eu quem o declara; é o egrégio Tribunal da Relação da Corte, em o venerando acórdão[7] de 4 de maio deste ano, pela palavra unânime de quatorze insuspeitos juízes.[8]

Neste acórdão, que mereceu os aplausos entusiásticos de um distinto jurisconsulto do Rio de Janeiro, está integralmente mantida a doutrina que sustentei, que é a consagrada na Lei, a única verdadeira.

São Paulo, 13 de agosto de 1877
LUIZ GAMA

---

7. Ver n. 2, p. 64.
8. "Tribunal da Relação da Corte, Apelação crime nº 428", in: *Gazeta Jurídica: revista mensal de doutrina, jurisprudência e legislação*, nº 176, ano v, vol. 16, 1º de agosto de 1877, pp. 370–371. Vale conferir, igualmente, carta pública do apelante Damaso Jacintho de Sá Carvalho, o empregado público vitorioso no acórdão da Relação da Corte, contando detalhes do caso. Cf. *O Cruzeiro* (RJ), Ineditoriaes, Rio Bonito, 20 de junho de 1878, p. 2.

Capítulo 4
Os desembargadores confirmam a injustiça
Tribunal da relação – processo da alfândega de Santos[1]

Comentário *Após a negação da ordem de soltura, foi a vez do Tribunal da Relação de São Paulo impor nova derrota a Luiz Gama, agora associado a mais um advogado, Ribeiro Campos, na causa do tesoureiro da alfândega, Largacha. Os desembargadores decidiram, dias antes desse artigo, por pronunciar Largacha pelo crime de peculato. Ou seja, o tesoureiro iria a julgamento como incurso no art. 170 do Código Criminal. Não restava muito aos defensores constituídos de Largacha senão persistir na luta judicial e através da imprensa, convertida em última trincheira de defesa da dignidade de seu cliente. "O processo será inteiro estampado na imprensa", prometiam os advogados, "cada cidadão julgará por si mesmo; os ladrões da Alfândega serão conhecidos através do mistério, denunciados pela livre consciência do povo, perante a Nação, em peso, convertida em Tribunal". Como veremos, a promessa não era vã. Se não deram a conhecimento público a íntegra do processo — afinal, estamos falando em mais de mil páginas! —, Gama e Ribeiro Campos cumpriram o que diziam e fizeram uma seleção de eventos e documentos fundamentais do processo, lançando trechos, por longos meses, em diferentes jornais de diferentes cidades. O que se verá, por um lado, é uma ousada tática processual que articulava imprensa e juízo, no caso, o Tribunal da Relação de São Paulo e, por outro lado, uma defesa da dignidade do direito e do ofício do magistrado. Os advogados não tinham tempo a perder. Se dirigiam aos juízes com severidade e cobravam um julgamento justo. O aviso era claro. "Se as presunções, os indícios e as más imputações, de per si, constituíssem em provas de crimes, os eméritos juízes, em nome da própria dignidade, consultando as suas consciências, dando bravos à calúnia, deveriam dilacerar as togas..."*

---

1. *A Província de S. Paulo* (SP), Seção Livre, 25 de outubro de 1877, p. 2.

Ontem à tarde foi a população desta cidade dolorosamente surpreendida pela sentença de pronúncia[2] proferida no egrégio Tribunal da Relação, contra os senhores major Antonio Eustachio Largacha e Antonio Justino de Assis, tesoureiro e inspetor da Alfândega de Santos.

À noite, geralmente em todos os círculos, era a veneranda sentença o único objeto de espanto, e a exclusiva causa de todas as conversações!...

As interrogações sucediam-se invariáveis: "Pois a Relação pronunciou?!..."

Nós, os advogados; nós que estudamos a causa; que conhecemos o processo como as palmas das nossas mãos, não nos vexamos da confissão: fomos também colhidos de surpresa por o Acórdão[3] do colendo Tribunal!

Quando aceitamos o patrocínio desta causa impusemo-nos um rigoroso dever: não discutir os fatos pela imprensa, antes de julgamento; temos observado rigorosamente o nosso propósito, a despeito das contrariedades.

O pleito está em via de julgamento; e a penosa jornada próxima do seu termo. O processo será inteiro estampado na imprensa; cada cidadão julgará por si mesmo; os ladrões da Alfândega serão conhecidos através do mistério, denunciados pela livre consciência do povo, perante a Nação, em peso, convertida em Tribunal.

A inocência dos nossos clientes está escrita nos autos; os fatos são inalteráveis; as sentenças podem desconhecê-los; apagá-los nunca.

Se as presunções, os indícios e as más imputações, de per si, constituíssem em provas de crimes, os eméritos juízes, em nome da própria dignidade, consultando as suas consciências, dando bravos à calúnia, deveriam dilacerar as togas...

---

2. Decisão que conclui que há provas de materialidade do fato criminoso e indícios suficientes de autoria, i.e., identificado o autor, poderá ele responder ao Tribunal do Júri.
3. Ver n. 2, p. 64.

Em identidade de circunstâncias, quem souber manter-se ileso da corrupção social, zelando os foros da sua posição, diante da lei e da justiça, será sempre o guarda fiel da honra e da liberdade dos seus concidadãos. E, quer absolva, quer condene, poderá, como o magistrado romano, exclamar:

— Folgue ou gema a natureza, sou juiz; hei de cumprir o meu dever.

São Paulo, 24 de outubro de 1877
RIBEIRO CAMPOS[4]
L. GAMA

---

4. José Emílio Ribeiro Campos foi jornalista, fundador e redator do *Diário de Santos* (1872), promotor público e advogado.

Capítulo 5
O fio de Ariadne
Tribunal da relação – processo da alfândega de Santos[1]

Comentário *O julgamento de Largacha começaria logo após a sentença de pronúncia. Gama e Ribeiro Campos dão ao público notícias sobre a primeira sessão. De saída, alertavam os leitores de um "grave procedimento" que os "tomou de surpresa" e que ambos advogados qualificaram como "misteriosa ocorrência" de "funestas consequências". Eles se referiam ao fato de um dos desembargadores, que estranhamente se teria dado por suspeito, intervir nos debates para, de caso pensado, comprometer a defesa dos acusados. A maneira como os advogados destacaram esse comportamento do desembargador Candido da Rocha logo no início do relato da sessão servia como advertência, ao público e aos julgadores, de que eles não tolerariam nenhum cerceamento de defesa. À advertência introdutória, segue-se um rosário de ilegalidades processuais e materiais. Gama e Ribeiro Campos anotaram e publicizaram uma série de transgressões praticadas pelo desembargador relator, Accioli de Brito, o que tinha o efeito de denúncia sobre fatos pregressos, mas também soava o alarme para evitar atropelamentos legais nas audiências futuras. Se o artigo documenta ocorridos reprováveis "dignos dos beócios mandões de aldeia; porém nunca de juristas respeitáveis", o texto também ganha tempo, lançando novas informações sobre o processo, e formando uma opinião pública sobre a inocência do tesoureiro Largacha. Agora, por exemplo, sabemos que mais de duzentas testemunhas depuseram no inquérito e/ou no processo crime. O número é, sobretudo tendo em vista os padrões da época, gigantesco! Além do mais, sugere a repercussão geral que o caso havia alcançado. Mas Gama e Ribeiro Campos estavam só no começo. "Prometemos à face do país, e a promessa há de ser cumprida. O processo inteiro será impresso; o mistério de iniquidade será desvendado; os culpados hão de ser conhecidos". Para Gama — e provavelmente para Ribeiro Campos —, promessa era dívida.*

---

1. *A Província de S. Paulo* (SP), Seção Livre, 28 de outubro de 1877, p. 2.

Apresentado este notável processo no Tribunal da Relação, processo que, na autorizada frase do exmo. sr. desembargador Accioli de Brito,[2] "é monstruoso em tudo", dele foi designado relator o exmo. sr. desembargador Candido da Rocha,[3] que jurou suspeição[4] na causa...

Ignoramos as razões deste grave procedimento, que certamente devem ser da mais alta ponderação. Somos, entretanto, forçados a confessar, e tal é o motivo que nos traz à imprensa, que nos tomou de surpresa o inexplicável e singularíssimo procedimento de S. Excia. quando, na memorável sessão de 23 do corrente, "intervinha de contínuo na discussão da causa, por meio de apartes, calculadamente comprometedores da defesa dos acusados!"

Se não medíssemos as funestas consequências desta prática, tão extraordinária quão admirável, do digno juiz, que bem sabe avaliar o alcance dos seus atos, e a influência que, na decisão da causa, deveria exercer a sua palavra autorizada, entre amigos que o estrenecem, parentes que o prezam, e colegas que o veneram, não nos daríamos ao trabalho de propalar esta misteriosa ocorrência.

O fato aqui fica mencionado, sem comentários; porque nem precisos são comentários, quando o caso mais sem eles avulta.

Suspeitado voluntariamente o exmo. sr. desembargador Rocha, foi designado para substituí-lo o exmo. sr. desembargador Accioli de Brito, a quem deu-se, de pronto, vista dos autos.

Na sessão do dia 23, este provecto[5] juiz, em vez de "relatar o feito", como era do seu rigoroso dever, "rompeu em tenebrosa

---

2. Ver n. 7, p. 159.
3. Antonio Candido da Rocha (1821–1882), nascido em Resende (RJ), foi promotor público, juiz municipal, juiz de direito, desembargador e político que, à época da demissão de Gama do cargo de amanuense da Secretaria de Polícia, exercia a presidência da província de São Paulo.
4. Impedimento legal motivado por interesses ou circunstâncias que privariam o juiz de atuar imparcialmente numa causa.
5. Experiente.

acusação" contra os denunciados, discutindo, com impertinência, as doutrinas de Mittermaier,[6] relativas à prova indiciária em matéria criminal! E só se deteve na impetuosa torrente pelas reclamações enérgicas dos exmos. srs. desembargadores Uchôa[7] e Villaça,[8] que formalmente exigiram a "exposição dos fatos, mediante a leitura e confronto das peças principais do sumário."

Cingindo-se[9] à observância desta justa exigência, ainda o ilustrado relator não foi fiel ao cumprimento do seu dever.

Leu, ao seu sabor, a extensa denúncia do Ministério Público; e, para corroborá-la, "os dois primeiros autos de exames", peças constitutivas do inquérito policial, "feito em segredo de justiça", sem conhecimento nem assistência dos acusados! E dispensou-se de ler os demais exames com anuência dos seus colegas; porque eram meras (palavras textuais), "eram meras reproduções ociosas dos dois primeiros!!!…"

Não foi lida a defesa do major Largacha, nem um só dos muitos e valiosos documentos por ele exibidos; da defesa do sr. Assis foi apenas lido o preâmbulo! *Não foi lida a formação da culpa*!! E leu-se, "com irônicas observações", a veneranda sentença do honrado sr. dr. juiz de direito de Santos!!!

Cumpre, porém, observar, e o fazemos muito de caso pensado, para que o público ilustrado bem possa avaliar do modo fútil porque foi judiciado, no colendo Tribunal da Relação, este processo importantíssimo.

▷ Que os dois primeiros exames, sobre serem incompletos, difusos e contraditórios no que concerne às emaranhadas respostas

---

6. Carl Joseph Anton Mittermaier (1787–1867), nascido em Heidelberg, Alemanha, foi um jurista, professor de Direito Criminal e político eleito sucessivas vezes para cargos legislativos. É considerado um dos juristas mais importantes do direito penal do século XIX.
7. Ver n. 5, p. 159.
8. Ver n. 7, p. 65.
9. Restringindo-se, limitando-se.

dos peritos, "são imprestáveis e nulos manifestamente"; porque foram realizados no juízo municipal, incompetente, em face da lei, para a realização de tais atos;

▷ Que os exames subsequentes, "que não foram lidos por ociosos", se bem que incompletos e incongruentes, são retificações legais e necessárias dos dois primeiros; e foram ordenados pela autoridade policial competente, mandada à cidade de Santos pelo governo, para regularizar o processo, e restaurar quanto havia sido nulamente feito;

▷ Que na defesa do major Largacha, mediante documentos irrecusáveis, foram completamente destruídos os artificiosos indícios de criminalidade, que porventura pudessem existir contra ele e os outros acusados;

▷ Que com estudo e calma, sem prevenções nem ódio, com alguma prudência e reflexão, se o exmo. sr. relator quisesse, acharia *no processo o fio de Ariadne*, pelo qual chegaria até aos felicíssimos autores do roubo da Alfândega;

▷ Que agarrarem um tesoureiro pelo fato de ocupar ele o cargo de clavicurário[10] de um cofre, diante de uma subtração ousada, astuciosa, rodeada misteriosamente de "calculadas simulações, em um processo monstruoso", que conta mais de 200 testemunhas (!!), verdadeiro conjunto de peripécias extraordinárias, que, de contínuo, estão desafiando a inteligência, o tino, e a perspicácia de amestrado[11] observador, pronunciá-lo alvarmente,[12] à guisa do grosseiro pescador, que tudo colhe quanto lhe cai na rede, será digno dos beócios[13] mandões de aldeia; porém nunca de juristas respeitáveis, de magistrados eminentes, que administram justiça na capital da heroica província de São Paulo.

Prometemos à face do país, e a promessa há de ser cumprida.

---

10. Aquele que é responsável pela guarda de chaves.
11. Treinado, habilitado.
12. Ingenuamente ou de modo infundado.
13. Aqui no sentido de incultos, ignorantes.

O processo inteiro será impresso; o mistério de iniquidade será desvendado; os culpados hão de ser conhecidos.

Então os exmos. srs. desembargadores suspeito, e prevenido relator, conhecerão que, involuntariamente, por fatal obediência a desastradas impressões, faltaram aos ditames da justiça, para servir à causa do delito.

RIBEIRO CAMPOS[14]

L. GAMA

---

14. Ver n. 4, p. 177.

Capítulo 6
Só faltam os desembargadores negarem a existência do réu
Tribunal da relação – processo da alfândega de Santos[1]

Comentário Gama e Ribeiro Campos analisam parte do fundamento do acórdão de 19 de outubro de 1877, especialmente quanto à punição do tesoureiro Largacha. De modo bastante didático, os advogados expõem uma contradição manifesta entre a pena cominada e o seu cumprimento. Se era verdade que o tesoureiro Largacha respondia pelo crime de peculato, art. 170 do Código Criminal, cujo grau máximo da pena era de quatro anos de prisão com trabalho, ele poderia requerer e obter soltura mediante o pagamento de fiança. Afinal, o crime de peculato era um crime, nos termos da lei, afiançável. Gama e Ribeiro Campos solicitaram tal "direito incontestável, garantido pela lei", em benefício de Largacha, mas o Tribunal da Relação de São Paulo, "por decisão unânime, resolveu que o crime não admite fiança porque a prisão foi decretada por efeito da pronúncia, mas de acordo com o decreto de 1849". Gama e Ribeiro Campos se quedaram incrédulos. Tal admissão, num acórdão de tribunal, significava, no mínimo, uma leitura arbitrária e caprichosa da lei. A conclusão dos advogados foi que os desembargadores expressamente substituíram um artigo do Código Criminal por outro artigo, só que de um decreto do Poder Executivo! A razão maior, contudo, era extra-legal. Valia tudo para deixar Largacha trancafiado. "Agora apenas esperamos um fato", arrematavam os advogados com a peculiar combinação de sarcasmo e fúria que Gama dominava tão bem, "depois da negação da fiança, que seja consequentemente negada a existência do acusado!!!..."

---

1. *A Província de S. Paulo* (SP), Seção Livre, 08 de novembro de 1877, p. 3.

O colendo Tribunal da Relação, por acórdão[2] de 19 do mês precedente, que brevemente analisaremos, pronunciou o major Antonio Eustachio Largacha como incurso no art. 170 do Código Criminal;[3] e o sujeitou à prisão e livramento, de conformidade com o Decreto nº 657, de 5 de dezembro de 1849!

O sr. major Largacha é tesoureiro da repartição da Alfândega e, nos expressos termos dos arts. 2º, 3º, 4º, 5º e 6º do mencionado decreto, foi, depois de administrativamente preso, *entregue ao Poder Judiciário*, e processado pelo crime de peculato.[4]

2. Decisão de tribunal que serve de paradigma para solucionar casos semelhantes.
3. Nos termos da lei: "Apropriar-se o empregado público, consumir, extraviar, ou consentir que outrem se aproprie, consuma ou extravie, em todo ou em parte, dinheiro ou efeitos públicos, que tiver a seu cargo". Cf. *Código Criminal do Império do Brasil*. Recife: Tipografia Universal, 1858, pp. 69-70.
4. Respectivamente, art. 2º: "Em especial observância do título 3º, § 2º, e tíulo 7º, §§ 9º, 10 e 11 do referido Alvará", de 28 de junho de 1808, "o ministro e secretário de estado dos Negócios da Fazenda e presidente do Tribunal do Tesouro Público Nacional, na Corte, e os inspetores das tesourarias nas províncias, podem e devem ordenar a prisão dos tesoureiros, recebedores, coletores, almoxarifes, contratadores e rendeiros quando forem remissos ou omissos em fazer as entradas do dinheiro a seu cargo nos prazos que pelas leis e regulamentos lhes estiverem marcados". art. 3º: "Para se efetuarem estas prisões nos casos do artigo antecedente, o presidente do Tesouro na corte ordenará, e os inspetores das tesourarias nas províncias deprecarão por seus ofícios às autoridades judiciárias que as mandem fazer por seus oficiais, e lhes remetam as certidões delas". art. 4º: "Estas prisões assim ordenadas serão sempre consideradas meramente administrativas, destinadas a compelir os tesoureiros, recebedores, coletores ou contratadores ao cumprimento de seus deveres, quando forem omissos em fazer efetivas as entradas do dinheiro público existente em seu poder; e por isso não obrigarão a qualquer procedimento judicial ulterior". art. 5º: "Verificadas as prisões, o presidente do Tesouro e os inspetores das tesourarias marcarão aos presos um prazo razoável para dentro dele efetuarem as entradas do dito dinheiro públicos a seu cargo, e dos respectivos juros devidos na conformidade do art. 43 da Lei de 28 de outubro de 1848". art. 6º: "Se os tesoureiros, recebedores, coletores e contratadores depois de presos não verificarem a entrada do dinheiro público no prazo marcado, se presumirá terem extraviado, consumido ou apropriado o mesmo dinheiro e, por conseguinte, se lhes mandará formar culpa pelo crime de peculato, continuando a prisão no

O art. 170 do Código Criminal, em que se esteia a sentença de pronúncia, na parte penal, reza assim:

No grau máximo — perda do emprego, quatro anos de prisão com trabalho, e multa [em] 20 por cento da quantia ou valor dos efeitos apropriados, consumidos ou extraviados.[5]

O Código do Processo Criminal, no art. 101, assim dispõe:

A fiança não terá lugar nos crimes cujo máximo de pena for: morte natural; galés; 6 anos de prisão com trabalho; 8 anos de prisão simples; 20 anos de degredo.[6]

O Decreto nº 657 de 5 de dezembro de 1849, promulgado pelo Poder Executivo, trata exclusivamente de matéria especial, de competência administrativa; competência esta, que, com aplicação ao caso vertente, cessou inteiramente, desde que o detido foi entregue à autoridade judiciária, e por esta processado: assim determina o art. 6º do citado decreto.

À vista do exposto é fora de dúvida que o crime do art. 170 do Código Criminal é afiançável.

O major Largacha, certo do seu direito incontestável, garantido pela lei, requereu fiança ao colendo Tribunal da Relação, e este, por decisão unânime, *resolveu que o crime não admite fiança, porque a prisão foi decretada por efeito da pronúncia, mas de acordo com o decreto de 1849!!!*

Conclusão lógica, irrecusável e necessária que decorre do acórdão da data de ontem:

O decreto de 1849, expedido pelo Poder Executivo revogou o artigo 101 do Código do Processo Criminal!!!

---

caso de pronúncia e mandando-se proceder civilmente contra seus fiadores". Cf. *Coleção das Decisões do Governo do Império do Brasil*, 1849, tomo XII, parte II. Rio de Janeiro: Tipografia Nacional, 1850, pp. 213–215.
5. *Código Criminal do Império do Brasil*. Recife: Tipografia Universal, 1858, pp. 69–70.
6. À parte o uso de numerais, a citação é exata. Cf. Araujo Filgueiras Junior. *Código do Processo do Império do Brasil*, tomo I. Rio de Janeiro: Eduardo & Henrique Laemmert, 1874, p. 66.

Diante deste fato confessamos, de bom grado, a nossa inópia:[7] não entendemos a sublime doutrina do venerando acórdão!

Agora apenas esperamos um fato: depois da negação da fiança, que seja consequentemente negada a existência do acusado!!!...

São Paulo, 7 de novembro de 1877
Os advogados,
DR. RIBEIRO CAMPOS[8]
L. GAMA

---

7. Ignorância. O estilo da ironia, por sua vez, reforça a ideia de que Gama seja o único autor dessas linhas.
8. Ver n. 4, p. 177.

Capítulo 7
O misterioso roubo da alfândega de Santos
Egrégio tribunal da relação – Processo da Alfândega de Santos[1]

Comentário *Esta é a mais extensa obra jurídica escrita por Luiz Gama. Ao melhor estilo de sua literatura normativo-pragmática, Gama discute hipóteses, refuta indícios frágeis, coteja testemunhos, coleciona provas documentais, identifica o erro material de uma dada perícia, vocifera contra o vício processual, produzindo, enfim, conhecimento normativo para estabelecer o direito na jurisdição onde o litígio se trava. Gama contou com a colaboração do também advogado Ribeiro Campos — possivelmente para coligir documentos e anotar informações do foro de primeira instância — para lançar este que é o histórico Suplemento nº 829 d'A Província de S. Paulo. Publicado como encarte do jornal e ao que parece também como livreto avulso, o "Egrégio Tribunal da Relação — Processo da Alfândega de Santos" foi um divisor de águas na tumultuada causa em que o tesoureiro da instituição era acusado de roubar milhares de contos de réis. Até esse livreto, Gama e Ribeiro Campos acumulavam derrotas nos tribunais e o tesoureiro Largacha mofava desesperançado na cadeia de Santos. A publicação alcançou tamanha repercussão — numa causa, aliás, que ganhava os holofotes em diversos jornais, de norte a sul do país —, que mudou os rumos do processo e impactou nos julgamentos — de mérito e recursais — que ainda restavam a ser proferidos. Para tal resultado, sem dúvida que o esforço*

---

1. *A Província de S. Paulo* (SP), Suplemento ao nº 829, 18 de novembro de 1877. A redação do *Correio Paulistano*, em 29 de novembro de 1877, informa e agradece ter recebido um "folheto" "contendo a exposição do processo da Alfândega de Santos, pelos advogados, o sr. dr. Ribeiro Campos e Luiz Gama." Podemos compreender que esse "folheto" possuísse características tipográficas e critérios editoriais de um livreto comum. In: *Correio Paulistano* (SP), Noticiário Geral, 29 de novembro de 1877, p. 2. Isso posto, é possível que além do formato de Suplemento ao número do jornal, esse estudo jurídico tenha circulado como folheto e/ou livreto. Em assim sendo, hipótese que exploro em minha tese de doutorado, a publicação do folheto pode ser compreendida como uma espécie de publicação de livro jurídico, ou, na terminologia mais acurada, um livro normativo-pragmático.

gigantesco dos seus autores foi um dos ingredientes-chave. Mas não só o esforço. A estratégia também foi estudada em detalhes. Gama e Ribeiro Campos esmiuçam os fundamentos do acórdão de 19 de outubro de 1877, do Tribunal da Relação de São Paulo, e tratam, por variados canais, de demonstrar que os desembargadores foram levados a erro pelas más informações prestadas pelas autoridades policiais e judiciárias subalternas, principalmente pela colheita de indícios e provas de materialidade e autoria oriundas de uma condução enviesada e viciada do inquérito e demais diligências preliminares e preparatórias. Alguns dos desembargadores devem ter ficado incrédulos com o que leram. Eram eles, cabe dizer, o público-alvo da publicação. Havia tempo para reverter a injustiça contra Largacha, certamente calculavam seus advogados, de modo que as baterias deveriam se voltar uma vez mais aos desembargadores. Contudo, outra ação restava pendente de julgamento, no juízo de direito de Santos. Assim, o juiz competente para tal feito seria também um entre os leitores desejáveis que Gama e Ribeiro Campos teriam em mente com o histórico Suplemento nº 829. É evidente, também, que o Suplemento visava ao grande público, afinal, a estratégia de pautar a repercussão geral do caso contiuava em vigor. "Vamos estampar todas as peças que serviram de base ao venerando Acórdão de 19 de outubro", anunciavam os autores, "e outras que, pelos julgadores, foram desconsideradas, mediante as quais mostraremos, com evidência, que o mencionado Acórdão carece de fundamento quanto aos fatos; não se apoia em princípios jurídicos; e é contrário manifestamente aos preceitos da lei". Daí em diante, o que se vê é uma sofisticada desconstrução do processo sumário, que os advogados reputavam enviesado e viciado e que, por tal e qual, havia metido Largacha no cárcere. Mas só a descontrução da narrativa policial e judiciária não bastaria para mover os inamovíveis desembargadores. Era preciso reconstituir a cena do crime: recolher objetos, colher indícios, ouvir testemunhos — esparsos nos autos ou dispersos à boca miúda —, especular com a cabeça dos criminosos, enfim, reconstruir o caso e propor uma versão dos fatos verossímel e juridicamente consistente. O que se lê, então, é uma aula de direito. Uma aula de como pensar o direito e como agir pelo direito.

O ACÓRDÃO DE 19 DE OUTUBRO E AS PROVAS DO SUMÁRIO[2]

> Muitas vezes o crime é
> uma obliteração[3] do direito,
> um capricho da Lei,
> *ou um erro fatal dos julgadores.*

∼

Entregar ao leitor judicioso[4] estas cópias, coligidas[5] com a mais escrupulosa fidelidade, escoimadas[6] das evoluções caóticas do sumário, monstruoso em tudo, como afirmou o exmo. sr. desembargador Accioli de Brito,[7] e até no difuso relatório de S. Excia., e no espantoso julgamento, proferido no colendo Tribunal da Relação (segundo a nossa humilíssima[8] opinião), coordenadas, com método, em séries distintas, para que possam ser facilmente apreciadas, deveria ser o nosso trabalho único.

Assim, porém, não procederemos. Somos advogados; perante esta célebre causa, para com os nossos constituintes, e em face do país inteiro,[9] assumimos gravíssima responsabilidade; metemos ombros[10] à mais árdua das empresas, contraímos um

---

2. Processo rápido e simplificado com poucas formalidades para acusação e contestações iniciais.
3. Múltiplas possibilidades para o contexto: obstrução, eliminação, destruição.
4. Sensato, ponderado.
5. Reunidas.
6. Desembaraçadas, livres.
7. Ver n. 7, p. 159.
8. Muito humilde.
9. De fato, o crime da Alfândega de Santos atingiu grande repercussão, sendo noticiado em dezenas de periódicos de diversas localidades do país. Cf., por exemplo, *Diário de Pernambuco* (PE), Notícias do sul do Império, 10 de março de 1877, p. 1; *Correio da Bahia* (BA), Revista das Províncias, 28 de junho de 1877, p. 1; *Gazeta de Joinville* (SC), Província de S. Paulo, 13 de novembro de 1877, p. 2.
10. Atiramo-nos ao trabalho, trabalhamos com afinco.

duplo dever: provar a inocência dos acusados neste pleito, e mostrar que os dignos magistrados — o preparador do inquérito e os membros do egrégio Tribunal da Relação —, se às informações secretas da repartição de fazenda, mais inspiradas pela vaidade do que pela experiência e pela perspicácia, cerrassem os ouvidos;[11] se apartassem as vistas dos *quadros aparentes*, adrede[12] preparados pelos atiladíssimos[13] criminosos; se as fitassem, não no que *parecia*, mas no que *deveria ser*, teriam posto a espada da justiça sobre os verdadeiros culpados.

Vamos estampar todas as peças que serviram de base ao venerando Acórdão de 19 de outubro, e outras que, pelos julgadores, foram desconsideradas, mediante as quais mostraremos, com evidência, que o mencionado Acórdão carece de fundamento quanto aos fatos, não se apoia em princípios jurídicos, e é contrário manifestamente aos preceitos da lei.

A causa da pronúncia[14] do tesoureiro Largacha[15] e do inspetor Assis[16] não assenta, por certo, nas ridículas banalidades, autoritariamente consignadas no sumário, que não encerram sequer indícios remotos; mas nas informações secretas, que hão sido habilmente sopradas por um alto funcionário; na importância e na celebridade da causa; na ingênua vaidade dos julgadores, que se prevalecem da oportunidade para dar prova da sua elevação de caráter; e... na lamentável fatalidade, que persegue a uns para salvação de outros.

~

11. Argumenta, nas entrelinhas, que o processo não foi julgado pelos autos, mas sim sorrateiramente, fora dos autos, fora do direito.
12. Premeditadamente.
13. Inteligentíssimos, muito sagazes.
14. Despacho pelo qual o juiz declara que alguém está indiciado como autor ou cúmplice de um crime.
15. Ver n. 2, p. 158.
16. Em algumas passagens, o nome do inspetor Assis aparece grafado com "z" no final — Assiz. Considerando que este não é uma personagem central para pesquisas futuras, optei, excepcionalmente, por padronizar o nome conforme a primeira aparição para facilitar a leitura.

AUTO DE CORPO DE DELITO
PERANTE O JUÍZO MUNICIPAL
A 19 DE FEVEREIRO DE 1877

EXAME DO COFRE

Peritos

Antonio Paes da Costa;

Antonio Clemente da Fonseca, *serralheiros.*

EXAMES DO EDIFÍCIO

Thomaz Antonio de Azevedo;

Nicolau Ignacio da Silveira, *mestres de obras.*

TESTEMUNHAS

Antonio Moreira Sampaio;

Dr. Luiz Manoel de Albuquerque Galvão, *engenheiro arquiteto.*

∼

PRIMEIRA SÉRIE DE EXAMES
PARTE EXTERNA DO EDIFÍCIO

Quesitos do Juiz:

1º Se há vestígios de violência às cousas ou objetos;

2º Quais eles sejam;

3º Se por essa violência foi vencido ou podia vencer-se o obstáculo que existisse;

4º Se havia obstáculo;

5º Se se empregou força, instrumento ou aparelho para vencê-lo;

6º Qual foi essa força, instrumento ou aparelho;

7º Se encontraram vestígios de escalada;

8º Se esta podia dar-se independente de deixar vestígios.

PARTE INTERNA DO EDIFÍCIO
PRIMEIRO EXAME

Quesitos do Juiz:

1º Se há vestígios de violência às cousas ou objetos;

2º Quais eles sejam;

3º Se por essa violência foi vencido ou podia vencer-se o obstáculo que existisse;

4º Se havia obstáculo;

5º Se empregou-se força, instrumento ou aparelho para vencer-se;

6º Qual foi essa força, instrumento ou aparelho;

7º Se do lugar em que encontraram as violências até chegar ao em que se acha o cofre-forte havia algum embaraço a vencer;

8º Qual ele seja;

9º E por que meio foi vencido.

SEGURANÇA DO EDIFÍCIO
SEGUNDO EXAME

Quesitos do Juiz:

1º Qual a segurança do edifício em geral, e em particular das peças adjacentes, e do salão em que se acha o cofre-forte;

2º Quantas são as portas que dão entrada para o salão do cofre-forte, e qual o estado delas;

3º Se denota ter conhecimento do edifício da Alfândega, e particularmente da situação do cofre, quem penetrou no edifício;

4º Qual o valor do dano causado.

∼

SEGUNDA SÉRIE DE EXAMES
COFRE DA ALFÂNDEGA

Quesitos do Juiz:

1º Se há vestígios ou violência às cousas ou objetos;

2º Quais eles sejam;

3º Se por essa violência foi vencido ou podia vencer-se o obstáculo que existisse;

4º Se havia obstáculo;

5º Se empregou-se força, instrumento ou aparelho para vencê-lo;

6º Qual foi essa força, instrumento ou aparelho;

7º Qual o estado interior e os objetos nele encontrados.

Quesitos do dr. Promotor Público:

1º Se a fechadura pequena, por onde a chave faz mover as peças que impelem as linguetas[17] grandes da porta do cofre, estava em estado perfeito ou se oferecia sinais de violência; e, no caso afirmativo, quais são eles;

2º Se o canhão[18] da fechadura referida oferecia sinais de violência em todo o seu comprimento, ou se somente no orifício exterior; e, no caso afirmativo, em que consistem essas violências;

3º Se no comprimento do canhão havia alguma fenda, por onde pudesse cair para dentro da fechadura algum fragmento ou pedaço de prego, ou gazua,[19] que fosse introduzido no mesmo canhão;

4º Se na fenda da fechadura, que está por baixo do canhão, por onde entra o corpo da chave, oferecia sinais de violência;

5º Se os papéis e estampilhas[20] encontrados fora do cofre tinham em si marcas de azeite.

DESCRIÇÃO DOS PERITOS CONCERNENTE AO INTERIOR DO EDIFÍCIO

Passando em revista todo o edifício, cujas portas da frente, fundo e lados já tinham sido abertas pelos empregados, verificaram que nenhuma violência fora nele praticada.

17. Peças da fechadura que, quando movidas pela chave, servem para trancar a porta.
18. Peça cilíndrica, oca, na entrada de alguns tipos de fechadura.
19. Instrumento de ferro, curvo, ou gancho de arame, com o qual se abrem fechaduras na falta de chave apropriada.
20. Selo postal ou de documento oficial.

Subindo então ao andaime da obra nova, que é próxima ao edifício da Alfândega, quer de um quer de outro lado, reconheceram que no respalgo [(sic)] da parede também não existiam indícios de violência.

Examinando de cima do respalgo do telhado verificaram mais que não havia destruição alguma, como telhas quebradas ou estragos no emboço;[21] existindo, porém, perto do rincão[22] do ângulo externo dos fundos algumas telhas removidas, que reconheceram ser em uma gateira.[23]

E como entendem que foram elas arredadas pela parte de dentro, reservam-se para descreverem mais minuciosamente este fato no segundo exame, e por isso respondem da maneira seguinte:

Ao 1º quesito Sim (há vestígios de violência às cousas ou objetos);

Ao 2º quesito Que consiste na remoção das telhas da gateira;

Ao 3º quesito Sim (por essa violência foi vencido ou podia vencer-se o obstáculo existente);

Ao 4º quesito Sim (havia obstáculo);

Ao 5º e 6º quesitos responderam no seguinte exame (se empregou-se força ou instrumento ou aparelho para vencer o obstáculo; e quais sejam essa força, instrumento ou aparelho);

Ao 7º quesito Não (não encontraram vestígios de escalada);

---

21. Reboco.
22. Peça de madeira que, na armação do telhado, ocupa a posição de aresta deste ângulo, e pela qual se interceptam as águas mestras do telhado.
23. Fresta aberta para dar luz e arejar o vão entre o forro e o telhado.

Ao 8º quesito Sim, sendo praticado por indivíduo descalço, e que andasse somente por cima dos espigões[24] e cumeeira.[25] (A escalada podia dar-se independente de deixar vestígios).

~

Passando, em seguida, ao exame do interior do edifício, e subindo por uma pequena escada que, partindo de um dos corredores contíguos ao salão do cofre-forte, conduz ao forro, na qual escadinha há uma porta imprestável, desde longo tempo, por ter um dos gonzos[26] quebrados, foram ter à gateira referida. Aí encontraram, num paredão, sobre o qual se assenta uma das vigas, justamente debaixo da gateira, uma lima de três quinas, com a ponta partida de fresco; uma verruma,[27] um formão pequeno, sem cabo, e sem sinal algum de haver servido, e mais um pequeno instrumento em forma de chave, de arame de ferro, com uma das pontas enleada[28] de arame de cobre, mais fino.

Examinando a gateira, verificaram ser ela formada pelo vão de duas ripas que pareciam ter sido serradas no tempo em que se ripou[29] a casa; e, mais, que estavam corridas para o lado de baixo as telhas que a cobriam, as quais, na sua opinião, foram removidas por pessoa que se achava da parte de dentro; voltando depois de verificarem que sobre o forro não havia rastro de pessoa descalça ou calçada, e que nenhuma violência existia no compartimento superior, dirigiram-se pelo mencionado corredor à porta que dali abre-se para o salão do cofre-forte. Esta porta, que tem uma bandeira de vidro[30] e um metro e 30 centímetros

---

24. Ângulos formados pelas intersecções de peças do telhado.
25. Parte mais alta do telhado e também nome da peça-chave onde se apoiam caibros e ripas de madeira.
26. Tipo de dobradiça de duas peças articuladas.
27. Broca, instrumento metálico que tem a sua extremidade inferior aberta em espiral e terminada em ponta, usada para abrir furos em madeira.
28. Atadas, amarradas.
29. Remete ao processo de erguer ripas de madeira para estruturar a construção.
30. Espécie de painel de vidro numa porta de madeira.

de largura, compõe-se de duas meias-folhas,[31] havendo em uma delas, à esquerda, dois fechos pedreses,[32] um do lado superior e outro embaixo, o qual firma-se no buraco de um tijolo, pois que é coberto, com ladrilho, o chão nessa parte do edifício. Na outra meia-porta[33] há uma fechadura velha e ruim. No chão encontraram um pequeno formão, sem cabo. A porta achava-se no estado seguinte: a meia-folha da esquerda com o fecho de cima arriado, e o de baixo também descido, na posição de fechar; e, estando fora do lugar o pedaço de tijolo em que devia apoiar-se, achava-se preso ao tijolo seguinte, isto é, ao que se unia ao pedaço removido. A outra meia-folha, em consequência de ter sido forçada a da esquerda, e de ter por seu turno provavelmente sofrido força, estava aberta, tendo na fechadura, cuja lingueta estava saída, a chave pelo lado de dentro. Procedendo a uma experiência na mesma porta, para verem se tendo cedido a folha da esquerda, quanto cedeu, podia ter-se escapado a lingueta da chapa, verificaram ser isso possível. Notaram que a lingueta da fechadura entrava e saía sem auxílio da chave, o que denotava estar sem mola; na porta, na altura do trinco superior e inferior, e na soleira do tijolo, não encontraram vestígio algum de violência.

Procederam, também, à experiência seguinte: fecharam as portas com os fechos e com as chaves e, do lado do corredor, conseguiram, forcejando sobre a parte superior da folha direita, introduzindo pela fenda um pedaço de ripa, fazer descer o fecho, deixando, porém, escalavrada[34] a tinta nessa operação; não podendo, entretanto, remover o pedaço de tijolo que haviam colocado em seu lugar, e cuja saída permitia a abertura de outra folha. Penetrando no salão, encontraram em frente a duas mesas um instrumento de arame, semelhante ao já descrito; e, mais acima,

---

31. Peça de madeira que compõe a feitura de uma porta.
32. Espécie de peça de ferro utilizada para manter uma ou mais portas fechadas.
33. Cada uma das duas folhas de uma porta, que se fecham sobre um painel central.
34. Arranhada, danificada.

adiante do biombo[35] de balaústres,[36] onde está o cofre, um outro também de arame, tendo [em] uma das suas extremidades cinco círculos de fio de cobre em forma de uma flor, sujo de azeite ou óleo de amêndoas, que se impregnara igualmente no assoalho.

O salão compõe-se de duas peças contínuas, divididas por um arco, sendo uma delas onde há 4 mesas de trabalho, mais baixa, e guarnecida de três janelas, e mais uma porta, que já foi descrita.

A outra, cujo assoalho é mais alto, tem 4 biombos balaustrados, num dos quais acha-se o cofre-forte, e é guarnecida de 5 janelas de lado e 3 na frente, estando duas das 5 dentro do biombo do cofre.

Do lado oposto ao da janela, há uma porta sem folhas, que deita para a saleta, de onde desce uma escada, que tem no topo uma porta forte com fechadura de grande ferrolho. Nem um indício de violência encontraram no salão descrito, cujas janelas estavam fechadas, à exceção de uma, das que dão para o biombo do cofre, a qual tinha uma das folhas aberta. Esta janela é mais alta e menor que as outras; acha-se mais próxima do cofre. No restante do edifício também não foi encontrado indício algum de violência.

Portanto, respondem aos quesitos do modo seguinte:

Ao 1º quesito   Sim (há vestígios de violência às cousas e objetos);

Ao 2º quesito   Sim; e consistem no arrombamento do telhado e da porta;

Ao 3º quesito   Sim (que por essa violência foi vencido e podia vencer-se o obstáculo existente);

Ao 4º quesito   Sim (que havia obstáculo);

Ao 5º quesito   Sim, quanto à porta (empregou-se força, instrumento e aparelho para vencê-lo);

---

35. Divisor de espaços.
36. Balaustrada, série de colunas que dividem o ambiente.

Ao 6º quesito   Que a força foi a pressão exercida sobre a porta, não podendo precisar quais os instrumentos ou aparelhos;

Ao 7º quesito   Sim (que do lugar em que encontraram as violências até chegar ao em que se acha o cofre-forte havia embaraço a vencer);

Ao 8º quesito   Partindo da gateira à porta, no lado, e desta ao cofre, o biombo, em cuja porta havia fechadura, com chave e trinco;

Ao 9º quesito   Pela força e instrumentos desconhecidos e o emprego da chave do biombo.

EXAME DO COFRE
2ª SÉRIE

Entrando no biombo, encontraram, esparsos pelo chão, maços de notas miúdas, e outras não amassadas, também miúdas; folhas de estampilhas de diversos valores, umas dilaceradas, e outras em perfeito estado; um vidro de óleo de amêndoas, sem rolha, com uma pena de galinha dentro; uma caixa de folha vazia aberta; um alicate; vários instrumentos de arame, semelhantes aos já descritos; dois ferros curvos, em forma de gazua; dois espelhos[37] do cofre, untados de óleo; papéis diversos no chão e sobre a mesa; alguns pingos de sebo; no soalho[38] muitas manchas de óleo; o cofre-forte estava aberto, apresentando o seu exterior o estado seguinte:

---

37. Chapas que circundam a fechadura.
38. O mesmo que assoalho.

O espelho da fechadura e do fingimento[39] tinham sido arrancados, achando-se os seus parafusos, uns espalhados pelo chão, e outros ainda presos aos mesmos espelhos; no lugar destes, e nos trincos, fora posta grande quantidade de óleo, tanto que passou de um lado para o outro da porta.

Examinando o cofre, verificaram ter ele de altura um metro e 78 a 90 centímetros de largura, no ventre; de fundura, 75 centímetros; duas linguetas do trinco na folha esquerda e quatro ditas na direita, todas com 6,5 centímetros de largura e 2 de grossura. As chapas de ferro, que formam o quadro, têm 2 centímetros de espessura; e as das duas folhas da porta, 1,5. Dentro existem 3 compartimentos superiores; 2 armários e três gavetas, tudo de ferro. *Nas faces internas das portas nenhum indício havia de violência*, e somente algumas nódoas[40] de óleo se viam em torno dos orifícios, existentes nos lugares correspondentes à fechadura e trinco.

O interior continha, na parte inferior, papéis em desordem; uma caixa de folha, tendo em cima um livro, e papéis arrumados; perto, um maço de notas do Tesouro, atado com um barbante, com o letreiro (1:000$000 réis); e um outro — mil réis — fechado por parêntesis. No armário da esquerda havia diversos maços de notas iguais ao primeiro, e menores; e no da direita, nada existia. As três gavetas estavam vazias, e os compartimentos superiores apenas continham alguns papéis. As chaves acharam-se nas fechaduras das gavetas abertas, *e nenhum sinal de violência*, ou nódoas de óleo apresentavam; e assim os mais papéis e a lata encontrada dentro. A fechadura sobre a qual procederam a minucioso exame, desparafusada a chapa interna, deixava-se ver no seguinte estado: — O orifício externo do canhão mostrava-se pendido e estragado, sendo a violência feita no sentido de alargá-lo; e, por isso, foi mister reduzi-lo ao estado primitivo, para ser desprendido da fechadura, da chapa grande, onde penetra o

---

39. No sentido de peça de madeira vulgar.
40. Manchas.

mesmo canhão. Dentro deste estava a broca de quatro quinas, deformizada[41] pela violência nela praticada; e, no fundo, via-se um pedaço de lima, que ali se quebrara, deixando patente a cor brilhante do aço.

Em todo seu comprimento, a fenda por onde passa o corpo da chave oferecia, apesar de algumas arranhaduras, a dimensão natural. As peças internas da fechadura *nenhum sinal de violência, nem mesmo arranhaduras*, deixavam ver, se bem que a mola, que guarda a forma dos dentes da chave, e funciona perfeitamente, seja de metal amarelo ou bronze. A fenda ou abertura que está por baixo do canhão, na parte interna do cofre, tem a mesma largura ou comprimento que a da fenda externa. Esta, nas faces verticais, apresenta sinais de força; mas a da chapa interna acha-se em perfeito estado. Entre as peças da mesma fechadura, foram encontrados soltos alguns fragmentos de ferro, como um pedaço de ponta de paris,[42] um de prego forjado, e dois outros que parecem ser pontas de gazua. As molas de metal acima referidas parece que se compõem de 5 pequenas chapas, representando, cada uma, a forma dos dentes da chapa, para sobre elas girar esta; mas, em realidade, só duas funcionam separadamente, não por desconcerto, *mas por ser esta a forma natural que lhes quis dar o artista* (!!!) que as confeccionou. Respondem, portanto, dos quesitos, da maneira seguinte:

Ao 1º quesito Sim (há vestígios de violência às cousas e objetos);

Ao 2º quesito Consistem na dilaceração do orifício externo do canhão da fechadura, no estrago feito na broca, no arrancamento dos fechos, e nas arranhaduras, na fenda externa, que está por baixo do dito canhão;

Ao 3º quesito Sim (por essa violência foi vencido o obstáculo existente);

---

41. O mesmo que deformada, desfigurada.
42. Prego fino, com cabeça pequena, redonda e chata.

Ao 4º quesito Sim (havia obstáculo);

Ao 5º quesito Sim (houve emprego de força, instrumento ou aparelho);

Ao 6º quesito A força empregada pela chave de parafuso, e por ferramenta feita em forma de gazua;

Ao 7º quesito Está respondido pela descrição já feita (qual o estado interior do cofre e dos objetos nele encontrados).

SEGURANÇA DO EDIFÍCIO
PARTE INTERNA
2º EXAME

Respondem:

Ao 1º quesito Que está prejudicado pela descrição;

Ao 2º quesito Do mesmo modo;

Ao 3º quesito Sim; quem penetrou na alfândega denota conhecimento do edifício;

Ao 4º quesito Que avaliam em 50$000 [réis] o dano causado no cofre e telhado; quanto às estampilhas e ao dinheiro roubado não podem avaliar, por não terem dados para isso.

~

QUESITOS DO DR. PROMOTOR PÚBLICO
CONCERNENTES AO COFRE

Respondem:

Ao 1º quesito Que está prejudicado, pelo que já ficou dito, em referência a essa fechadura;

Ao 2º quesito   Que igualmente está prejudicado pela descrição feita, do estado do canhão;

Ao 3º quesito   Que, antes de encravado pela lima, quebrada dentro do canhão, podiam passar pela fenda, nele existente, os ferros encontrados soltos na fechadura;

Ao 4º quesito   Julgam-no prejudicado pela descrição feita a respeito;

Ao 5º quesito   Não.

Foram coligidos pelo dr. juiz municipal os seguintes objetos, mencionados nos autos de exames:

- Uma lima de três quinas, com a ponta partida e o cabo ou espigão curvo;
- Um alicate pequeno;
- Uma verruma grande;
- Dois formões pequenos, sem cabos, com os espigões partidos, sendo um de fresco;
- Um pedaço de ferro curvo nas extremidades, uma das quais partida de fresco;
- Um arame recurvado, grosso;
- Seis instrumentos de arame de ferro e cobre, com formas diferentes;
- Três pontas de paris tortas nas pontas;
- Um vidro, com etiqueta de oriza, contendo óleo de amêndoas e uma pena de galinha;
- Dois espelhos, um de fechadura e outro de fingimento;
- A fechadura do cofre-forte, e a chapa grande correspondente à chave da mesma, que foi entregue pelo tesoureiro Antonio Eustachio Largacha;

▷ Um rótulo de papel almaço riscado com o dístico[43] 100:000$000 [réis] escrito por extenso, com o número 100 em algarismo, entre parêntesis, no ângulo inferior esquerdo.

~

A 20 de fevereiro, *porque na terra se achassem peritos hábeis*, a requerimento do dr. promotor público, mandou o meritíssimo sr. juiz municipal, presente o mesmo dr. promotor público da comarca, proceder a segundo exame no cofre e respectiva fechadura.

~

AUTO DE CORPO DE DELITO
EXAME NO COFRE E FECHADURA

Peritos:

Adolpho Sydow, *serralheiro;*

Frederico Guilherme Herstzberg, *maquinista.*

Quesitos do juiz:

1º Se há vestígios de violência no cofre e fechadura?

2º Quais sejam?

3º Se por essa violência foi aberto ou podia abrir-se o mesmo cofre?

4º Se estando ele fechado havia obstáculo para ser aberto?

5º Se houve emprego de força, instrumento ou aparelho para vencê-lo?

43. Letreiro.

6º Qual foi essa força, instrumento ou aparelho?

7º Se o cofre, que examinaram, podia ser aberto, em vista de sua fechadura, com uma gazua qualquer, ou com aqueles instrumentos cujos fragmentos foram encontrados dentro da mesma fechadura?

8º No caso afirmativo, era possível a abertura do cofre sem que as peças internas da fechadura apresentassem sinal de violência?

9º Se não sendo possível a abertura do cofre por um gazua qualquer, ou qualquer dos instrumentos, que forma, neste caso, deveria ter o instrumento que o pudesse abrir?

10º Se a introdução da lima, cuja ponta encontrou-se dentro do canhão da fechadura, podia ter servido para abertura do cofre?

11º Qual o juízo que formam da introdução da dita lima no canhão da fechadura, e da aplicação do óleo de amêndoas que existe no exterior do cofre?

Quesitos da promotoria pública:

1º Existe marca ou sinal no cofre-forte pelo qual se conheça o nome do seu fabricante?

2º Os fabricantes de cofres-fortes guardam forma especial para as fechaduras dos cofres feitos em suas fábricas? (!!!)

3º Conhecido o nome do fabricante, é possível confeccionar, desde logo, gazua ou qualquer instrumento que possa adaptar-se à fechadura e facilitar a abertura do cofre, a quem for serralheiro, ou mesmo sem sê-lo, e tiver conhecimento do ofício? (!!!)

RESPOSTAS DOS PERITOS

QUANTO AO COFRE

Encontraram as duas portas do cofre untadas de óleo nos lugares dos trincos, um dos quais achava-se sobre uma mesa.

No interior encontraram dois armários, três gavetas pequenas, e três compartimentos superiores, tudo de ferro.

As gavetas tinham fechaduras e as chaves; mas estas não indicaram trabalho, em razão de estarem cobertas de ferrugem, nos lugares em que têm atrito.

Todas estas peças interiores nem um sinal de violência apresentam.

Por experimentarem, colocaram a fechadura no seu respectivo lugar, isto é, na sua caixa grande, e retirado o canhão do seu orifício natural foi introduzida gazua, das coligidas pelo juiz; e, depois de muito esforço, a lingueta desceu, ou antes tomou a posição que deveria tomar para abrir-se o cofre.

Para conseguir-se isto, foi acomodado à peça de metal, ou mola, que era visível, por não estar encostado à folha interior correspondente, que a encobriria, uma gazua auxiliada por algumas pancadas dadas com a palma da mão. Unidas, porém, a caixa grande, a folha externa ou principal, e colocado o canhão no seu lugar, ficando assim a fechadura como devera estar, quando intacto o cofre, verificaram ser impossível a introdução das gazuas coligidas, por serem de diâmetro superior à largura da entrada da fechadura que está abaixo do canhão.

Fizeram de um dos instrumentos de arame de ferro uma gazua, com a forma correspondente à parte da mola em que devia funcionar e, introduzida na fechadura, não conseguiram, apesar de muitos esforços, fazer descer a lingueta, o que verificaram, com uma luz introduzida na caixa grande, por uma das entradas das linguetas de segurança, a qual [a] luz deixava ver, por uma fenda, feita por um calço adaptado entre a caixa grande e a folha exterior, a lingueta sempre fora da caixa pequena.

Retirada novamente a fechadura, verificaram que dentro existiam arranhaduras e amolgaduras[44] feitas com as gazuas, por eles peritos, nas experiências referidas; porque antes de tentarem suas experiências, encontraram-na em perfeito estado, sem o mais leve sinal de violência.

Têm a notar que a mola de metal, conquanto funcione perfeitamente, não tem a forma primitiva, em razão de estarem as três chapas inferiores ligadas, e formando uma só, ao passo que as duas superiores não formam também senão uma peça.

Para tornarem mais claro este ponto, declaram que a chave que devera mover, com seus 6 dentes, 5 chapas e a lingueta, move somente duas chapas e a lingueta.

Acrescentam que lhes parecia ter sofrido conserto a fechadura, em razão de estar rebatido o eixo das molas, que em seu estado primitivo ofereceria uma superfície igual à da chapa superior.

Com algum esforço, conseguiram retirar de dentro do canhão um pedaço de lima, que, unido ao que foi coligido, adaptava-se perfeitamente a ela.

Estranharam a existência deste pedaço de lima dentro do canhão, porque não podem explicar qual o fim com que foi ele ali introduzido, quando seria mais conveniente, a quem quisesse forçar o cofre, ter desembaraçado a fenda do canhão, para facilitar a introdução de qualquer instrumento no interior da fechadura.

Examinando uns pequenos instrumentos de arame, declaram que não sabem que serventia podem eles ter, a menos que não seja para azeitar as peças internas, de obras de ferro; mas notavam que não serviram, porque o arame de cobre, das extremidades, estava em estado perfeito, e demonstravam não ter sido introduzido sequer na fenda da fechadura, o que logo lhe mudaria as formas de chave e de flor.

---

44. Efeito de amolgar, amassar, deformar.

Encontraram dentro da fechadura diversos pedaços de gazua e um de ponta de paris; mas não podem achar explicação, pela falta de sinais que deixariam esses ferros, se empregados, e com os quais deveriam ter forcejado muito, pois que os quebraram.

Respondem, portanto:

Ao 1º quesito   Que apenas encontraram vestígios de violência na parte exterior do canhão da fechadura, nada havendo no cofre, senão a remoção dos espelhos;

Ao 2º quesito   Que o vestígio encontrado é o torcimento do canhão;

Ao 3º quesito   Não (*por essa violência não foi aberto nem se podia abrir o cofre*);

Ao 4º quesito   Que, estando o cofre fechado com a chave, deveria oferecer obstáculo bastante forte;

Ao 5º quesito   Que não houve emprego de instrumento ou aparelho;

Ao 6º quesito   Prejudicado pela resposta anterior;

Ao 7º quesito   Não;

Ao 8º quesito   Que, se fosse possível, haviam de apresentar as peças internas da fechadura sinais de violência;

Ao 9º quesito   *que, para abrir a fechadura, era necessário ou uma chave apropriada à fechadura ou uma gazua moldada pelo feitio da chave;*

Ao 10º quesito   Não; *a lima não podia ter prestado auxílio algum à abertura do cofre;*

Ao 11º quesito   Quanto à introdução da lima, são de opinião ter ela sido feita depois da abertura do cofre, *e simplesmente para simular violência*; e quanto ao óleo untado, julgam que podia ser dispensado, *mas que foi aplicado para amaciar as peças.*

∽

QUESITOS DA PROMOTORIA

Respondem:

Ao 1º quesito   Existe no alto da folha esquerda do cofre a marca seguinte — Obbs & Co. — Nº 97 Chac. a pside. London;[45]

Ao 2º quesito   Sim (os fabricantes de cofres-fortes guardam forma especial para as fechaduras dos cofres feitos em suas fábricas);

Ao 3º quesito   Não (pois o fabrico de um instrumento adaptado a abrir a fechadura *depende do conhecimento da disposição das peças interiores*).

∽

---

45. Como podem notar, a inscrição do auto de corpo de delito não faz muito sentido em idioma algum. À exceção da numeração e do nome da cidade, perfeitamente legíveis, pouco resta como ponto de partida. Contudo, a partir dessa informações, é possível reconstituir a inscrição exata. Trata-se da marca e do endereço da fabricante do cofre-forte: Hobbs & Co. — nº 97 Cheapside, London. Fundada pelo inventor estadounidense Alfred Charles Hobbs (1812–1891), a marca Hobbs & Co. teve esse nome entre 1851 e 1855 — sendo possível, portanto, conjecturar a data de fabricação do cofre-forte para esse quinquênio —, e seu endereço de funcionamento foi, por algum tempo, o nº 97 do bairro Cheapside, Londres. Cf., por exemplo, Eyre Massey Shaw. *Fire Protection: A Complete Manual of the Organization, Machinery, Discipline, and General Working of the Fire Brigade of London*. London: Charles and Edwin Layton, 1876, p. 52.

EXAME DO COFRE ORDENADO PELO EXMO. CONSELHEIRO CHEFE DE POLÍCIA

Quesitos:

1º Que dimensões têm os compartimentos do cofre-forte quanto à largura, comprimento e altura;

2º Se em alguns deles pode ser guardada, emaçada[46] em um só volume, a quantia de 120:000$000 réis, sendo 50 em notas de 100, 30 em de 200, 20 em de 500, 5 de 50, 5 de 20, 2 de 10, 1 de 5 e 7 de 1$000 réis.

Responderam os peritos:

Ao 1º quesito Que as 3 primeiras divisões superiores têm de fundo 45 centímetros, de altura, 60 centímetros, e 5 milímetros de largura. A mais larga, 37 centímetros; e as outras duas, cada uma 18 centímetros. As 3 gavetas, que são iguais, apresentam de fundo 51 centímetros, de altura, 11 [centímetros], e de largura, 2 decímetros e 2 milímetros. As duas divisões imediatamente inferiores, fechadas com portas, apresentam de fundo 54 centímetros, de altura, 30 [centímetros], de largura, 32 [centímetros]; finalmente, a divisão última inferior tem de fundo 55 centímetros, de altura, 60 [centímetros], de largura, 75 [centímetros].

Ao 2º quesito Que a dita quantia pode, na forma perguntada, caber no compartimento superior, mais largo, à esquerda, ou no inferior e último.

---

46. Empacotada, envolta em maço.

EXAME NOVO ORDENADO PELO EXMO. CONSELHEIRO CHEFE DE POLÍCIA NA GATEIRA DO TETO DA ALFÂNDEGA

Quesitos:

1º Se as duas ripas da gateira, que se acham serradas, o foram de recente ou antiga data;

2º Que distância medeia[47] entre os topos serrados das mesmas ripas;

3º Se pela dita gateira podia alguém, ainda de corpo cheio, passar do telhado para dentro do forro;

4º Que distância existe desde o ponto em que se acha a gateira até a parede divisória, na sala do expediente;

5º Qual a extensão da dita sala do expediente, a contar da supra dita parede divisória até a nova parede construída da alfândega nova; e como os peritos atuais são os mesmos, que procederam o primeiro exame, a 19 de fevereiro próximo passado, foi-lhes mais perguntado;

6º Em que altura se achava a parede do novo edifício, contíguo à sala do expediente, e se estava já esta última construção no ponto atual, e coberta.

Resposta:

Ao *1º quesito* Que o corte das ripas é de antiga data;

Ao *2º quesito* Que o interstício é de 40 centímetros de largura sobre 54 [centímetros] de comprimento, formado pelo corte de duas ripas;

Ao *3º quesito* Que, pela gateira, podia alguém, ainda mesmo de corpo cheio, passar do telhado para dentro do forro;

47. Divide ao meio.

Ao 4º quesito — Que existe distância de 15 metros e 50 centímetros;

Ao 5º quesito — Que [é de] 17 metros e 80 centímetros;

Ao 6º quesito — Que quando procederam o exame na parede da construção nova não estava a mesma no ponto em que se acha, nem coberta, mas ao nível do telhado da sala do expediente.

~

TELEGRAMA

Vide *Jornal do Commercio*, nº 51, de 20 de fevereiro de 1877.

Santos, 19 de fevereiro, *onze horas da manhã*.

Tendo vindo do Governo ordem de remeter, para aí, o dinheiro que houvesse na Alfândega, apareceu arrombado o respectivo cofre. *Desconfia-se que o arrombamento fosse feito só para encobrir o anterior desvio* de dinheiro, *que não era pouco.*

Consta-nos que o Governo mandou suspender o tesoureiro da Alfândega, procedendo-se a averiguações administrativas e policiais, e que o roubo é avaliado em 180 contos.[48]

~

Ratificação e retificação de exames, feitos a requerimento do tesoureiro Largacha, pelo delegado de polícia; peritos, os mesmos.

Quesitos:

1º Se quando deu-se o primeiro exame do cofre, antes de qualquer outra diligência, foi a chave respectiva aplicada à fechadura a fim de verificar se funcionava livremente, com o governo preciso, como até então;

---

48. A transcrição confere com o original publicado no periódico citado. Cf. *Jornal do Commercio* (RJ), Gazetilha, Roubo de Alfândega, 20 de fevereiro de 1877, p. 3.

2º Se, apesar do estrago do canhão, podem acreditar ter sido aberto o cofre com alguma gazua especial;

3º Se podem asseverar que os estragos feitos no canhão da fechadura examinada aconteceram depois de aberta ela, e para simular arrombamento;

4º Se na ratificação que fizeram outra cousa pensaram, reformando hoje seu juízo, ou idêntico foi o modo por que responderam os quesitos.

Resposta:

Ao 1º quesito Não — quando deu-se o primeiro exame do cofre, anteriormente a qualquer diligência, não foi a chave respectiva aplicada à fechadura, a fim de se verificar se funcionava livremente, com o governo preciso, como até então; (!...)

Ao 2º quesito Que não afiançavam, mas podem acreditar que uma gazua especial, movida por mão autorizada, introduzida no canhão, poderia muito bem abrir a fechadura;

Ao 3º quesito Não — não podem esclarecer ou asseverar cousa alguma a tal respeito; isto é, não sabem, nem podem asseverar, que os estragos feitos no canhão da fechadura examinada aconteceram depois de aberta ela e para simular arrombamento;

Ao 4º quesito *Que o que dizem agora é o mesmo que declararam*, em ratificação, perante o exmo. chefe de polícia; pois que nada em contrário pode existir escrito, em vista do que expendido fica.

TESTEMUNHAS

47ª Dr. Luiz Manoel de Albuquerque Galvão:

Disse que as relações que tem com Antonio Eustachio Largacha resumem-se *nas 3 faturas de madeiras que apresenta*. (O juiz mandou-as juntar aos autos).

Que quanto à autoria e cumplicidade das subtrações havidas na Alfândega, o depoente *nada pode dizer de positivo*, pois que nada sabe de positivo.

50ª Dr. Moyses Rodrigues de Araujo Costa:

Disse que no dia 19 de fevereiro próximo passado, indo no bonde das 7 horas e meia, à barra, ouviu de um filho de Couto, empregado na Alfândega, que o respectivo cofre fora arrombado, e que ia disso prevenir ao inspetor.

Que voltando à cidade ouviu muitas vezes falar do fato, *atribuído sempre* ao empreiteiro da obra da Alfândega, designando-se os nomes dos srs. dr. Luiz Manoel de Albuquerque Galvão e Rodolpho Wursten; que no dia 20 o *Jornal do Commercio* trouxe um telegrama, no qual era atribuído o roubo e desfalques havidos na caixa; que a autoria deste telegrama *foi geralmente dada ao referido Rodolpho*, que, a esse tempo, passava como correspondente do *Jornal*; que ele Rodolpho passava por autor do telegrama *assim lho disse ele depoente*, almoçando em sua casa, em companhia de Emilio Airton; que, falando-se no roubo da Alfândega, disse o depoente ao mesmo Rodolpho que a autoria do roubo era geralmente ligada à do telegrama; que tem relações cortadas, há muito tempo, com Antonio Eustachio Largacha; e vive em harmonia com Rodolpho, que até é seu cliente.

58ª Antonio de Padua do Coração de Jesus:

Disse que foi chamado à Alfândega (não pode precisar a data, [mas] no ano de 1859), porque se não podia abrir o cofre-forte, que para ela [lá] viera do Rio de Janeiro; que aí presentes o inspetor J. B. da Silva Bueno e o tesoureiro Barroso, leram-lhe uma carta traduzida do inglês, em que se dizia que o dito cofre estava aberto e a chave principal dentro; que procurando abrir as folhas, elas não cederam; *porque as linguetas tinham corrido*, devido isto, de certo, a tombos que o cofre tivesse levado, de maneira que viu-se forçado a desmontar a meia folha superior da porta, que cobria a outra, furando o lugar dos parafusos dos dois coices[49] da folha onde existiam diversos parafusos; e assim, deslocada a dita meia folha, verificou que a lingueta da mesma fechadura e mais linguetas tinham corrido e fechado o cofre; *que dentro dele apenas foi encontrada uma chave da dita fechadura*, e outras mais pequenas, de diferentes gavetas internas; que depois disto tornou a consertar tudo, para ficar no mesmo estado em que o cofre tinha vindo, *sendo ajudado em todo este serviço por Benedicto José de Souza*, que ainda vive, segundo pensa, em Santos; que passado mês e meio, ele, testemunha, foi chamado novamente para desentralhar[50] a broca da chave, que era completamente redonda e estava cheia de cotão,[51] e nesta ocasião foi pedido à testemunha que fizesse uma chave que infundisse mais respeito, sendo maior; pelo que ele, depoente, preparou uma chave *inteiramente nova, de boca de estrela, conservando as antigas guardas de latão internas, de modo que a chave primitiva, cuja broca era redonda*, conquanto tivesse ficado em poder do tesoureiro (Barroso), era inservível para poder mais abrir a dita fechadura.

---

49. Peça de madeira onde se fixam cachimbos de metal sobre os quais se move uma porta.
50. Desprender.
51. Partícula ou felpa, usualmente de tecido, que estava a impedir a abertura normal do cofre-forte.

N. B.[52] (Se este depoimento tem valor, por ele prova-se perfeitamente que, para ser utilizada a primitiva chave, *bastara dar ao tubo da broca a forma de estrela; trabalho que qualquer serralheiro faria em meia hora!*).

97ª Sebastião Carlos Navarro de Andrade, 1º escriturário da Alfândega:

Disse que não sabe por modo algum quem seja o autor ou cúmplice das subtrações de dinheiro e estampilhas praticadas no cofre da Alfândega, nem quais os das danificações feitas no mesmo cofre.

Viu ou constou-lhe que alguém tivesse visto o tesoureiro Largacha retirar dinheiro do cofre e levá-lo consigo?

— Nada sei a respeito.

— Sabe se o inspetor da Alfândega e o chefe da 2ª seção cumpriam as obrigações impostas pelos Regulamentos de 1860 e de 1876?[53]

— Quanto ao inspetor sei, por ver, que ele não tomava semanalmente conta do estado dos cofres; pois nunca me constou. Quanto à remessa de dinheiro, posso dizer que o inspetor fê-la até janeiro; pois durante o mês de fevereiro estive ausente, com licença. Quanto ao chefe da 2ª seção, relativo à verificação dos valores recebidos no dia, a fazia parcialmente, visto como havia verbas de receita que eram conferidas por mim, com o próprio tesoureiro, de 5 em 5 dias, sendo uma destas a de estampilhas do

---

52. Do latim *Nota Bene*, quer dizer "note bem", "preste atenção". Assim, Gama e Ribeiro chamam atenção dos leitores para o comentário que vem a seguir.
53. Respectivamente, decreto nº 2.647, de 19 de setembro de 1860, que mandava executar o regulamento das alfândegas e Mesas de Rendas; e o decreto nº 6.272, de 02 de agosto de 1876, que reorganizava as alfândegas e Mesas de Rendas. Cf., por ordem de citação, *Coleção das Leis do Império do Brasil de 1860*, tomo XXIV, volume I, parte II. Rio de Janeiro: Tipografia Nacional, 1860, pp. 412–484; e *Coleção das Leis do Império do Brasil de 1876*, tomo XXXIX, volume I, parte II. Rio de Janeiro: Tipografia Nacional, 1876, pp. 798–861.

selo adesivo; que, quanto à assistência, abertura e fecho do cofre, se o dito chefe a exercia, não era com regularidade, *e como eu não dava atenção, não posso asseverar se o fazia ou deixava de fazer.*
— Constou-lhe que o tesoureiro Largacha tivesse retirado dinheiro do cofre e levado consigo?
— Não sei, nem ouvi.

209ª Tiburtino Mondim Pestana (amanuense externo da repartição da polícia):

— A testemunha, juntamente com um empregado da Alfândega, e qual, revistaram todas as bagagens dos passageiros que saíram do porto de Santos nos dias 18, 20 e 21 de fevereiro próximo passado?
— No dia 18, partiu o vapor[54] *Rio Grande*, mas sem passageiros; no dia 20, o vapor alemão *Argentina*, para o Rio da Prata, levando um passageiro alemão e outro inglês, cujas bagagens a testemunha revistou; no dia 21, como houvesse muito atropelo de passageiros, as revistas foram feitas nas suas bagagens, parte por ele e outra pelo empregado da Alfândega, que é oficial de descarga, cujo nome ignora, mas que é de altura regular, branco e bem barbado, ocupando-se ainda neste mister duas praças do destacamento do corpo policial, cujos nomes ignora, uma das quais era italiano e outra crioulo; *sendo que deixou de ser revistada uma bagagem que veio conduzida e acompanhada pelo ordenança[55] do delegado de polícia, de nome Bandeira, que declarou "o delegado manda dizer que não necessita revistar esta bagagem porque já sofreu revista em terra, ignorando a testemunha a quem pertencia".*

---

54. Espécie de embarcação.
55. Soldado às ordens pessoais de uma autoridade a quem acompanha durante as horas do expediente.

218ª Tiburtino Mondim Pestana (o mesmo que já depôs sob o nº 209):

— Quem acompanhava a bagagem que no dia 21 de fevereiro foi conduzida ao vapor *S. José*, pelo policial Bandeira, em nome do delegado tenente Pinho, que mandou não fosse revistada, por já tê-lo sido por ele [revistada] em terra?

— Foi Leonce Wynem, *empregado da casa de azevedo & companhia, ignorando a quem pertencia a dita bagagem.*

N. B.[56] À casa dos srs. *Azevedo & Companhia* pertencia, como sócio, o sr. Rodolpho Wursten; e por esse vapor, nessa ocasião, seguiu para a Corte o sr. dr. Galvão; e, segundo um depoimento do sr. *Sebastião Carlos Navarro de Andrade*, amigo particular do mesmo doutor, foi ele à Corte com o fim exclusivo de causar surpresa aos seus parentes em uma festa de família.

206ª Tenente Antonio Joaquim de Pinho (delegado de polícia):

— Quando e por que, referindo-se às subtrações havidas na Alfândega, fechando uma das mãos, disse: "o ladrão está aqui"?

— Não me recordo absolutamente de haver dito "o ladrão está aqui", e isto com a mão fechada; mas na Alfândega, ao dr. juiz municipal e, *em confiança*, a mais alguma pessoa, disse que suspeitava ter sido o subtrador[57] do dinheiro o engenheiro Galvão, encarregado das obras da Alfândega; os fundamentos destas minhas suspeitas, são, 1º: estar o mesmo engenheiro encarregado das ditas obras; 2º: *porque os instrumentos apreendidos só podiam ser de uma pessoa profissional*; 3º: porque com esses instrumentos, creio eu, não ter sido feita a operação de abertura do cofre, mas com chave própria, ou com outra igual, tendo-se tirado molde; 4º: porque o dr. Moyses dissera mais a mim, depoente: — "Mande agarrar Rodolpho Wursten, porque é um dos

---

56. Com esse grifo, Gama e Ribeiro pedem máxima atenção de seus leitores para o se seguirá na narrativa.
57. Nesse caso, o autor do crime.

ladrões da Alfândega"; Ao que respondi: — "Como é que, sem outra circunstância, hei de mandar segurar Rodolpho?" Ao que o dr. Moyses, respondeu-me: — "Então eu posso fazer um roubo, e se disserem que foi Moyses, não me manda prender por ser incapaz de assim proceder?!" Querendo, com isto, significar que não se prendia Rodolpho porque era incapaz disso.

— A quem a testemunha referiu isto?
— Não me recordo.
— Tem relações com Theodoro de Menezes Forjaz e Manoel Geraldo Forjaz, fiel do tesoureiro da Alfândega?
— Com Manoel Geraldo Forjaz nenhuma relação tenho; com o segundo apenas de cumprimento, quando o encontro;
— Conhece José Caballero?
— Não conheço.
— Que diligências fez por ocasião das subtrações e danos feitos no cofre da Alfândega?
— Fiz unicamente um ofício ao inspetor da Alfândega, pedindo o nome do engenheiro Galvão e uma relação nominal dos empregados na mesma Alfândega, dos operários, requisição que foi satisfeita; mas como logo compareceram os drs. juízes municipal e de direito, abstive-me de prosseguir; sendo que esses papéis devem estar arquivados no cartório da delegacia.
— Enquanto esteve nesta cidade, não ouviu atribuir os fatos acontecidos na Alfândega a diversas outras pessoas, além das que declara?
— *Ouvi somente falar nesses dois indivíduos, apontando-se Galvão como chefe*; dizendo-se que o inspetor era incapaz de praticar o fato, bem como o tesoureiro. *Ouvi também falar em Custodio de Tal, remetido para o Rio pelo dr. Galvão, a fim de ser empregado; e que este foi quem levara a bagagem do engenheiro para o Rio*, não sabendo se o dito Custodio fora antes, ou com ele.

219ª Leonce Wymen:

Disse que é verdade que a bagagem examinada pelo delegado de polícia, e por ele acompanhada, com o policial, pertencia ao alemão *Guilherme Kronlsin*.

N. B.[58] *Na lista dos passageiros dessa viagem do vapor S. José não foi mencionado o nome do sr. Guilherme Kronlsin!...*

216ª Antonio Francisco Bandeira:

Com efeito, levei a bagagem *e dei o recado*, que se me atribui, ignorando, porém, qual o seu dono.

A bagagem foi levada à casa do delegado tenente Pinho por um menino, sendo revistada por aquele, ignorando ainda a morada deste. E, conquanto não me lembre de quantos volumes se compunha, todavia posso dizer que era pequena. A dita bagagem foi acompanhada por um mocinho estrangeiro, que fala português, cuja nação ignoro; usa de bigode e parece-me que faz a barba; *e é da casa comercial de Azevedo & Companhia*, mas ignoro como ele se chama.

Testemunhas que só foram inquiridas a requerimento e por esforços do major Largacha, com citação prévia do sr. dr. promotor público, perante a delegacia de polícia.

---

58. Mais uma vez, Gama e Ribeiro pedem máxima atenção de seus leitores para uma dada passagem do texto.

Victor Nothmann, abastado negociante da Capital:

Disse que o dr. Galvão lhe dissera ser inexplicável que um *empregado público, que em 1867 pagou o seu passivo com 1000 apenas,* tenha, hoje, uma fortuna maior de 200:000$000 [réis]! Contando, entre outros prédios, um em S. Vicente, do valor de 46:000$000 [réis], e tendo constantemente dinheiros a prêmio, que, em avultadas somas, conserva neste giro.

Disse mais, que o dr. Galvão pôs em dúvida a existência do roubo da Alfândega, ou, antes, disse que não existiu; porque sendo a administração da repartição *muito relaxada, não se tendo dado balanço há muitos anos,* estava o tesoureiro com os dinheiros públicos à sua disposição, *de modo que as quantias que deviam ter sido remetidas não existiam em caixa, pois o tesoureiro tinha somente o dinheiro que se achou espalhado pela sala, e que isso mais se explica com o telegrama* mandado ao ministro pelo inspetor, que dizia não poder mandar o dinheiro no dia da expedição do mesmo telegrama, *quando é certo que dinheiro algum lhe havia pedido o ministro.*

Disse mais, que Galvão lhe contara estar junto aos autos uma carta do marquês de S. Vicente,[59] em que este, garantindo proteção ao tesoureiro, lhe prometia o emprego de sua influência.

Disse mais, que Galvão lhe contara que, falando ao ministro, este lhe dissera ter falado ao conselheiro Duarte de Azevedo,[60] que nada mais podia fazer em benefício do seu parente, o inspetor

---

59. José Antonio Pimenta Bueno (1803-1878), o *marquês de São Vicente,* nascido em Santos (SP), foi juiz, desembargador, ministro do Supremo Tribunal de Justiça, diplomata e político de grande prestígio ao longo do século XIX. Foi presidente das províncias de Mato Grosso (1836-1838) e São Pedro do Rio Grande do Sul (1850), além de ministro da Justiça (1848) e das Relações Exteriores (1870-1871).

60. Manuel Antonio Duarte de Azevedo (1831-1912), natural de Itaboraí (RJ), exerceu diversos cargos da alta burocracia do Império e da República. Foi advogado, juiz, deputado, senador, ministro da Justiça e presidente das províncias do Piauí (1860-1861), de Alagoas (1861) e do Ceará (1861-1862). A par da carreira política e judiciária, foi também professor catedrático de Direito Romano da Faculdade de Direito de São Paulo.

da Alfândega de Santos, porque este estava muito complicado no roubo da Alfândega; dizendo-lhe mais o dr. Galvão que, à vista dos autos, segundo o pensar de pessoas entendidas, estava provada a criminalidade do tesoureiro.

Disse, finalmente, *que o dr. Galvão é íntimo amigo do inspetor Bhering, que andam sempre juntos*; e que, ainda há poucos dias, o dr. Galvão lhe fez outras muitas revelações, que ele depoente nem mesmo se recorda mais, não fazendo reserva do que narrava, porque o fez em um trem de ferro, quando vinha de S. Paulo para Santos, sem que recomendação alguma fizesse à testemunha de não propalar; e que lhe consta que outras casas de Santos têm recebido daquele doutor revelações semelhantes.

João Alberto Casimiro da Costa, empregado no comércio:

Respondeu que tem ouvido o engenheiro Luiz Manoel Albuquerque Galvão insinuando que o ladrão da Alfândega não podia ser outro senão o major Antonio Eustachio Largacha.

Que isto ouviu na sala do atual inspetor da Alfândega, estando também presentes Victorino José de Mattos e Antonio Proost de Souza.

Disse mais, que estranhou sobremaneira e de modo positivo se manifestou contra o juízo que aquele engenheiro fazia, isto é, contra a insinuação inconveniente, *e que lhe pareceu algum tanto interessado, porque ele, depoente, notou alguma cousa de extraordinário na manifestação daquele engenheiro, o único certamente que ele, depoente, tem visto pronunciar-se tão asperamente contra o major Largacha*, notando-se que, dirigindo-se ao engenheiro Galvão, ele, depoente, quase textualmente serviu-se das frases que está fazendo agora inserir no seu depoimento.

Disse mais, que o engenheiro Galvão, depois dele, depoente, estranhar que contra a probidade do major Largacha atentasse ele tão fortemente, passou a fazer narrativas no intuito de demonstrar que muitos homens que no mundo gozam de fama de honrados, dias aparecem em que, estudados os fatos e conhecidas as causas, chega-se à realidade de que a preconizada[61] honra era simplesmente uma história.

Disse que, referindo essa narração, dizia aquele engenheiro se ter passado o fato no Rio Grande do Sul, com um tesoureiro, tendo o pai ou um parente daquele engenheiro entrado no conhecimento dessa questão.

Disse mais, que à vista dessa narração, aquele engenheiro deixou bem patente a imputação grave que faz ao major Largacha, pois, não obstante a impugnação feita por ele, depoente, insistiu aquele engenheiro em seus assertos, procurando dar-lhes a vida precisa, fazendo aplicação da questão havida no Rio Grande do Sul, com um tesoureiro convencido de ladroeira; sendo ainda para notar que, não obstante a narração feita, o engenheiro Galvão dizia *que não era seu intento prejudicar a reputação do major Largacha.*

Disse mais, que, desde essa ocasião, nunca mais esteve com aquele engenheiro, com quem, pela primeira e última vez, falou em casa do inspetor, constando-lhe, porém, por ouvir a diversos, *ser ele engenheiro o único a propalar boatos* contra a reputação do major Largacha.

N. B.[62] Depoimentos iguais foram mais prestados, na mesma ocasião, pelos srs. Henrique Wright e Luiz Antonio de Barros.

Há mais no processo quatro longos depoimentos do escriturário da Alfândega, sr. Sebastião Carlos Navarro de Andrade, contendo alusões que bem se filiam aos boatos propalados pelo dr. Galvão, e que são ofensivos da probidade do major Largacha e do inspetor Assis. Esses depoimentos estão inçados[63] de contradições gravíssimas, que tornam a testemunha seriamente sus-

---

61. Recomendada, afamada.
62. O sinal de alerta dos autores, nesse caso, abre um parênteses no argumento principal.
63. Repletos, cheios.

peita, maiormente considerando-se a sua amizade íntima com o mencionado dr. Galvão. Não os transcreveremos agora, por serem extensos; mas o faremos na impressão completa do processo.

◌

A estes depoimentos, dos quais fica provada a singular, calculada e inexplicável autoria dos boatos assoalhados[64] contra o tesoureiro Largacha, o sr. dr. Galvão respondeu imediatamente, pela imprensa, do seguinte modo:

Santos, 27 de junho de 1877.

Sr. Redator:
Tenho lido no *Diário de Santos* que diversos indivíduos foram declarar à autoridade haverem partido de mim versões desfavoráveis à reputação do sr. major Antonio E. Largacha.

Declaro que nunca desejei o cargo de acusador de quem quer que seja, e muito menos do sr. Largacha, que muito antes da minha chegada a esta cidade havia escrito ao meu correspondente do Rio de Janeiro *propondo-se a fornecer madeiras para o novo edifício da Alfândega* (...)

Acedemos a sua proposta e, quanto a mim, declaro que então nem sequer sabia que o sr. Largacha *fosse o tesoureiro da Alfândega.*

Algum tempo depois, o sr. administrador das capatazias[65] ofereceu-me madeiras de construção, dizendo-me que o sr. Largacha não poderia fornecer-me toda a necessária para as obras da Alfândega, por não ter madeiras cortadas em estado de serem imediatamente aplicadas.

A promessa feita pelo sr. Largacha fez-me esperar alguns meses sem encomendar madeiras a outros, até que vi-me forçado a procurar com urgência este material, pois se o não fizesse teria o infalível desgosto de suspender todos os trabalhos em andamento.

À vista disto, resolvi não continuar a comprar madeiras ao sr. Largacha e paguei-lhe a quantia de 1:788$450 [réis], em que importavam as que já havia fornecido.

---

64. Propalados, divulgados.
65. Atividades de movimentação de cargas e mercadorias nas instalações portuárias.

Trouxe esta narração para mostrar que aqui, apesar de não haver o sr. Largacha entregue nas obras a madeira no prazo por ele prometido, apenas atribuí esta falta a seus afazeres. Portanto, posso assegurar ao público que se alguém porventura pretende ter ouvido alguma palavra minha sobre o sr. Largacha, interpreta bem injustamente os meus sentimentos e eu não posso ser responsável por interpretações que deem às minhas frases pessoas com quem não entretenho relações de qualidade alguma.

Não tenho por costume ocupar-me da reputação alheia, porque fui educado em princípios inteiramente opostos a isto; princípios que v[ocê] bem pode aquilatar,[66] pois é filho do magistrado mais elevado desta cidade.

Relativamente ao roubo da Alfândega, apenas fiz um depoimento perante o sr. conselheiro Furtado, quando na qualidade de chefe de polícia veio inquirir sobre tão deplorável acontecimento, e tenho consciência de nada haver dito em detrimento da probidade de pessoa alguma, pois, prezando a minha modesta profissão de engenheiro, sinto-me sem aptidão para ser denunciante.

Que foi roubada a Alfândega, é fato que está no domínio da publicidade. Increpar[67] a quem quer que seja por um crime tão infamante, sem ter razões muito sólidas, é procedimento que não têm aqueles que gozam da felicidade de conhecer que devem à educação e a bons exemplos que receberam de seus maiores a segurança e solidez da estrada que tinham perante a sociedade.

Queira, pois, v[ocê] fazer-me a fineza de publicar estas linhas em seu conceituado jornal.

Sou de v[ocê] amigo atento e obrigado.
LUIZ M. DE ALBUQUERQUE GALVÃO

60ª *José Theodoro dos Santos Pereira:*

Que na casa de banhos, à testa[68] da qual a testemunha se acha, ouviu, ora a um, ora a outro, dizer que o autor da subtração na Alfândega *tinha sido o mesmo que expediu o telegrama que no Jornal do Commercio,* do Rio de Janeiro (de 20 de fevereiro), apareceu

---

66. Avaliar, julgar.
67. Acusar, rotular.
68. À frente, na direção.

impresso; e como Rodolpho Wursten *era o correspondente do jornal e sub-empreiteiro do dr. Galvão* na obra da nova Alfândega, tinham sido, eles dois, os autores das ditas subtrações, ignorando, porém, a testemunha, se esta versão é ou não verdadeira; que no penúltimo domingo, achando-se a testemunha a bordo do *Vapor S. José*, convidado a jantar pelo comandante do mesmo — Mello —, presente este, o capitão tenente Nascimento e o imediato do *Vapor*, unicamente, caiu em conversa falar-se das subtrações na Alfândega; e, nessa ocasião, Nascimento atribuiu tais fatos *ao tesoureiro Largacha*, dizendo *que ele fazia muitas despesas, fazia muitos favores, e tinha serraria a vapor*; ao que ele, testemunha, atalhou, dizendo que a serraria não "era a vapor, e sim movida por água; e não adquirida por ele por compra, e sim por herança dos seus maiores; e que era um homem que vivia com sua família, e sempre bem conduzido; e que se alguém dizia o contrário é porque era seu inimigo e não o conhecia"; e, dizendo ainda a testemunha a Nascimento, que se ele assim falava era por ter ouvido a *alguém* e, instando mesmo com ele, para que dissesse de quem tinha ouvido, Nascimento respondeu, *que quem assim lho havia dito fora o engenheiro dr. Galvão, íntimo amigo dele, Nascimento*!!!

54ª Dr. Pedro Augusto Pereira da Cunha:

Disse que era voz geral ser autor do telegrama Rodolpho Wursten, e que este mesmo procurava justificar-se junto de Antonio Largacha, segundo este contara a ele, testemunha, por empregado seu, que mandou ao mesmo Largacha, qual não sabe; dizendo a testemunha que a esse tempo o mesmo Rodolpho *era correspondente do Jornal do Commercio*, ignorando se ainda é.

Disse mais, que a opinião pública aponta também o nome do dr. Manoel Luiz de Albuquerque Galvão, como sócio de Rodolpho, na subtração praticada na Alfândega, ignorando o depoente quais os dados ou bases que serviam de fundamento a essa opinião manifestada.

118ª Leopoldo da Camara Lima:

Que sabe, em razão de ter ouvido dos empregados, que se contava dinheiro para remessa ao Tesouro.

Que quando ele chegou à Alfândega, *às 9 1/4 horas*,[69] dizia-se que a subtração fora de *cento e cinquenta contos*; mas, mais tarde, *pela uma hora* mais ou menos da tarde, do mesmo dia 19 de fevereiro, o escriturário da tesouraria — Soares —, depois de haver somado o Livro de Receita, disse ao depoente "que a falta de dinheiro montava 174:000$000 [réis]; e, dias depois, desempasteladas as estampilhas, *verificou-se que o alcance subia a 182:000$* [réis]".

~

Afirmam pessoas conceituadas que o sr. *Bombardo*, morador em Santos, declara ter dado depoimento perante a delegacia de polícia, depoimento que não encontramos no sumário, e que nesse depoimento dissera:

Que a 17 ou a 18 de fevereiro, alta noite, encontrara na rua um indivíduo que reconheceu, ou parecera-lhe ser o dr. Galvão, engenheiro que, em voz baixa, conversava com certo serralheiro, antigo morador de Santos.

Que esse serralheiro era o mesmo que para a Corte mudara-se, seguindo a 21 de fevereiro, *pelo vapor S. José*, pelo qual, e na mesma ocasião, também seguira o dito dr. Galvão.

~

Luiz Antonio de Barros:

Respondeu que, depois do roubo da Alfândega, não se recordando se no dia seguinte, ou se no imediato, estando a almoçar em companhia de Henrique Wright, ouviu o dr. Galvão, engenheiro, que também estava à mesa, no *Hotel Central*, dizer "que se a polícia de Santos fosse mais ativa, o major Largacha já deveria ter sido metido em prisão, em razão do roubo havido nos cofres".

---

69. Isto é, às 9:15 da manhã.

Que havendo o seu companheiro (Henrique Wright) oposto-se a uma tão grave asserção, o dr. Galvão desculpou-se, dizendo *que não fazia mau juízo do tesoureiro*....

Que tem ouvido a diversos que o engenheiro Galvão imputa ao major Largacha o roubo da Alfândega, desacreditando-o, por este modo, com esta acusação.

Que, finalmente, sabe ser o dr. Galvão muito amigo do inspetor Lucas Ribeiro Bhering, por tê-los amiudadas vezes visto, à noite, nos hotéis *América* e *Bragança*...

59ª Benedicto José de Souza:

Que é exato tudo quanto em seu depoimento expôs Antonio de Padua, e que, neste ato lhe foi lido, como a verdade do que se provou; e bem assim reconhece a chave que lhe foi apresentada, que atualmente servia no cofre da Alfândega, como a própria que foi feita, com broca diferente da que a fechadura tinha trazido, e de cruzeta, feita pelo mesmo Antonio de Padua, não intervindo outros quaisquer oficiais neste negócio.

Observações sobre os exames feitos no edifício e cofre da Alfândega e depoimentos prestados relativamente ao roubo cometido na mesma Repartição

Começaremos a análise da prova em que se fundou (*afundou-se*, seria frase mais assisada,[70] correta e expressiva) o venerando Acórdão de 19 de outubro.

Iniciou-se o processo pelo *inquérito policial*, ordenado, *ex-officio*,[71] por o sr. dr. juiz municipal da cidade de Santos, a 19 de fevereiro deste ano.

---

70. Ajuizada, sensata.
71. Realizado por imperativo legal e/ou por dever do cargo ou função.

O *inquérito policial*, em face das disposições da Lei nº 2.033 de 23 de setembro de 1861[72] e do Decreto nº 4.824 de 22 de novembro, do mesmo ano, consiste na reunião das diligências necessárias para a verificação:

1º Da existência do *crime comum*;

2º De todas as circunstâncias *do mesmo crime*;

3º De todas as circunstâncias sobre os criminosos, autores ou cúmplices *de tais crimes* (Decreto citado nº 4.824 de 22 de novembro de 1871, artigos 38, 42).[73]

Dessas diligências são:

1º O corpo de delito direto;

2º Exames e buscas para apreensão de instrumentos e documentos;

3º Inquirição de testemunhas, *que houverem presenciado o fato criminoso ou tenham razão de sabê-lo*;

4º Perguntas ao réu e ao ofendido;

---

72. Por erro tipográfico mínimo, trocou-se dois dígitos. A data correta da lei citada é 20 de setembro de 1871.
73. O *caput* do art. 38 estabelecia que "os chefes, delegados e subdelegados de polícia, logo que por qualquer meio lhes chegue a notícia de se ter praticado algum crime comum, procederão em seus districtos às diligências necessárias para verificação da existência do mesmo crime, descobrimento de todas as suas circunstâncias e dos delinqüentes". O art. 42, a sua vez, definia que o inquérito policial consistia "em todas as diligências necessárias para o descobrimento dos fatos criminosos, de suas circunstâncias e dos seus atores e cúmplices". Cf. *Coleção das Leis do Império do Brasil de 1871*, tomo XXXIV, parte II. Rio de Janeiro: Tipografia Nacional, 1871, pp. 653–683, especialmente pp. 667–669.

5º Em geral, tudo que for útil para esclarecimento do fato e suas circunstâncias (Decreto nº 4.824 de 22 de novembro de 1871, artigo 39).⁷⁴

Os *crimes comuns* a respeito dos quais deve-se proceder a inquérito são aqueles em que cabe a denúncia (Decreto nº 4.824 de 22 de novembro de 1871 citado, artigo 41).⁷⁵

O inquérito se abre:

1º *Por queixa*;

2º *Por denúncia*;

3º *Ex-officio, no caso de prisão em flagrante* (Decreto nº 4.824 de 22 de novembro de 1871 citado, artigo 41).⁷⁶

À vista desta demonstração legal irrefutável, porque a evidência da lei não se contesta, temos que:

Se o crime era comum, e logo que se divulgou a sua perpetração, no lugar dele compareceu o dr. juiz municipal, autoridade única competente para a formação da culpa, e a esta deu começo, ordenando o respectivo sumário, pelos autos de corpo de delito, ociosa, ilegal, inexplicável e criminosa foi a presença e a interferência do exmo. sr. conselheiro chefe de polícia no processo, *ratificando e retificando policialmente os atos judiciários* do juiz municipal.

74. Descrição praticamente literal dos parágrafos do art. 39 do decreto, à exceção dos grifos em itálico, que são originais dos autores. Cf. *Coleção das Leis do Império do Brasil de 1871*, tomo XXXIV, parte II. Rio de Janeiro: Tipografia Nacional, 1871, pp. 653-683, especialmente pp. 667-669.
75. Na letra da lei: "Quando, porém, não compareça logo a autoridade judiciária ou não instaure imediatamente o processo da formação da culpa, deve a autoridade policial proceder ao inquérito acerca dos crimes comuns de que tiver conhecimento próprio; cabendo a ação pública, ou por denúncia, ou a requerimento da parte interessada; ou no caso de prisão em flagrante". Cf. *Coleção das Leis do Império do Brasil de 1871*, tomo XXXIV, parte II. Rio de Janeiro: Tipografia Nacional, 1871, pp. 653-683, especialmente pp. 667-669.
76. *Coleção das Leis do Império do Brasil de 1871*, tomo XXXIV, parte II. Rio de Janeiro: Tipografia Nacional, 1871, pp. 653-683, especialmente pp. 667-669.

Se o crime era comum, muito bem procedeu o digno sr. dr. juiz municipal instaurando a formação da culpa; mas, neste caso, perguntaremos:

Onde está a denúncia ou a queixa que deveria determinar o seu procedimento, que não é um ato de arbítrio, se não o rigoroso cumprimento de uma obrigação que resulta precisamente da estrita observância da lei?!

Não houve queixa nem denúncia!...

Foi a culpa formada *ex-officio*?

Quando, onde, por quem, de que modo foram os réus presos em flagrante delito?!

Não houve prisão em flagrante delito!...

Qual, então, o motivo legal que determinou a presença do sr. dr. juiz municipal na Alfândega?

Qual o texto de lei que justifique o procedimento desse emérito juiz?

Que razões, que princípios de direito, que normas de jurisprudência, que mistérios judiciários forçaram o esclarecido juiz a suspender a formação da culpa e a devolver os autos à autoridade policial, que, diante deste caos informe, nem sequer exerce a faculdade conferida no artigo 60 do Regulamento nº 120 de 31 de janeiro de 1842, mantida pelo artigo 9º da Lei nº 2.033 de 20 de setembro de 1871 e pelo Decreto nº 4.824 de 1871, artigo 12?![77]

---

77. Respectivamente, art. 60. "O governo, ou os presidentes nas províncias poderão ordenar que os chefes de polícia se passem temporariamente para um ou outro termo ou comarca da província, quando seja aí necessária a sua presença, ou porque a segurança e tranquillidade pública se ache gravemente comprometida; ou porque se tenha ali commettido algum, ou alguns crimes de tal gravidade, e revestidos de circunstâncias tais, que requeiram uma investigação mais escrupulosa, ativa, imparcial ou inteligente; ou finalmente porque se achem envolvidos nos acontecimentos que occorrerem pessoas cujo poderio e prepotência tolha a marcha regular e livre das Justiças do lugar". Cf. *Coleção das Leis do Império do Brasil de 1842*, tomo v, parte II. Rio de Janeiro: Tipografia Nacional, 1843, pp. 39-134, especialmente p. 51. Já o art. 9º da lei de 1871 disciplinava que: "Os chefes de polícia poderão ser nomeados dentre os desembargadores e juízes de direito, que voluntariamente se prestarem, ou

Pois a formação da culpa, uma vez encetada,[78] poderá ser interrompida pela polícia para a organização de um simples inquérito?!

— Glória ao exmo. sr. desembargador Accioli de Brito, neste processo tudo é monstruoso!...

Se o crime não era comum, se os culpados, por secreta indicação da Tesouraria da Fazenda, em ofícios e relatórios reservados, *até escritos antes da perpetração do delito*, eram empregados públicos não privilegiados, se os crimes dos empregados, neste caso, têm foro especial, se ao dr. juiz de direito da comarca compete exclusivamente a organização e o julgamento do processo, se a forma e os termos do processo estão expressamente precisados na lei, é certo, é inconcusso que o *inquérito policial*, que só tem cabimento no processo dos *crimes comuns*, foi absurdamente feito, constitui um ato de arbítrio culposo e está neste processo como prova patente da mais revoltante monstruosidade jurídica!...

E foi neste inquérito ilegal e monstruoso que o colendo Tribunal da Relação esteiou-se para proferir o venerando Acórdão de 19 de outubro!

---

dentre os doutores e bacharéis formados em Direito, que tiverem pelo menos quatro anos de prática do foro ou de administração. Quando magistrados, no exercício do cargo policial, não gozarão do predicamento de autoridade judiciária; vencerão, porém, a respectiva antiguidade e terão os mesmos vencimentos pecuniários, se forem superiores aos do cargo de chefe de polícia". Cf. *Coleção das Leis do Império do Brasil de 1871*, tomo XXXI, parte I. Rio de Janeiro: Tipografia Nacional, 1871, pp. 126–139. Por fim, o art. 12 do decreto de 1871 prescrevia que: "Permanece salva ao chefe de polícia a faculdade de proceder à formação da culpa e pronunciar, no caso do art. 60 do Regulamento nº 120 de 31 de janeiro de 1842, com recurso necessário para o presidente da Relação do Distrito, na corte e nas províncias do Rio de Janeiro, S. Paulo, Minas, Bahia, Sergipe, Pernambuco, Alagoas, Paraíba e Maranhão; e nas outras, para os juízes de direito das respectivas capitais, enquanto não se facilitarem as comunicações com as sedes das Relações". Cf. *Coleção das Leis do Império do Brasil de 1871*, tomo XXXIV, parte II. Rio de Janeiro: Tipografia Nacional, 1871, pp. 653–683, especialmente pp. 667–669.

78. Iniciada.

— Glória ao exmo. sr. desembargador Accioli de Brito, neste singular processo tudo é monstruoso!...

Se a organização dos autos de corpo de delito, se a inquirição graciosa de testemunhas, sem juramento, em ausência de queixa ou de denúncia, ou de prisão em flagrante delito, de crime, *que é comum*, para determinar a intervenção do dr. juiz municipal, *que é misto*, para transformar o delegado de polícia de autoridade *em testemunha* (!...), *que é itinerante*, porque do Juízo Municipal transportou-se miraculosamente para a Chefia de Polícia, e desta para a Secretaria da Presidência, na capital, e da Presidência para a Promotoria de Santos; que é de responsabilidade, porque, afinal, foi ter ao Juízo de Direito da Comarca; se tudo isto, na parte oficialmente realizada no Juízo Municipal de Santos, não constitui começo de formação de culpa; e se, pelo contrário, se pretende que seja mero inquérito policial, sobe de ponto o absurdo, avulta mais, com espanto, a monstruosidade, reparo maior determina o arbítrio, mais flagrante é a violação da Lei; porque ou o crime é comum, e o juiz municipal, competente para a formação da culpa, é incompetente para fazer inquéritos policiais, que incumbem aos delegados, subdelegados e chefes de polícia, ou o crime é de responsabilidade, e, por isso, torna-se imprestável, por ilegal, o inquérito, que só tem cabimento nos crimes comuns, nos termos, na forma, e sob as condições prescritas pelas disposições em vigor.

～

Apreciemos agora, com reflexão, calma e imparcialidade, os autos de corpo de delito feitos no edifício da Alfândega, interna e externamente, e no cofre-forte, onde estavam depositados os valores confiados à guarda do tesoureiro; e vejamos de que modo foram coligidos os indícios, pelos vestígios existentes combinados os fatos, averiguadas as violências e preparado e julgado este elemento essencial do crime de roubo, pública e geralmente acusado, em toda cidade de Santos, e que faz objeto deste sumário.

Foram nomeados quatro peritos: dois mestres de obras para o exame do edifício; dois serralheiros para o exame do cofre; e notificadas duas testemunhas para serem presentes a este ato da mais subida gravidade e importância, base legal do famoso processo.

Uma das testemunhas foi o *sr. dr. Luiz Manoel de Albuquerque Galvão, engenheiro notável, arquiteto de nomeada, de inteligência elevada, de perícia provada, diretor habilíssimo*, e, com acerto, encarregado das obras do novo edifício da Alfândega de Santos, construindo-se quase paredes-meias[79] com o antigo, em que funciona esta repartição, e que teve a santa ingenuidade de aceitar o encargo...

Sem que de leve façamos a mínima perniciosa alusão ao caráter do muito digno sr. dr. juiz municipal, sem que pretendamos, de modo algum, pôr em dúvida a sisudez e a retidão do seu ato, e antes acreditando, como em muito boa fé dizemos, na imprevista existência de um concurso fortuito de circunstâncias, espantamo-nos desta fatal escolha, ou sinistra notificação.

Não é intuito nosso, preciso é que o digamos, desde já, com sinceridade, franqueza e ousadia; não é intuito nosso hastear, aqui, o estandarte negro da calúnia, para, com astúcia, e vibrando as armas da perfídia, defendermos a causa nobilíssima dos nossos clientes, à custa do ignominioso[80] sacrifício de alheias reputações.

Outro é o nosso fim.

Fazemos reparo deste precipitado açodamento com que a uns, sob o fútil pretexto da existência de vagos indícios, aliás repelidos com tenacidade, por a geral opinião do lugar, se suspende, prende, e pronuncia e demite, enquanto que a outros, embora com razão, ou sem ela, malsinados pela voz pública como os

---

79. Paredes comuns construídas na divisa de dois prédios contíguos.
80. Desonroso, deplorável.

autores do enorme roubo, tauxiados[81] na fronte pela pública reprovação, deixa-se que, à mercê dos ventos, se façam ao largo, embalados pelas ondas, em a nau do mistério, tripulada sempre pela indiferença e ao som do murmúrio geral.

Tornando ao que narrávamos.

Causou-nos espanto, a mais viva admiração, o fato, muito de estranhar-se, de figurar o sr. dr. Galvão como testemunha dos aludidos exames; espanto e admiração que bem se justificam pelos seguintes fatos:

O povo, de tropel,[82] apaixonado e insistente, era, e ainda é unânime, se bem que não assinale, nem decline as causas, em atribuir ao sr. dr. Galvão o fato horroroso da subtração!

Os senhores delegado de polícia, tenente Pinho, e dr. Moyses de Castro o repetem nos seus depoimentos, que deixamos transcritos. O primeiro é agente do governo; o segundo é pessoa de elevado conceito e posição.

Os exames, em sua redação, em muitos pontos, acusam a *influência científica da notável testemunha* sobre assertos dos peritos; fato este muito natural, porque não se ocultam os raios do Sol em pleno espaço... Nas respostas aos quesitos, rápidas, fáceis, intuitivas e rudes, notam-se as incongruências dos peritos, afirmando, com sinceridade, a existência da violência e do roubo; nas descrições feitas do estado das cousas, ao inverso das respostas aos quesitos, com regularidade de forma, e hábito de observação, desenham-se e referem-se, com insistência, *simulações calculadas e ausência de violências* que determinar possam a existência de roubo!...

Por uma casual coincidência, que de outro modo não sabemos qualificar, fato sr. dr. Galvão gira em derredor desta desastrosa ocorrência, como uma roda, matematicamente sobre o seu eixo!

---

81. Incrustados, embutidos. A expressão ainda carrega a ideia de enfeitar — incrustar metal precioso num outro metal, por exemplo —, de modo que a marca gravada possuiria, sarcasticamente, um quê de ornamento.
82. Alvoroçado, agitado.

O sr. dr. Galvão, que inesperadamente foi testemunha importante nos autos de exames, foi também chamado a depor no inquérito, naturalmente porque, na expressão insuspeita da Lei de 1871, *viu* ou *tinha motivos para saber* quem fosse o autor do crime.

Seu depoimento é dos mais símplices; nada sabe, senão *que o tesoureiro Largacha oferecera-lhe madeiras à venda*!...

Há, porém, amestrados,[83] *químicos judiciários*, que pretendem encontrar veneno nesta declaração calculada...

Os empregados de Fazenda são proibidos de comerciar; a venda de madeiras, na espécie considerada, se bem que em aparência, constitui ato de comércio; o empregado da Fazenda que se dá às práticas do comércio é infrator voluntário da lei; logo, o tesoureiro Largacha deve ser um funcionário suspeito às vistas da Administração, mormente[84] nas atuais circunstâncias em que se trata de *uma simulada subtração* de valores do *cofre da Alfândega*!...

A *imputação*, porém, não tem a menor procedência; porque o tesoureiro Largacha é proprietário, e a venda de madeiras extraídas da sua fazenda, aos olhos da Lei, não constitui ato de comércio.

O sr. Bhering, digno inspetor da Tesouraria da Fazenda, particular e íntimo amigo do sr. dr. Galvão, que com esse coabitava em Santos, e que com ele passeava de braço pelas ruas, em um ofício de 8 de abril, endereçado ao exmo. sr. conselheiro chefe de polícia, aludindo a certo pagamento que o tesoureiro Largacha fizera ao procurador da Câmara Municipal, para indenização de despesas feitas com variolosos,[85] sob pretexto de tal pagamento se ter realizado sem autorização, insinua interessada e intempestivamente *que o tesoureiro, com semelhante e irregular procedimento, comprometera-se gravemente...*

83. Peritos, hábeis.
84. Sobretudo, principalmente.
85. Aquele que sofre de varíola.

Não acreditamos, de maneira alguma, que tais expressões fossem escritas com solapado[86] sentimento; e, antes, com os íntegros juízes da causa, vemos nisto um ato louvável de acrisolado[87] civismo; apenas lamentamos a existência deste fatal acaso, que, à semelhança da serpente, enquanto enleia[88] a parte superior do corpo no tesoureiro Largacha, jeitosamente afrouxa a cauda do sr. dr. Galvão!...

Sempre as coincidências operando maravilhas espantosas!...

Enche-se a cidade de Santos e transborda até a capital que o autor do roubo da Alfândega é o tesoureiro Largacha; que o cofre não fora arrombado, se não aberto muito naturalmente, *com a própria chave*, existente em mão desse tesoureiro. Isto repete-se entre os passageiros nas estradas de ferro e nos hotéis, e até entre as mulheres infelizes de péssima reputação! Afirma-se que os desmanchos do cofre e os vestígios encontrados no edifício não passam de industriosa[89] simulação para encobrir desvios criminosos de quantias, sub-repticiamente[90] praticados no cofre. E a população de Santos indica como autor desses boatos ao sr. dr. Galvão e um seu desenhista que o seguia nas viagens de recreio a S. Paulo, viagens que repentinamente cessaram!...

E este fato da propagação dos boatos prova-se cabalmente, com depoimentos de testemunhas insuspeitas, inquiridas na delegacia de Santos!...

E o sr. dr. Galvão, sabendo de tal prova, corre espontaneamente à imprensa e formalmente declara-se caluniado, vítima de precipitadas interpretações e completamente alheio aos desastrosos boatos! E que ele apenas conhece de vista ao major Largacha, *por ocasião de oferecer-lhe madeiras à venda*!...

E, assim, torna à baila a célebre venda de madeiras; e a terrí-

---

86. Por sentido figurado, dissimulado, disfarçado.
87. Apurado, aperfeiçoado.
88. Amarra, prende.
89. Forjada.
90. Clandestinamente.

vel coincidência, ainda desta vez, faz com que ao sr. dr. Galvão se atribuam, com certeza e com verdade, a autoria dos boatos aterradores contra o tesoureiro!

No dia 19 de fevereiro, logo que em Santos propalou-se a existência do roubo da Alfândega, quando esta ocorrência pairava em todos os cérebros e irrompia de todas as bocas, como uma centelha elétrica, quando ainda não era sabida a importância monetária do roubo, *alguém*, que a despeito de todos os esforços das autoridades, dos acusados e dos seus advogados, não pôde ainda ser descoberto, transmitiu para a Corte, ao *Jornal do Commercio*, um telegrama anunciando o roubo?

Nesse telegrama, é a soma subtraída calculada em 180:000$000 réis... Mais tarde, verificou-se que a subtração era de 175:000$000 réis.

Afirma-se (e ainda nenhum boato corria a respeito) *que havia simulação de arrombamentos com o fim de encobrir-se antigos desvios de dinheiros!...*

A opinião pública indica ao sr. dr. Galvão e ao sr. Wursten como os autores do telegrama, onde, porém, está a prova disso?

Como o dr. Galvão, preocupado com os exames na Alfândega, *onde servia de testemunha*, poderia ter tempo de expedir tal telegrama?

Que interesse imediato teria ele para fazê-lo?

É verdade que a contextura[91] do telegrama referido *coincide com certas opiniões* atribuídas aos peritos, externadas nos exames da Alfândega, e também com os boatos espalhados contra o tesoureiro, que as testemunhas juram ter ouvido ao sr. dr. Galvão; e estes sucessos, ao que parece, não passam de enredos dramáticos urdidos pelo acaso, e de um modo tão extraordinário, que a muitos se afiguram como estudado meio de encobrir aos olhos da autoridade o verdadeiro criminoso!...

---

91. Sequência, encadeamento de ideias, argumentos e circunstâncias dentro de um contexto organizado.

A Promotoria Pública requereu ao Juízo todas as diligências precisas para que, na Corte, se obtivesse a exibição do autógrafo do telegrama. Nada se conseguiu!...

O major Largacha, pela mediação de um advogado hábil, chamou ao juízo criminal[92] o telegrama, como meio de conseguir a apresentação do autógrafo.

E o *Jornal do Commercio*, folha de vasta e merecida reputação, que só assume responsabilidade em negócios de alta política, e de bem ponderadas conveniências, negou-se à exibição requerida e apresentou como responsável pela publicação do telegrama um improvisado editor!... E ainda veio a terreiro, de lança enristada,[93] procurando tirar partido contra o infeliz tesoureiro!...

E a autoria do telegrama até hoje é um enigma!

Nesse telegrama, dá-se como já conhecida em Santos uma providência tomada no Tesouro, *minutos depois*, e secretamente comunicada ao inspetor da Alfândega: *a suspensão do tesoureiro!*...

Se o autor do telegrama não possui o dom da pré-ciência, se não é adivinhador, ou se não é o alvo predestinado das mais extraordinárias *coincidências*, devemos supor *que ele tinha dentro do Tesouro* Espírito Santo, que o instruía dos mais recônditos segredos daquela repartição! E os metafísicos criminalistas não estarão longe de acreditar que o autor do telegrama não ignora quem sejam os roubadores do cofre da Alfândega...

~

Muito maior interesse oferecem os autos de exames, estudados detidamente em suas divisões, nos fatos, de per si,[94] e principalmente comparados uns aos outros, com calma e reflexão.

---

92. Isto é, aduziu como prova documental.
93. Erguida, levantada.
94. Por si, isoladamente.

Não há contradição, disparate ou absurdo que aí não estejam garbosamente aposentados, como o vencedor Aníbal em sua tenda.[95] Certo é, porém, que tudo tem a sua razão de ser e a sua devida explicação.

QUANTO AO EDIFÍCIO

Nenhum vestígio de violência externamente encontraram os peritos que determinar possa a existência de escalada na gateira do telhado; existiam telhas removidas, *mas de dentro para fora*, denunciando a existência de simulação, pelo que responderam:

Ao 1º quesito   que houve violência?

Ao 2º quesito   que consiste na remoção das telhas da gateira!!

Ao 3º quesito   que por esta violência foi vencido o obstáculo existente!!!

Ao 4º quesito   que havia obstáculo!!!!

O que, com certo pensado atiladamente,[96] se lê na *parte descritiva do exame* não é o mesmo, senão exatamente o contrário, do que se contém *nas respostas dos quesitos!*...

Ali está revelado o cultivado espírito da *testemunha*; aqui, a resposta pesada do *perito*.

Ali revela-se, envolta na nuvem do mistério, um raio *daquele refalsado*[97] *telegrama*; aqui, a sinceridade alvar[98] do operário!...[99] *As respostas aos quesitos* repelem as *descrições!*...

---

95. Referência a Aníbal Barca (247–183 a.C.), general e estadista cartaginês, que é considerado um dos maiores estrategistas militares da história mundial. O sentido da metáfora, contudo, não se afigura tão claro, salvo pela ideia de que todas as informações repousavam nos autos.
96. No sentido de perspicácia, ou mesmo malícia.
97. Fingido.
98. Ingênua.
99. Antes chamado de perito, agora de operário, o que altera de modo significativo a imparcialidade do agente.

Encontraram os peritos, no salão do cofre-forte:

- Uma lima de três quinas, com a ponta partida de fresco;
- Uma verruma;
- Um formão pequeno, sem cabo;
- Um pequeno instrumento em forma de chave, feito de arame de ferro, com uma das pontas envolvida de arame de cobre, mais fino;
- Mais um formão sem cabo;
- Mais um instrumento de arame, semelhante ao já descrito;
- Um outro dito, também de arame, tendo numa das extremidades 5 círculos de fio de cobre, em forma de flor;
- *Diversos maços de notas miúdas* esparsos pelo chão;
- Mais notas miúdas, não emaçadas;[100]
- Folhas de estampilhas de diversos valores;
- Um vidro de óleo de amêndoas;
- Uma caixa de folha vazia;
- Um alicate;
- Diversos instrumentos de arame, semelhantes aos já descritos;
- Dois ferros curvos, em forma de gazua.

Todos estes objetos foram arrecadados; todos eles pertenceram a alguém; não eram da repartição; é claro que para ali foram levados; não estavam lá no dia 17 (sábado), quando fechou-se a repartição; constituem indícios veementes ou prova, quando conhecidos os donos, ou a procedência: *pela obra se revela o mestre.* Seriam eles trabalhados em Santos? Teriam vindo de fora? Estas perguntas encerram fatos de grande alcance.

O processo, a tal respeito, é silencioso como um túmulo!...
Nem uma pesquisa, nem uma diligência, nem uma indagação! E para quê?

Pois não estava tão claro que o tesoureiro, o inspetor, e o chefe de seção, conluiados, tinham dado saque ao cofre?!

---

100. Empacotadas, envoltas em maços.

Pois não está plenamente provado que eles, da noite para o dia, fizeram-se milionários!?

Para que procurar os ladrões, se já *temos à mão três vítimas aparelhadas*?!¹⁰¹

Em o ano de 1857, um homem distintíssimo, dos que maiores serviços hão prestado à causa pública, com civismo e notável desinteresse, nesta heróica província, o exmo. sr. conselheiro Furtado de Mendonça,¹⁰² foi nomeado delegado de polícia da capital; e este ato patriótico do governo foi geralmente considerado [como uma] medida de salvação!

Era então a bela e importante cidade de S. Paulo infestada de malfeitores e ladrões e cotidianamente repetiam-se, com ousadia incrível, os ataques às pessoas e à propriedade. Contado era o dia em que não amanheciam três ou quatro casas de negócios arrombadas ou saqueadas. O comércio, principalmente, estava sob o domínio do terror!

Logo que entrou de posse da delegacia, o exmo. sr. conselheiro Furtado tratou de arrecadar os instrumentos deixados ou esquecidos pelos ladrões nas casas saqueadas: foram-lhe enviados, pela Secretaria de Polícia, *um formão e uma baioneta*!

S. Excia., examinando a baioneta, disse: "Isto é disfarce. Foi deixada de propósito para desviar as atenções das autoridades."

E, tomando o formão, acrescentou: "Isto sim, é instrumento esquecido." Com este fio, vou eu fazer "de Teseu" neste labirinto.

No fim de oito dias, o novo delegado procedia a rigoroso recrutamento na capital. E, ao cabo de dois meses, dava por exterminada a matula¹⁰³ de vagabundos e desordeiros e a quadrilha de larápios!

Em tudo isto andou o tino e o trabalho do delegado. Pelo *formão* descobriu ele o *dono*; e pelo dono os seus associados!

---

101. Isto é, forjadas.
102. Ver n. 7, p. 150.
103. Corja, ajuntamento.

Os crimes cessaram. A paz e a ordem restabeleceram-se; o formão foi a chave; e o dono... ainda existe!...

Nos mistérios da Alfândega, os formões, as verrumas, os frascos de óleo, os arames de ferro, os arames de cobre, as gazuas e os alicates, tudo falhou!!!

~

QUANTO AO EXAME DA PORTA DA SALA DO COFRE-FORTE

Da *descrição* colige-se[104] que a porta não foi arrombada e que os desmanchos encontrados, aliás de recente data, constituem um embuste, adrede[105] ajeitado, para simular violências. *As respostas aos quesitos*, porém, atestam formalmente a existência de violências indispensáveis, sem a prática das quais não se poderia ir ao cofre, nem cometer a subtração!...

Sempre o mesmo dualismo, a mesma divergência, entre o fato e a consequência, a mesma palpável contradição!

Eis a resposta dos quesitos:

Ao 1º Há vestígios de violência à porta;

Ao 2º Consistem no *arrombamento do telhado e da porta*;

Ao 3º Por essa violência foi vencido o obstáculo existente;

Ao 4º Que havia obstáculo;

Ao 5º (Quanto à porta) Que empregou-se força, instrumento e aparelho para vencer o obstáculo;

Ao 6º Que a força foi a pressão exercida sobre a porta, não podendo precisar quais os instrumentos ou aparelhos;

---

104. Infere-se, conclui-se.
105. Premeditadamente.

Ao 7º Que, do lugar em que encontraram as violências até chegar ao em que se achava o cofre-forte, havia embaraço a vencer;

Ao 8º Partindo da gateira à porta, no lado, e desta ao cofre, ao biombo, em cuja porta havia fechadura com chave e trinco;

Ao 9º Pela força e instrumentos desconhecidos e o emprego da chave do biombo.

Façamos agora o exame deste exame.

Se o telhado, no lugar da gateira, não foi arrombado, como cavilosamente[106] pretende-se, e deu-se o afastamento das telhas *simuladamente, de dentro para fora*, provado está que o subtrator, ou subtratores, não entraram pelo telhado...

Se não entraram pelo telhado, nem pelas janelas, que estavam fechadas e foram achadas intactas, nem pela porta principal e única externa do edifício, este roubo é um fenômeno inextricável,[107] uma maravilha, ou milagre!...

O tesoureiro retirou-se da repartição no dia 17; compareceu no dia 18, mas não entrou; estava em sua casa no dia 19, quando foi o roubo descoberto!!!

O porteiro tinha as chaves; as portas estavam fechadas, não sofreram a mínima violência, ninguém o acusa! Por onde, pois, entraram os criminosos, que andaram *simulando tantos e tantos trabalhosos fingimentos*?!

De duas, uma: ou deu-se um conluio geral entre todos os empregados da repartição, ou entre parte importante deles, e todos os estragos foram preparados, de antemão, no dia 17 de fevereiro, no decurso das horas do expediente, balela esta singularíssima e extravagante, com a qual ainda ninguém sonhou, nem mesmo pressentida foi pelo atiladíssimo[108] espírito do sr. dr. Galvão, que

---

106. Maliciosamente, enganosamente.
107. Indecifrável.
108. Espertíssimo, muito sagaz.

aventa[109] os roubos com a mesma perspicácia com que os corvos descobrem a carniça; ou foram os estragos feitos em as noites de 17 ou 18 e, neste caso, o autor ou autores entraram de fora.

Se entraram de fora, como não se pode deixar de crer, os desmanchos do teto, na gateira, foram necessários, feitos de fora para dentro, para dar passagem aos delinquentes; e falsa e simulada é a declaração contrária, que muito de indústria existe nos autos; e se os ladrões entraram pela gateira, é de todo ponto claro que tiveram necessidade indeclinável de arrombar a porta do salão para chegar ao cofre.

Se há simulações, elas visam um fim, e, por isso, e por isso mesmo explicam o fato da sua existência.

Os ladrões eram hábeis, inteligentes, práticos, de alta condição social e intrépidos; consideraram antes de perpetrar o crime; realizaram-no com preucauções, *armaram os meios de defesa*, e conseguiram os seus intuitos, *porque desviaram as vistas e toda a atenção dos juízes!*...

É deste modo único que a inteligência, o estudo e a boa razão podem, unidos, explicar as grosseiras contradições existentes nos autos de exames, contra a verdade dos fatos, em que figura, com a maior inconveniência, e representando papel singularíssimo *de testemunha, entre pedreiros e carpinteiros, em posição inferior*, o distinto engenheiro e considerado arquiteto, diretor de obras importantíssimas da nova Alfândega de Santos, dr. Luiz Manoel de Albuquerque Galvão!

Isto não pressentiu, nem percebeu, nem viu, o ilustrado sr. desembargador Accioli de Brito, relator do processo; porque não o estudou; e estas causas não se improvisam.

Veja o público, aprenda, aprecie, e trema diante deste modo sisudo, grave e escrupuloso pelo qual se decide da honra, da fortuna e do direito dos cidadãos!

---

109. Percebe, prevê.

QUANTO AO PRIMEIRO EXAME DO COFRE-FORTE

Eis aqui o ponto da maior importância e para o qual devem convergir as vistas e toda a atenção do observador judicioso.

Afirmam os peritos, neste exame, respondendo aos quesitos propostos pelo juiz:

Que o cofre sofreu violência;

Que por essa violência foi vencido o obstáculo existente;

Que a violência, além de força empregada, teve o auxílio certo de instrumentos apropriados.

Esta afirmação é incontestável: o cofre foi arrombado.

Cumpre, entretanto, notar que os instrumentos deixados propositalmente na sala do cofre, pelos subtratores, serviram para os atos preparatórios da subtração, e ali ficaram calculadamente, como elementos da planejada defesa dos atilados, avisadíssimos roubadores.

A violação do cofre, porém, foi realizada com instrumento especial, cautamente[110] preparado, *por oficial habilíssimo*, e aperfeiçoado e ajustado pela própria fechadura; instrumento que, só por si, importaria o descobrimento do fabricante, pelo que o subtrator cautamente o levou consigo, deixando apenas gazuas imprestáveis e outros instrumentos que os peritos não conheceram!...

As pontas de lima quebrada, as de pregos, e outros objetos introduzidos no canhão da fechadura, o foram depois da subtração. E todos estes fatos, *praticados com certo desazo*,[111] que antes revelam *propósito* do que descuido ou negligência, acusam *uma simulação tão delicada*, em seus efeitos, que um juiz de espírito agudo não pode aceitá-la de chofre, sem reservas muito sérias para meditadas ponderações.

A simulação existe, está patente, e é irrecusável.

---

110. Cautelosamente, cuidadosamente.
111. No sentido de desleixo.

O cofre foi aberto com instrumento especial, *apropriado*, e não com a própria chave, que estava em poder do tesoureiro.

O autor da abertura do cofre é o subtrator.

O subtrator é o autor da simulação.

Prossigamos no exame:

Respondendo ao 3º quesito do segundo exame, série 2ª (*Segurança do edifício, parte interna*), declaram os peritos:

Quem *penetrou* na Alfândega *denota conhecimento do "edifício".*

E, em seguida, respondendo aos quesitos propostos pelo dr. promotor público, quanto ao terceiro, dizem:

Que antes de encravado pela lima (o canhão) quebrada dentro do canhão, podiam passar pela fenda, nele existente, *os ferros encontrados soltos na fechadura.*

A chave do cofre foi exibida, pelo tesoureiro, no ato de exame.

Quem *penetrou* na Alfândega denota conhecimento do "edifício"!

Isto é intuitivo, ao alcance do mais leve intuito,[112] e nem podia constituir matéria de quesito, pois alguém se arrojaria a invadir um estabelecimento público, da maior importância, guardado, e nele cometer um roubo, dos mais audaciosos, sem conhecer as disposições do edifício, sem plano ou sem cálculo?!

Que dificuldade teria o atrevido subtrator em adquirir o conhecimento indispensável das disposições internas do prédio, que era cotidianamente frequentado por centenares[113] de pessoas, mais ou menos preocupadas com os seus afazeres e interesses?

Não está a repartição da Alfândega estabelecida em um edifício amplo, antigo, de *conhecida construção*, e funcionando em poucos e grandes salões?

Os interessados não iam diariamente à boca do cofre fazer os seus pagamentos?

---

112. Escopo.
113. O mesmo que centenas.

Não era este edifício continuamente *devassado* por uma turba de operários de todas as condições e, em grande parte desconhecidos, empregados em as obras da nova Alfândega, cuja paredes elevadas, com relação ao velho edifício, já estavam postas a cavaleiro?[114]

É inacreditável que qualquer empregado da repartição, principalmente os mais subalternos, se prestasse a auxiliar a perpetração do roubo.

Para conhecer as disposições do edifício, era unicamente bastante a simples observação visual.

Vêm aqui de molde mais algumas considerações, antes que passemos ao segundo exame do cofre.

Se a fechadura, com os objetos que foram postos dentro da respectiva caixa, não podia funcionar, é claro que tais objetos ali foram colocados depois de aberto o cofre, e por *mero disfarce, e para, como tal, ser tido à primeira vista*.

Os instrumentos de arame de ferro e, principalmente, os de cobre, verruma, alicate e limas, foram de grande utilidade para a realização do roubo.

Sobre este ponto nada perguntaram os juízes, nem disseram os peritos, incapazes de ver e de apreciar fatos de tamanha gravidade.

O arame de cobre, que é um corpo dúctil[115] e de fácil maleabilidade, e sobretudo amoldável, serviu para o exame detido da fechadura e, por tal meio, conseguiram conhecer, *com acurado trabalho e notável perícia*, o movimento mecânico da fechadura, a forma de certas cavidades e a posição das molas, as suas dimensões e força, para ser calculada, com precisão, a resistência de que deveria dispor a gazua. A grande quantidade de óleo empregado serviu para facilitar os movimentos do trinco e linguetas sobre as peças correspondentes.

O trabalho deveria ser muito menor do que o calculado; por-

---

114. Refere-se, possivelmente, a uma técnica de construção.
115. Flexível.

que não só a fechadura é de má qualidade, com o que não contavam os *operários*, ou estragada, como foi, em parte, grosseiramente modificada em um conserto que sofreu pelo serralheiro Antonio de Padua.

O cofre foi remetido aberto, vindo a chave dentro, pela razão de que se não fecham por si — com uma só chave —, quando esse cofres *trazem, pelo menos, três chaves*. Mas chegou a Santos fechado, por terem corrido não só o trinco, mas até as linguetas!... Para que isto acontecesse preciso fora, ou que se desse estrago na fechadura, ou que esta fosse mal construída; porque as linguetas de uma fechadura de qualidade não se movem se não mecanicamente, por a força propulsora da chave ou de instrumento semelhante perfeitamente adaptado. O serralheiro Antonio de Padua, que abriu o cofre em sua oficina e *consertou a fechadura*, para a segurança desta, como ele próprio declara em seu importante depoimento, *fez emenda pior que o soneto*, pois que, encontrando *cinco molas de metal* que funcionavam sucessivamente, quer na abertura, quer no fechamento do cofre, inutilizou este movimento de arte, reduzindo-as a duas, por adesão, pois que, unindo as duas superiores, delas formou uma. E, por igual processo, das três inferiores formou outra!

Ora, ninguém que tenha bom senso acreditará que uma fechadura é tanto mais difícil de abrir quanto menos complicado é o seu maquinismo.

Um ex-oficial do sr. Antonio de Padua veio a juízo e jurou, *depois de examinar ocularmente a chave do cofre e a fechadura*, que tal chave e fechadura eram idênticas! Que os consertos realizados por Antonio de Padua, *e só por ele*, sem intervenção de mais ninguém, eram os mesmos, estavam intactos, sem a mínima alteração!! Que nenhum outro oficial interveio na operação do conserto!!! E que ele sabe de tudo isto, e atesta, com juramento, não só a identidade das peças, se não também a inalterabilidade das obras!!!!...

O alicate era indispensável: por ele aprimorou-se a forma da gazua, que foi preparada, amoldada e ajustada, *não pela chave*, mas pela fechadura. As limas serviram para o mesmo efeito, e para ao instrumento dar-se a conveniente perfeição. A espiral da verruma grande deve ter servido para imprimir certa e apropriada forma ao arame de cobre, para o trabalho preparatório de *sondagem* da fechadura: nada do que se encontrou era imprestável. E a prova inconcussa[116] do arrombamento está manifestamente estampada no alargamento do canhão da fechadura, *para serem manejados* mais de um instrumento conjuntamente e para abrir passagem à gazua.

A ignorância dos peritos é espantosa e constitui indiretamente a base larga em que assentam os cálculos atiladíssimos da prevista e acertada defesa dos ladrões. *O artista* que executou o plano de abertura do cofre é dotado de extraordinária perícia, cuja sagacidade contrasta, com grandíssima vantagem, com a inépcia exuberante dos peritos: *é oficial do seu ofício!*

Vamos agora tratar do 2º exame, feito a requerimento do digno sr. dr. promotor público, mediante o concurso dos senhores: Adolpho Sydow,[117] *serralheiro*, e Frederico Guilherme Hersztberg, *maquinista*.

Dos demais não trataremos; porque constituem papel sujo.

Este mesmo exame é uma vergonha judiciária, é uma deformidade legal, um disparate forense e o eterno atestado da imbecilidade dos peritos. Ouçamo-los; sejam eles mesmos os juízes; lavrem eles próprios a sua fatal condenação!

Por experimentarem, colocaram a fechadura no seu respectivo lugar, isto é, na sua caixa grande, e *retirado o canhão do seu orifício natural*, foi introduzida uma gazua, *das coligidas pelo juiz*; e, depois de muito esforço, *a lingueta desceu*, ou antes, *tornou à posição* que deveria tomar para abrir-se o cofre.

Unidas, porém, à caixa grande, a folha externa ou principal, e colocado o canhão no seu lugar, ficando assim a fechadura como devera

---

116. Incontestável, indiscutível.
117. Mantenho a grafia conforme o orginal, ressalvando que, em escritos posteriores, que o leitor verá na sequência, o mesmo Adolpho Sydow reaparece — e assina — com essa mesma grafia, bem como com Adolpho Sidow.

estar, quando intacto o cofre, verificaram ser impossível a introdução das gazuas coligidas *por serem de diâmetro superior à largura da entrada da fechadura, que está abaixo do canhão.*

Fizeram de um dos instrumentos de arame de ferro uma gazua, com forma correspondente à parte da mola em que devia funcionar e, introduzida na fechadura, não conseguiram, apesar de muitos esforços, fazer descer a lingueta, o que verificaram com uma luz introduzida na caixa grande!…

∽

Destas afirmações categóricas, baseadas no exame e na experiência, resulta a seguinte prova:

1º Que as gazuas achadas na Alfândega vieram preparadas de fora e não serviram para abertura do cofre, porque tinham muito maior diâmetro do que o espaço do canhão da fechadura, o que prova que o fabricante da gazua não conhecia a fechadura;

2º Que a que serviu, se bem que de menor diâmetro, ainda excedia o espaço do canhão, que para o previsto fim fora convenientemente dilatado, como garantem os peritos;

3º Que a parte mecânica da gazua *era tão bem calculada, e de tal modo atesta a perícia do seu autor* que, preparando-a, em ausência da fechadura, suposta a disparidade entre o diâmetro da mesma gazua e o espaço do canhão, atinou com a forma, e tanto que ela serviu para mover as linguetas da fechadura, mesmo em mãos de inábeis!…

4º Que sobe de ponto este fato espantoso quando se atenta que a experiência dos peritos é feita por pessoas que não dispõem dos mesmos recursos intelectuais e da mesma proficiência que o dito fabricante;

5º Que a incapacidade dos peritos, resultante de inaptidão, provém de que, preparando eles uma gazua, modelada pela própria fechadura, não conseguiram mover as linguetas, ao passo que o fizeram *com a imperfeita gazua deixada pelo subtrator*.

6º Que assim provada a evidente incapacidade dos peritos para o delicado mister de que se encarregaram, imprestáveis e fúteis são as suas experiências e inaceitáveis as suas conclusões.

⁓

Havia em Santos um serralheiro (o seu nome consta dos autos) considerado geralmente peritíssimo em seu ofício; mas, infeliz por desfavores da sorte, dava-se, com excesso, às libações báquicas,[118] e vivia em extrema penúria.

Este homem, a quem referiu-se o sr. Bombardo, no depoimento que se afirma ter prestado perante o delegado de polícia, sr. alferes Fernandes, a despeito da completa escassez de meios, quatro dias depois da perpetração do roubo, pelo *vapor S. José*, que partiu no dia 21 de fevereiro, repentinamente e sem que alguém o esperasse, fez-se de vela para o Rio de Janeiro e não mais voltou!...

Há por aí quem mussite,[119] de ouvido em ouvido, e certos estamos que os boatos partiram da mesma pessoa que, por motivos que o povo explica, andou propalando torpezas contra o tesoureiro, que só este, para tirar-se de gravíssima responsabilidade, tinha interesse nas simulações descobertas e indicadas nos autos de exames; porque provindo a falta do dinheiro no cofre de desvios anteriores, só por ela era responsável o tesoureiro, só ele teria interesse em fingir o roubo, cuja autoria a mais ninguém pode ser atribuída. Isto, porém, é tão grosseiro, tão chato, tão infame e tão vil, que só em alienados beócios pode ser desculpado.

118. Por sentido figurado, bebedeiras, orgias.
119. Cochiche, fofoque.

É este boato propalado industriosamente[120] pelos autores do roubo, e só na simplicidade dos néscios[121] pode encontrar eco.

Os próprios peritos (os *famosos* do segundo exame), postos diante da realidade, nutriram a presunção de que só pela própria chave poderia o cofre ser aberto!

É certo, entretanto, e eles ignoram porque não leem, que na Europa há fabricantes que anunciam abertura de burras[122] com rapidez, e sem estrago das fechaduras, para o caso de extravio ou perda de chaves.

E para convencimento dos srs. peritos e de outros que não leem, nem sabem, mas que têm o inveterado[123] hábito pessimista de tudo contrariar a esmo, por tolice ou capricho, damos, em seguida, a tradução de um artigo.

REVISTA INDUSTRIAL — TURIM

n° 543, janeiro de 1873

O MISTÉRIO DOS COFRES

Na exposição de Londres esteve, por muito tempo, um cofre de fechadura de segredo muito complicada, segundo se propalava. E parece que o fabricante tanto presumia da sua obra que julgava, por ela, ter descoberto a pedra filosofal!

Um dia anunciou ele que dava o prêmio de duzentas libras a quem fosse capaz de descortinar o segredo e abrir o cofre sem a chave própria.

Apareceu um artista, serralheiro, sem nomeada, que pouco se recomendava pelos modos, e menos ainda pelo trajo.

Seguro de que obteria o prêmio no caso de êxito, deixou-se revistar. Levava consigo apenas alguns pedaços de arame!

— O cofre tem algum fecho além da fechadura? Perguntou o desconhecido.

---

120. Por sentido figurado, astuciosamente, maliciosamente.
121. Ignorantes, estúpidos.
122. Cofres.
123. Arraigado.

— Não, tornou-lhe o fabricante.
— Está fechado?
— Sim.
— Peço que se retirem e que me concedam meia hora para preparar os meus instrumentos.
— Retiraram-se, mas deixaram guardada a porta, para que ninguém mais ali penetrasse.
No fim de 30 minutos, eram todos chamados pelo desconhecido, que, ao vê-los, exclamou: "cuidei que fosse cousa mais séria!...
O cofre estava aberto de par em par!".

Estes habilidosos são raros; mas há deles em todos os países, para flagelo dos que precisam ter cofres para guardar dinheiro.[124]

QUANTO AOS DEPOIMENTOS

Está provado que a voz pública unanimemente, com ou sem fundamento, indica como autores do roubo da Alfândega os srs. dr. Galvão, Rodolpho Wursten, Custodio de Tal, um serralheiro e...

Está provado que o dr. Galvão, por seu turno, desde que foi descoberto o roubo, oficiosamente, *e só ele*, por todos os meios ao seu alcance, o atribuiu graciosamente ao tesoureiro Largacha!

Está provado que na fatura dos exames, procurou-se, com habilidade notável, encartar[125] a ideia de que as violências do cofre e do edifício não existiram realmente, e que as observadas não passam de preparado simulacro para encobrir a verdade, *que era a abertura do cofre com a própria chave!*

Está provado que, nos autos de exame, figurou o dr. Galvão como *testemunha!...*

---

124. Não foram localizados o número e, por extensão, a matéria da revista citada.
125. Introduzir com esperteza, com astúcia.

Está provado que, na redação da parte descritiva dos exames, apesar de todas as cautelas guardadas adrede, se manifesta a perícia de alguém, cujo conhecimentos científicos estão superiores aos do serralheiro, do pedreiro e do carpinteiro!

Está provado que, entre as respostas dos quesitos e os assertos das *descrições*, há disparidades e contradições extraordinárias, afirmando-se, *nas descrições*, a existência de calculada simulação e, *nas respostas aos quesitos*, a existência real de violências e de roubo!

Está provado que no telegrama secreto, expedido misteriosamente de Santos, "às 11 horas do dia 19 de fevereiro", ao *Jornal do Commercio*, foi mencionada esta circunstância de simulação, enquanto sob segredo de justiça se procedia aos exames, *que concluíram-se alta noite*! Que se anunciou a importância da quantia subtraída — 180:000$000 réis, quando é certo que *só pela uma hora da tarde* foi verificado tal resultado! Que se menciona a suspensão do tesoureiro, que foi ordenada pelo Governo em telegrama reservado, 10 ou 15 minutos depois da expedição daquele outro telegrama de Santos!!

Está provado que a população de Santos, em peso, atribui aquele telegrama aos srs. dr. Galvão e Rodolpho Wursten; e era opinião geral, em Santos, ser o sr. Wursten o correspondente do *Jornal do Commercio* em Santos, naquela época!...

Está demonstrado, com incontestável evidência, que entre os boatos espalhados pelo dr. Galvão e os *seus íntimos*, inclusive Sebastião Navarro e o inspetor da tesouraria, as *descrições dos exames* aludidos e aquele celebérrimo[126] telegrama, há uma filiação misteriosa, um liame[127] industrioso,[128] uma trama sibilina,[129] que revelam a determinação de um acordo, de um concerto de

---

126. Superlativo de célebre, algo como muitíssimo célebre.
127. Vínculo, ligação.
128. Ardiloso, astucioso.
129. Obscura, enigmática.

elevado alcance, de um plano preconcebido, cujo resultado é: responsabilizar-se o tesoureiro Largacha pelo roubo da Alfândega!...

Está provado que os subtratores do dinheiro da Alfândega, depois da abertura do cofre, trataram de encobrir as violências, por meio de preparadas simulações e de modo tal, que estas dessem na vista, com o determinado intuito de desviar as vistas da autoridade e encobrir os culpados!

Está provado que entre os subtratores *havia serralheiro perito*, especialista em trabalhos de *fechaduras de qualidade*; e tal prova resulta, de modo irrecusável, dos instrumentos encontrados no salão da Alfândega; instrumentos que não foram conhecidos nem apreciados pelos peritos, que, com isto, exibiram prova inconcussa da sua incapacidade!

Está provado que nem uma diligência se fez para descobrimento da procedência de tais instrumentos, diligências da maior importância, e que deveriam ter sido das primeiras, cuidadosamente ordenadas pela autoridade!

Está provado que, em Santos, havia um serralheiro perito, extremamente pobre e vicioso *que, três dias depois da perpetração do roubo*, inesperadamente se mandou mudar para o Rio de Janeiro!

Está provado que, pelo mesmo paquete, seguiu com destino ao mesmo lugar o sr. dr. Galvão!

Está provado que, nessa ocasião, sofreram minuciosa revista a bordo as bagagens de todos os passageiros.

Está provado que uma bagagem houve, privilegiada, que, nessa ocasião, deixou de sofrer revista a bordo e foi revistada, com surpresa e por favor, na casa do delegado de polícia, de onde saiu acompanhada pelo respectivo ordenança, com recomendação *de passar, porque já estava examinada*!...

Está provado que essa bagagem saiu da casa do sr. Rodolpho Wursten — *Azevedo & Companhia*!

Está provado que essa bagagem *incógnita* passou como pertencente a *Guilherme Kronlsin*, alemão, e que tal nome não está mencionado na lista de passageiros dessa viagem do paquete *S. José*!...

Está provado que nessa mesma ocasião seguiram com destino à Corte o dr. Galvão, o serralheiro e a incógnita bagagem!...

Está provado que todas as autoridades, desde o inspetor da tesouraria, de olhos fechados, obstinam-se em fazer crer, a despeito de quanto fica relatado, que o ladrão da Alfândega *só podia ser* o tesoureiro Largacha!!

Está provado que contra Largacha *nenhum indício existe*, e que este foi suspenso, processado, *pronunciado*, demitido, revogando-se, para isso, uma judiciosa sentença de não pronúncia proferida pelo douto e honrado juiz de direito da Comarca de Santos!

Está provado que contra aqueles que são indigitados pela pública opinião e contra os quais pesam indícios graves, que de modo algum foram ainda destruídos, se não deu até hoje o menor procedimento!!!

Está provado que o inspetor Antonio Justino de Assis foi pronunciado pelo colendo Tribunal da Relação como incurso no artigo 154 do Código Criminal,[130] e que é equívoca, senão ininteligível, tal pronúncia, porquanto essa disposição de lei contém diversas e distintas hipóteses, como sejam:

▷ Deixar de cumprir;
▷ Deixar de fazer cumprir, com exatidão, qualquer lei ou regulamento;
▷ Deixar de cumprir;[131]
▷ Deixar de fazer cumprir, *logo que lhe seja possível*, uma ordem ou requisição legal de outro empregado.

---

130. Na letra do texto normativo: "Deixar de cumprir, ou de fazer cumprir exatamente qualquer lei, ou regulamento. Deixar de cumprir, ou fazer cumprir, logo que lhe seja possível, uma ordem, ou requisição legal de outro empregado". Cf. *Código Criminal do Império do Brasil*. Recife: Tipografia Universal, 1858, p. 64.

131. Não se trata de erro tipográfico. Os autores reiteram os comandos normativos da ordem que o art. 154 estabelece.

Está provado, por mais este fato inexplicável, além de outros muitos, que ficam considerados e, principalmente, por as desarrazoadas razões do venerando Acórdão de 19 de outubro, que a pronúncia do tesoureiro e do inspetor da Alfândega não tira os seus fundamentos do corpo dos autos, onde nenhum existe que a possa justificar; mas fora extorquida pela intriga e por boatos espalhados à socapa,[132] por funcionários públicos que esforçam-se pelo comprometimento daqueles dois empregados, e pela salvação de indivíduos apontados como criminosos, dos quais a inocência foi elevada à categoria de postulado, e o postulado convertido em dogma, e contra os quais ainda nenhum procedimento foi iniciado!

Não está provado! Mas nós garantimos sob nossa responsabilidade que o sr. dr. Galvão, em Araraquara,[133] caluniou covarde e grosseiramente ao respeitável engenheiro sr. dr. Pimenta Bueno;[134] que a calúnia teve por alvo 'desacreditar' e tirar o prestígio ao ilustre ofendido, a fim de que o governo imperial se visse forçado a demiti-lo do lugar de chefe de uma expedição científica, que então desempenhava; que o dr. Galvão assim procedia visando, para si, a nomeação do alto cargo que ocupava aquele seu distinto colega de profissão; que, sendo processado, o dr. Galvão foi ao Tribunal do Júri e ali, com desplante inacreditável, retratou-se, com espanto do auditório, de tudo quanto havia dito e escrito contra o dr. Pimenta Bueno, que desistiu da acusação! Que tão extraordinário, imprevisto e degradante foi este procedimento, que o dr. Galvão teve de retirar-se de Araraquara para evitar os efeitos do público desagrado de que se tornou alvo; que, isto posto:

---

132. Por sentido figurado, o mesmo que maliciosamente.
133. Cidade do interior paulista que dista 270 km da capital.
134. Francisco Antonio Pimenta Bueno (1836–1888) foi engenheiro, militar e presidente da província do Amazonas (1888). Filho do jurista e político José Antonio Pimenta Bueno, o marquês de São Vicente, gozava de bastante prestígio político.

Está provado não só que o dr. Galvão não é digno de ser crido nos boatos que divulga contra o tesoureiro, nem tampouco os seus amigos, tão suspeitos como ele, como principalmente porque em semelhante procedimento repulsivo ele revela oculto interesse, pouco recomendável ante a dignidade e a honradez; porque, em face dos seus precedentes, não é crível que ele diga mal do tesoureiro só pelo satânico prazer de difamá-lo, quando é certo que mal o conhece.

Está provado que os roubadores da Alfândega conheciam, de antemão, o conceito em que eram tidos perante o Tesouro Público Nacional os empregados da Alfândega de Santos, em razão das *informações secretas* do sr. inspetor da tesouraria; que as simulações preparadas no cofre e no edifício estão de harmonia com este prévio conhecimento; que a preparada e propalada imputação do roubo atribuída ao tesoureiro estriba-se em estas informações; que os subtratores, à semelhança do Argos da fábula,[135] até hoje, observam o que vai pelos tribunais e não ignoram o que se passa no Tesouro, na Corte e na Tesouraria, em S. Paulo; que, pela mediação de amigos, fazem chegar nos ouvidos dos juízes boatos contrários à reputação do tesoureiro; que toda a base da defesa dos roubadores, perfeitamente combinada, e ainda de melhor modo realizada, consiste nas opiniões manifestadas ao governo, *em reserva*, pelo sr. inspetor da tesouraria; que foi o sr. dr. Galvão quem, por diversas vezes e pela mediação de amigos, pretendeu imodestamente elogiar-se, a si mesmo, para de sobre si arredar as imputações criminosas que lhe eram feitas com relação ao roubo da Alfândega, por artigos mandados a certo *jornal* desta cidade; que foi o sr. dr. Galvão quem, na *Provín-*

---

135. Na mitologia grega, Argos Panoptes foi um gigante que tinha cem olhos e, mesmo dormindo, mantinha metade de seus olhos aberta e atenta. No contexto, a metáfora representa, ironicamente, a vigilância dos ladrões, que observavam repartições administrativas, policiais e judiciárias.

cia de São Paulo, nº 709, de 26 de junho,[136] ainda pela medição de um amigo, *repeliu astuciosamente* a autoria das indignidades atribuídas ao tesoureiro da Alfândega, enquanto alguns empregados da tesouraria, a exemplo do seu inspetor, inseparável do sr. dr. Galvão, segredavam, de casa em casa, com criminosa deslealdade, que o autor do roubo era o major Largacha.

Está provado que os roubadores, os principais, são pessoas de elevada condição civil, de inteligência pouco vulgar, de trato social, dotados de atividade, amestrados e de incontestável influência e prestígio!

Está provado, finalmente, que o venerando Acórdão de 19 de outubro é iníquo,[137] porque julgou contra a verdade dos fatos; é injusto, porque violou a expressa disposição da lei; é desumano, porque, sem provas, sem indícios, e por meras suspeitas injustificáveis, sem madureza, sem ponderação, sem o mínimo fundamento, sujeitou à prisão, dificultou meios de defesa, negando *habeas corpus*, negando fiança legal, interpretando absurdamente o direito, perseguindo sem conveniência, torturando, com surpresa e sem razão, homens que, pela sua boa reputação, pela sua idade, pela sua posição e pelo alto conceito de que sempre foram dignos, estavam no caso de merecer os rigores da justiça, que não é, por certo, o vilipêndio da inocência e o desprestígio caprichoso do cidadão.

E para a prova de tudo quanto temos dito e escrito, aí ficam os documentos para serem cotejados com o venerando Acórdão, que reimprimimos.

Acórdão em Relação, etc, que relatados e discutidos estes autos na forma da lei, dão provimento ao recurso interposto *ex-officio*[138] pelo juiz de direito de Santos, do despacho de não pronúncia a fl. 8, 6 v[erso], que proferiu a favor dos réus Antonio Eustachio Largacha, tesoureiro;

---

136. Refere-se indiretamente ao texto anônimo que saiu sob o título "Negócios da alfândega de Santos". Cf. *A Província de S. Paulo* (SP), Noticiário, 26 de junho de 1877, p. 2.
137. Injusto, perverso.
138. Realizado por imperativo legal e/ou por dever do cargo ou função.

Antonio Justino de Assis, inspetor; João Baptista de Lima, chefe de seção da Alfândega da mesma cidade. Quanto aos dois primeiros réus, e quanto ao terceiro, negam provimento. Julgam procedente a denúncia do promotor público *pela violação do cofre* da Alfândega e o desfalque nele encontrado da quantia de 185:650$679 réis, em moeda e estampilhas, contra o dito tesoureiro; porquanto a mesma denúncia acha-se *devidamente baseada no corpo de delito constante dos exames a fl.*[139] *nas participações e balancetes* do cofre pelas competentes autoridades da repartição fiscal, reconhecendo, aliás, os réus, o elemento material do crime com relação ao cofre e aos valores do mesmo subtraídos. No entanto, *deu-se na causa um concurso de indícios de suma gravidade sobre a criminalidade do mesmo tesoureiro,* como incurso em peculato, no qual assaz se fundamentasse sua pronúncia. Verificou-se, pelos exames judiciais a fls. 12 e 23, não consignar-se da inspeção exterior do edifício da Alfândega vestígio algum de violência e escalada que nele se praticasse, apenas em um vão do telhado acharam-se as telhas que o cobriam corridas para o lado de baixo, mas isso parecendo ter sido feito por pessoa da parte de dentro. No interior do mesmo edifício, *rastro de pessoa alguma*, ou de sinal de violência nos compartimentos superiores até a porta que abre-se para o salão do cofre não foram também descobertos. Essa porta, *que estava aberta* e que havia provavelmente sofrido força, mas conservava ainda a chave na fechadura do lado de dentro. Alguns ferros ou instrumentos, que encontraram esparsos pelas proximidades do cofre, *préstimo algum poderiam ter para abrir o mesmo*. O cofre estava aberto, mas somente com vestígios de violência na parte exterior do canhão da fechadura, achando-se o aparelho interior intacto. Por consequência, ou com a própria chave, ou alguma moldada pelo feitio dela e gazua apropriada à *engenhosa* fechadura, fora o cofre aberto; a informação dos peritos na Corte, a fl. 566, diz que, a menos de não ter-se obtido a forma da fechadura e chave do fabricante, *não poderia mesmo algum profissional falsificar uma chave ou gazua que abrisse tal cofre*. (!!!) Ora, o dito tesoureiro era o único que tinha a chave do cofre, o que ele próprio, bem como o seu fiel[140], a fls. 492 v[erso] e 493, confirmam; acresce que o os supramencionados vestígios traem uma simulação de roubo como para supor-se abertura do cofre por efração, e não com chave; a conclusão a tirar-se de *tal prova*

---

139. Os desembargadores não indicaram o número da folha.
140. Isto é, o inspetor Antonio Justino de Assis, auxiliar de Largacha na alfândega de Santos.

circunstancial é que a suspeita mais grave e veemente recai sobre o dito tesoureiro de ter sido autor desse crime. Se pode escapar pela tangente admissível de que houvesse chave falsa para abrir-se o cofre, as provas do processo estabelecem que *é uma hipótese que deve ficar a cargo do indiciado, dando-se-lhe os meios mais amplos de uma justificação em processo plenário* (!!!), ainda mais sob[re] outros indícios. Quanto ao denunciado inspetor da Alfândega, *o julgam como negligente em ter deixado de cumprir e fazer cumprir o Regulamento da Alfândega com relação ao enorme prejuízo do Tesouro* (!!!), porquanto, prova-se com os documentos a fls. 123,[141] 128, e depoimentos a fl.,[142] que, devendo remeter por conta dos saldos da Alfândega, pelo paquete da linha do Sul, de fevereiro último, a quantia de 180:000$000 [réis], deixou de fazer essa remessa, alegando depois um pretexto para desculpar-se; mas não o julgam conivente no peculato cometido pelo dito tesoureiro, por não provar-se a conexão moral dessa sua negligência com este último crime. Portanto, revogam a não pronúncia constante do despacho recorrido, para julgar, como julgam, procedente a denúncia contra os ditos tesoureiro e inspetor da Alfândega de Santos; e os pronunciam: o primeiro, como incurso no art. 170;[143] o segundo, no art. 154 do Código Criminal.[144] Aquele, sujeito à prisão nos termos do Decreto de 5 de dezembro de 1849;[145] e a livramento, ambos, pagas as custas pelos réus. Sustentam o despacho de não pronúncia a favor do terceiro réu, pelos seus fundamentos, conforme a direito e ao que consta dos autos.

141. Ou fl. 125.
142. Folha sem numeração.
143. O *caput* do art. 170 definia o crime de peculato como: "Apropriar-se o empregado público, consumir, extraviar, ou consentir que outrem se aproprie, consuma ou extravie, em todo ou em parte, dinheiro ou efeitos públicos, que tiver a seu cargo". Cf. *Código Criminal do Império do Brasil*. Recife: Tipografia Universal, 1858, pp. 69-70.
144. Nos termos da lei: "Deixar de cumprir, ou de fazer cumprir exatamente qualquer lei, ou regulamento. Deixar de cumprir, ou fazer cumprir, logo que lhe seja possível, uma ordem, ou requisição legal de outro empregado". Cf. *Código Criminal do Império do Brasil*. Recife: Tipografia Universal, 1858, p. 64.
145. Sobre as hipóteses de prisão conforme o decreto de 1849, observar, respectivamente, o texto do art. 2°. "Em especial observância do Título 3°, § 2°, e Título 7°, §§ 9°, 10 e 11 do referido Alvará [de 28 de junho de 1808], o ministro e secretário de estado dos Negócios da Fazenda e presidente do Tribunal do Tesouro Público Nacional, na corte, e os inspetores das tesourarias nas províncias, podem e devem ordenar a prisão dos tesoureiros, recebedores, coletores, almo-

São Paulo, 19 de outubro de 1877
A. L. GAMA,[146] P[residente]
A. BRITO,[147] vencido sobre a pronúncia do segundo réu, julgando-o incurso no art. 170 do Código, em vista das provas
MENDONÇA UCHÔA[148]
J. P. VILLAÇA[149]

~

São Paulo, 14 de novembro de 1877
Os advogados,
DR. RIBEIRO CAMPOS[150]
L. GAMA

xarifes, contratadores e rendeiros quando forem remissos ou omissos em fazer as entradas dos dinheiros a seu cargo nos prazos que pelas leis e regulamentos lhes estiverem marcados"; o art. 3º: "Para se efetuarem estas prisões nos casos do artigo antecedente, o presidente do Tesouro na corte ordenará, e os inspetores das tesourarias nas províncias deprecarão por seus ofícios às autoridades judiciárias que as mandem fazer por seus oficiais, e lhes remetam as certidões delas"; o art. 4º: "Estas prisões assim ordenadas serão sempre consideradas meramente administrativas, destinadas a compelir os tesoureiros, recebedores, coletores ou contratadores ao cumprimento de seus deveres, quando forem omissos em fazer efetivas as entradas do dinheiro público existente em seu poder; e por isso não obrigarão a qualquer procedimento judicial ulterior"; o art. 5º: "Verificadas as prisões, o presidente do Tesouro e os inspetores das tesourarias marcarão aos presos um prazo razoável para dentro dele efetuarem as entradas do dito dinheiro públicos a seu cargo, e dos respectivos juros devidos na conformidade do art. 43 da Lei de 28 de outubro de 1848"; e, finalmente, o art. 6º: "Se os tesoureiros, recebedores, coletores e contratadores depois de presos não verificarem a entrada do dinheiro público no prazo marcado, se presumirá terem extraviado, consumido ou apropriado o mesmo dinheiro e, por conseguinte, se lhes mandará formar culpa pelo crime de peculato, continuando a prisão no caso de pronúncia e mandando-se proceder civilmente contra seus fiadores". Cf. *Coleção das Decisões do Governo do Império do Brasil*, 1849, tomo XII, parte II. Rio de Janeiro: Tipografia Nacional, 1850, pp. 213-215.
146. Ver n. 11, p. 75.
147. Ver n. 7, p. 159.
148. Ver n. 5, p. 159.
149. Ver n. 7, p. 65.
150. Ver n. 4, p. 177.

NA SAÍDA DA TOCA
AOS SRS. ADVOGADOS RIBEIRO CAMPOS E LUIZ GAMA[151]

Comentário Surge uma réplica contra a obra jurídica de Gama e Ribeiro Campos. Réplica que, na verdade, teria como alvo mesmo o caráter — e o conhecimento — de Gama. O serralheiro Sidow, um dos peritos auxiliares da Justiça, revoltou-se contra os advogados de Largacha, que, segundo ele, "por excessivo e mal entendido calor na defesa de seus clientes", o teriam injuriado e feito juízo equivocado de seu trabalho e da sua reputação. Embora breve, a carta de Sidow é bastante reveladora de relações — e inimizades — antigas. Gama e Sidow eram velhos conhecidos. Assim, o próprio motivo levantado por Sidow — o tal excessivo e mal entendido calor dos advogados no patrocínio da defesa — era apenas uma camada de verniz retórico numa história que já vinha de muito tempo, desde a adolescência de Gama, tempo em que viveu escravizado na casa do alferes Cardozo, no centro de São Paulo. Cinicamente, Sidow dizia-se "pronto a aceitar dos srs. advogados Ribeiro Campos e Luiz Gama algumas lições de direito, sendo que, este último, recordando-se dos tempos idos, pode completar a minha educação artística dando-me algumas lições de sapataria, em retribuição do que dar-lhe-ei algumas lições de mecânica e serralheria". A menção ao passado de sapateiro de Gama — que ele não renegava, antes ainda se orgulhava — fugia das raias do processo — evidente sinal de que o contendor acusava o golpe — e convertia-se em agressão pessoal e barata. É certo, porém, que Gama não deixaria barato.

No suplemento distribuído ontem pela *Província de S. Paulo*, estes srs. advogados, por excessivo e mal entendido *calor* na defesa de seus clientes, no processo da Alfândega de Santos, entenderam que podiam assacar[152] injúrias ao desconhecido e modesto artista que se prestou desinteressadamente a ser perito, por ordem do chefe da casa onde se achava como mestre.

Com interesse ou sem ele, a minha decisão seria sempre a mesma, não admitindo eu que os srs. advogados, para inocentar os seus clientes, queiram, insultando, desmoralizar o parecer que foi dado.

Não tenho tempo para discussões, nem quem m'as[153] pague para sustentá-las; cumpre-me, porém, declarar aos srs. advo-

---

151. *A Província de S. Paulo* (SP), Seção Livre, 20 de novembro de 1877, p. 2.
152. Imputar.
153. Me as.

gados que são mais imbecis aqueles que revolvendo sempre no monturo[154] das leis da chicana,[155] têm a veleidade[156] de julgar que podem confundir ao artista que sabe de seu ofício, e que não pode permitir que os srs. advogados entrem em matéria em que são leigos e inteiramente ignorantes.

Devolvo-lhes, portanto, o apelido de imbecil que "como bom filho à casa torna".

Como, porém, sou modesto e direi mais, condescendente, estou pronto a aceitar dos srs. advogados Ribeiro Campos[157] e Luiz Gama algumas lições de *direito*, sendo que este último, recordando-se dos tempos idos, pode completar a minha educação artística dando-me algumas lições de sapataria, em retribuição do que dar-lhe-ei algumas lições de mecânica e serralheria.

A César o que é de César.

São Paulo, 19 de novembro de 1877
ADOLPHO SYDOW

---

154. Entulho, montueira, depósito de lixo.
155. Nesse caso, palavra que representa pejorativamente o direito e suas ordens normativas, atores, costumes e instrumentos.
156. Fantasia, presunção.
157. Ver n. 4, p. 177.

Capítulo 8
Meu mestre é Marcellino
Ao sr. Adolpho Sidow[1]

Comentário   *Tão logo a réplica de Sidow fora publicada, Gama redigiu a sua. A contenda atinge níveis de aspereza raras vezes vistos nos jornais. Gama mantinha a afirmação de que o "imperito sr. Sidow" havia lavrado um "esdrúxulo parecer", mas aumentava o fervor dizendo que Sidow "fora um perito imbecil" e a prova para tal era o tal exame do cofre feito pelo serralheiro, discutido, aliás, no artigo precedente. Porém, se é verdade que Gama continuava a investida sobre o "improvisado perito", rebatendo agora que Sidow carecia até "de capacidade para saber o que fez; e, mais simples, para entender o que leu", era ao passado que ele trataria de responder de modo ainda mais incisivo. Para isso, Gama abriria sua caixinha de segredos e contaria um ou dois lances que dormitavam ocultos para a historiografia. Ele revela o nome de seu mestre sapateiro, a pessoa que o ensinou e guiou pelos caminhos do ofício que por muitos anos exerceu. O "velho e honrado Marcellino Pinto do Rêgo, meu amigo e meu digno mestre", afirmava Gama, era uma figura tão exemplar — e tão central ao desenvolvimento intelectual do jovem Gama —, que trazer o seu nome para o debate demonstrava quão ridícula era a pretensão de tentar ofender-lhe chamando-o de sapateiro. "É verdade, sr. Sidow, fui sapateiro (...), fiz sapatos para alguns parentes de S. S.", relembrava Gama, destacando na sequência, em grande estilo, que no presente ele era um dos mais afamados advogados da cidade de São Paulo. O arremate, contudo, é digno das laudas da história. Vejamos: "Sou advogado nesta mesma terra em que S. S. foi e ainda é serralheiro, sr. Sidow; e, permita que eu lhe diga, sem ânimo de ofendê-lo, e só para glória dos artistas que se distinguem pelo talento: sou advogado entre advogados, nesta mesma cidade em que S. S. é um parvo Dulcamara entre os modestos serralheiros".*

Acabo de ler as torpezas que a S. S. aprouve[2] mandar escrever contra mim, à míngua de habilitações para fazê-lo por si, e que vêm insertas na *Província* de hoje.

1. *A Província de S. Paulo* (SP), Seção Livre, 21 de novembro de 1877, p. 2.
2. Dignou.

Sim, senhor; está obra de malho[3] e sobremodo digna de quem a inspirou; entretanto, eu nunca pensei que a pesada bigorna do ferreiro se pudesse firmar *sobre o monturo das leis da chicana!*...[4]

Eu disse, qualificando o esdrúxulo parecer do imperito sr. Sidow, e o repetirei sempre, que S. S. *fora um perito imbecil*, e dei a prova do meu asserto: é a cópia do seu parecer.

E o sr. Sidow, que se julga tão hábil jurista, como apurado serralheiro entendeu, de si para si, que eu pensadamente fiz injúria ao seu caráter de artista!... É que o sr. Sidow, a despeito do seu mal entendido orgulho, carece de capacidade para saber o que fez; e, mais ainda, para entender o que leu.

Eu não me fiz cargo de escrever para o sr. Sidow; se não para um público ilustrado, que muito respeito, porque sabe o que lê.

Rejeito as lições de *serralheria* (!), que me oferece o imodesto sr. Sidow, e muito lhe *agradeço* o favor; não que eu desdenhe a nobilíssima profissão; mas porque tenho em menosprezo as parcas habilitações do sr. Sidow, que pode ser improvisado perito por todos os juízes da província; que poderá subir à elevada categoria de *Salomão de bigorna e malho*; mas que nunca será meu mestre.

Lições de *serralheria*, sr. Sidow, bastam, para sua imortalidade, as que S. S. deixou estampadas naquele memorável exame do cofre da alfândega de Santos!...

Também não lhe posso dar lições do meu ofício de sapateiro; não só porque S. S. dá exuberante prova da sua nativa rudeza, como principalmente porque não estou disposto a desasná-lo[5] a *tira-pé*.[6]

Agora os meus respeitosos cumprimentos.

---

3. Há duas possibilidades que se adequam (e complementam): um tipo de martelo, de cabeça pesada, que se pega com as duas mãos ou, por sentido figurado, ataque veemente, calúnia.
4. Gama retorque utilizando uma expressão do artigo anterior assinado por Sidow.
5. Ensiná-lo, corrigi-lo.
6. Correia de couro com que os sapateiros seguram o calçado sobre a forma.

É verdade, sr. Sidow, fui sapateiro; e, ali, na travessa do Rosário ainda mora o velho e honrado Marcellino Pinto do Rêgo, meu amigo e meu digno mestre.

Fui sapateiro, sr. Sidow, ofícios às vezes igual ao do ferrador; fiz sapatos para alguns parentes de S. S.; hoje sou *advogado*, e bem conhecido nesta cidade de S. Paulo.

Sou advogado nesta mesma terra em que S. S. foi e ainda é serralheiro, sr. Sidow; e, permita que eu lhe diga, sem ânimo de ofendê-lo, e só para glória dos artistas que se distinguem pelo talento: sou advogado entre advogados, nesta mesma cidade em que S. S. é um parvo[7] Dulcamara[8] entre os modestos serralheiros.

São Paulo, 20 de novembro de 1877

L. GAMA

---

7. Idiota, imbecil.
8. A referência revela outro traço da assombrosa erudição de Gama. Personagem de *L'elisir d'amore* (1832) — ópera cômica de autoria do compositor italiano Gaetano Donizetti (1797-1848), com libreto do poeta genovês Felice Romani (1788-1865) —, o "médico ambulante" Dulcamara foi um charlatão que prometia mundos e fundos e dizia ter a cura — mediante dinheiro... — para todos os males da terra. A ópera-bufa tem por cenário uma pequena aldeia no País Basco do século XVIII. Ao chegar no vilarejo, o charlatão Dulcamara passa a anunciar licores mágicos, elixires milagrosos, entre outras extravagâncias, alcançando sucesso através do seu curioso ofício de ludibriar pessoas simples. A associação entre Sidow e Dulcamara é bastante sugestiva. Com a elegância da alusão literária, Gama impinge a pecha em Sidow de um tipo de mentiroso que ganhava a vida fazendo propaganda de si mesmo sem ter competência alguma no que dizia ter pleno domínio. Para o contexto da criação dessa ópera, cf. William Ashbrook. *Donizetti and his Operas*, Cambridge: Cambridge University Press, 1982.

QUEM COM FERRO FERE...
AO SR. LUIZ GAMA[9]

Comentário *Sidow volta à carga. Se antes a agressão barata, devidamente respondida, havia passado de qualquer limite do razoável, pode-se dizer que a estupidez de Sidow, por sua vez, não possuía limites. Nesse texto, o deplorável ataque que Sidow desfere não encontra precedente tão perverso na história dos achincalhes que Gama sofreu na imprensa de São Paulo. E olha que Gama enfrentara todo tipo de ruindade humana nas páginas dos jornais, a exemplo do poderoso senhor de escravizados — e torturador — Raphael Tobias de Aguiar, na célebre "Questão do pardo Narciso". Sidow e quem o assessorava — por que não dizer? — agredia Gama por todos os flancos: insinuava que ele não teria o conhecimento que dizia ter, haja vista alguém "detrás da cortina" ter de lhe soprar o caminho; sugeria que alguém pagava suas contas (aliás, Tobias de Aguiar o acusara do mesmo...); que Gama vivia de marrar e berrar, i.e., que falava demais; que desprezava e ridicularizava quem não concordava consigo próprio, etc. e etc. Porém, certamente nenhum ataque foi tão vil quanto o escárnio sobre a orfandade de Gama. "Bem é que S. S. fosse o ferrador de meus parentes", dizia Sidow, "já que nunca encontrou os seus para fazer obra mais perfeita". A covardia sem rival passava das raias do insulto e transformava-se na mais virulenta e odiosa agressão dirigida contra o trauma pessoal, sobre o qual Gama mais de uma vez confessou ter chorado.*

Veio hoje o sr. Luiz Gama à imprensa e começou de dizer que foi obra de encomenda o artigo a que responde.

Disso não lhe dou satisfações, assim como muita gente não as dá, quando em autos e em defesa de causas sob o seu patronato se inspiram n'um *vulto* que detrás da cortina lhes serve de espírito-santo de orelha.

Cá e lá más fadas há.

Não estou, como já disse no meu anterior artigo, para sustentar discussões e não tenho quem m'as pague; berre e marre S. S. até quando quiser e contra minha humilde individualidade; não destruirá com isso a opinião que a meu respeito fazem distintos profissionais.

---

9. *A Província de S. Paulo* (SP), Seção Livre, 22 de novembro de 1877, p. 2.

Não lhe agradeço o não estar disposto a *desasnar-me a tirapé*, pois que da minha parte estou com a bigorna pronta a ir de encontro às suas marradas.[10]

Bem é que S. S. fosse o ferrador[11] de meus parentes já que nunca encontrou os seus para fazer obra mais perfeita.

Não há ninguém que o não conheça como advogado, não há dúvida, mas também não há quem não saiba que para S. S. todos os peritos são imbecis desde que são (sic) contrários à parte que S. S. patrocina.

Obriga-me a responder-lhe assim a sua *linguagem guindada*,[12] que empregou no seu artigo de hoje; tome lá o troco; de sua parte podem vir os maiores insultos e os maiores impropérios, nada responderei.

São Paulo, 21 de novembro de 1877
ADOLPHO SIDOW

---

10. Cabeçadas ou, no sentido pejorativo da contenda, chifradas. Esse é mais um elemento que explicita a estereotipação animalizada que oponentes de Gama lançavam contra ele.
11. O termo apropriado, parece, seria sapateiro. No entanto, é provável que o emprego do termo tal como lido carregasse conotação especialmente pejorativa.
12. Empolada.

Capítulo 9

... Com ferro será ferido
Ao ilmo. sr. Adolpho Sidow[1]

Comentário *A resposta de Gama à agressão covarde de Sidow foi ao seu estilo "Getulino" ou "Polichinello", i.e., pelo vezo da arte satírica que tão bem manejava. Como tantas vezes fizera, vestiu a carapuça do bode — o que marra e berra —, defendia sua "ilustre raça" e, provavelmente muito bem informado do histórico familiar do contendor, como lhe era de praxe, chamava a atenção para a "catinga de casa" de Sidow, modo sem dúvida extrovertido para expor a mistura racial que constituía a própria família de seu ofensor. Ao final, em outra tirada sarcástica que compõe o texto magistral, apelava retoricamente não à toa ao juiz de órfãos — como a devolver a agressão passada — para que este recolhesse da rua aquele infeliz idiota que estava a lhe atazanar. Touché, Gama!*

O sr. Sidow despiu incontestavelmente o siso, se é que algum dia o teve...

Tornou à espora; e, *manhoso* como d'antes, não perdeu o sestro[2] de agredir-me com fereza; e, como da vez primeira, brindou o público com uma novidade a mais a meu respeito: o sr. Sidow, depois de inquirir da minha ilustre raça, descobriu e anuncia, com afano — *que eu sou bode!...*

Esta descoberta, entretanto, denuncia *catinga de casa...*

O sr. Sidow já tem *carneiros* na família; se não fora a sua imbecilidade congênita, [ilegível] que — de *carneiro a bode é* insignificante [ilegível] distinção...

[Ilegível] ao mais que, por pedido seu [ilegível] escreveu o seu *letradaço*, respondo [ilegível]:

---

1. *A Província de S. Paulo* (SP), Seção Livre, 23 de novembro de 1877, p. 2.
2. Vício, hábito.

ORDENAÇÕES DO LIVRO 4º, TÍTULO 103

Mandamos que tanto que o juiz dos órfãos souber que em sua jurisdição há algum sandeu[3] que, por causa de sua sandice,[4] possa fazer mal ou dano algum, o faça aprisionar, em maneira que não possa fazer mal a outrem.[5]

Digne-se o exmo. sr. dr. juiz dos órfãos de cumprir o seu dever, e todos estaremos livres de sofrer o sr. Sidow.

L. GAMA

---

3. Idiota.
4. Idiotice, estupidez.
5. A citação, ligeiramente adaptada, confere com a parte principal do original. O título 103, a sua vez, tratava "dos curadores que se dão aos pródigos e mentecaptos". Cf. Candido Mendes de Almeida. *Código Filipino, ou, Ordenações e Leis do Reino de Portugal*, Livro IV. Rio de Janeiro: Tipografia do Instituto Filomático, 1870, pp. 1004–1005.

Capítulo 10
A um passo de desvendar o mistério[1]

Comentário Embora dispersa da montanha de papeis que compunha o caso Largacha, essa petição demonstra como Gama foi longe — inclusive geograficamente — para defender seu cliente. O local da assinatura da petição — "S. João do Rio Claro" — comprova que Gama viajou até recônditos longínquos do interior paulista para que pudesse "devidamente instruir sua queixa, por crime de calúnia, contra o dr. Luiz Manoel de Albuquerque Galvão". Em dezembro de 1877, já muita coisa se esclarecia no que antes era tudo mistério sobre o caso Largacha. Figuras como Albuquerque Galvão passariam a ser implicadas no roubo da alfândega de Santos, coisa que, se se dependesse exclusivamente das autoridades policiais e judiciárias de São Paulo, jamais ocorreria. A ida de Gama até Rio Claro, evento notável tanto em sua advocacia quanto no curso da investigação paralela que conduzia havia alguns meses, pretendia encontrar uma peça-chave do quebra-cabeça do roubo da alfândega: o alemão Guilherme Kroulein, agente diretamente implicado em eventos determinantes daquele fevereiro de 1877. Não se sabe o que teria levado Gama até aquela distante praça além Campinas, mas é certo que lá esteve e peticionou ao delegado de polícia local para que mandasse, "com a máxima possível urgência, em segredo de justiça", inquirir o dito alemão Kroulein.

Ilmo. Sr. Delegado de Polícia,

O major Antonio Eustachio Largacha, tesoureiro que foi da repartição da alfândega da cidade de Santos, ali residente, e nesta por seu advogado infra escrito, para que possa devidamente instruir sua queixa, por crime de calúnia, contra o dr. Luiz Manoel de Albuquerque Galvão, vem, respeitosamente, nos termos de direito, requerer a v. s. que seja servido, com a máxima possível urgência, em segredo de justiça, mandar que seja inquirido Guilherme Kroulein sobre os seguintes fatos:

5

---

1. *Jornal do Commercio* (RJ), Roubo da Alfândega de Santos, [sem título], 17 de dezembro de 1877, p. 1.

1º Se ele (Kroulein) seguiu para Corte pelo paquete nacional *S. José* a 21 de fevereiro deste ano.

2º O que sabe direta ou circunstancialmente com relação ao roubo da alfândega de Santos.

3º O que sabe relativamente à imputação de semelhante roubo ou relativamente às pessoas a quem se atribui o mencionado crime.

4º O que se passou em um hotel, em Santos, entre ele e Frank, relativamente ao referido roubo, e o que mais lhe constar.

Nos termos do Decreto nº 4824 de 22 de novembro de 1871, art. 39, nº 3, o suplicante pede deferimento de justiça e ERM.[2]

São João do Rio Claro,[3] 4 de dezembro de 1877

LUIZ GAMA

---

2. O *caput* do art. 39 definia as diligências competentes ao inquérito policial e, dentre elas, a compreendida na textura do § 3º, a saber, a "inquirição de testemunhas que houverem presenciado o fato criminoso ou tenham razão de sabê-lo". Cf. *Coleção das Leis do Império do Brasil de 1871*, tomo XXXIV, parte II. Rio de Janeiro: Tipografia Nacional, 1871, pp. 653-683, particularmente p. 667.
3. Rio Claro (SP), município do interior paulista, a 170 km da capital, foi um polo cafeeiro que concentrou altas taxas de trabalho escravo em meados do século XIX.

Capítulo 11
A outra ponta do fio de Ariadne
O roubo da alfândega de Santos[1]

Comentário *"Absolvo o réu Antonio Eustachio Largacha da acusação que contra ele foi intentada, e mando que se expeça alvará de soltura em seu favor". O apagar das luzes do ano de 1877 reservou uma excelente notícia para Gama, Ribeiro Campos, Largacha e seus dois companheiros de alfândega, também responsabilizados pelo roubo milionário que agitava a província e o país. A sentença do juiz de direito de Santos, Alberto Bezamat, reproduzida ao fim do artigo, acolhia parte substancial dos argumentos que Gama e Ribeiro Campos sustentaram em diversas peças — fossem elas internas ao processo ou específicas para a audiência da imprensa, alçada, por estratégia que tanto notabilizou o estilo da advocacia de Gama, como jurisdição de defesa de direitos. O anúncio de Gama e Ribeiro Campos, contudo, estava longe de cantar vitória. "Está terminado o processo de responsabilidade", diziam os autores, muito embora eles soubessem que, num passe de mágica jurídica, o que seria "irrevogável" poderia acabar reformado. De todo modo, a vitória no tribunal é comemorada com sobriedade — dispensando elogios ao juiz Bezamat — e ânimo de luta para as etapas vindouras. Habilmente, os advogados sinalizavam que a etapa vindoura que eles ansiosamente aguardavam era a restauração da honra pessoal dos réus absolvidos. É evidente que eles sabiam que a parada dura que enfrentariam seria na manutenção dos direitos de Largacha e companhia no Tribunal da Relação de São Paulo, cujo julgamento ainda estaria por vir. Porém, era tempo de mirar o futuro e avisar aos quatro cantos do mundo que a sede de justiça era o motor de todos eles. Daí um desejo de justiça não pela metade, mas por inteiro.*

Está terminado o processo de responsabilidade, que foi ordenado, por crime de peculato, *mediante inquérito policial (!!!)* contra o inspetor daquela repartição — comendador Antonio Justino de Assis; tesoureiro — major Antonio Eustachio Largacha; e chefe de seção — João Baptista de Lima: está concluído o famoso prólogo desse mistério de iniquidade!...[2]

5

1. *A Província de S. Paulo* (SP), Seção Livre, 10 de janeiro de 1878, pp. 2-3.
2. Perversidade, injustiça.

O verbo da lei, a expressão do direito, o assento da verdade, o juízo imparcial do julgador fez-se ouvir; a sentença foi proferida; tornou-se irrevogável.

Agora a opinião de todos os homens honestos perante a prova irrefragável,[3] perante o monstruoso processo, em que depuseram 190 *testemunhas*,[4] escolhidas pelos defensores da lei, pelos levitas[5] da justiça, e inquiridas, em máxima parte, secretamente, a portas fechadas, no recesso da polícia, nos arcanos impenetráveis das íntimas indagações.

Não bastam aos acusados, às vítimas infelizes do acaso, as sinceras manifestações, em uma só palavra, por uma só voz, de uma população tão ilustrada quão severa e magnânima, sem distinção de posições, de convicções políticas, e de nacionalidades; eles querem mais: pretendem o julgamento do país inteiro; exigem uma sentença nacional; querem a reintegração solene e completa de todos os seus foros[6] de homens honrados, de funcionários íntegros, que sempre mantiveram ilesos.

Para este julgamento preparam a publicação do processo, por inteiro, com todos os dados coligidos pela autoridade, e com os esclarecimentos prestados pela defesa, o que só com vagar e muito trabalho realizaremos.

Depois da devassa policial, vastíssimo arsenal de incoerências manifestas e de contradições, que se atropelam; depois dos exames prolongados e repetidos, difusos nas descrições, ermos[7] de conceitos, incompreensíveis na forma, inconcluedentes em todos os pontos; depois das suspensões administrativas, pelas quais sacrificou-se brutalmente a dignidade de velhos e eméritos

---

3. Irrefutável, incontestável.
4. Foram mais de duzentos e trinta depoimentos, entre as quase duzentas testemunhas.
5. Por sentido figurado, sacerdotes.
6. Privilégios.
7. Deserto, vazio.

funcionários, para dar azo[8] à intumescida[9] vaidade e à soprada[10] filáucia[11] de orgulhosos chefes; depois da prisão indébita, com infração da lei, em que os mandatários fizeram alarde de todos os erros, para lisonjear a protérvia[12] dos mandantes; depois da negação incompreensível de ordem de *habeas corpus*, da revogação caprichosa da sentença de não-pronúncia, sem a necessária destruição dos seus fundamentos jurídicos; depois de uma sentença judicial de pronúncia, por infração do artigo 170 do Código Criminal,[13] obrigando absurdamente o acusado à prisão, nos termos de um decreto do Poder Executivo!... Depois da negação de fiança, firmada em tais fundamentos, consignados em um venerando despacho do colendo Tribunal da Relação!... Depois do esquecimento do direito, da tortura da lei, do atropelo das fórmulas, do amesquinhamento da infelicidade, e da negação da justiça, raiou o dia da redenção, fez-se a luz nos tribunais, foi pronunciada a palavra de ordem, fez-se ouvir a sentença.

Tudo não está concluído, porém; tudo não está demonstrado; há sombras que cumpre desvendar; há indícios que cumpre averiguar; há provas que devem ser tiradas a limpo; os autores do roubo da Alfândega devem ser expostos ao público, à luz meridiana; há no processo calculadas falsidades que devem ser desmascaradas; a calúnia desfaçada[14] ainda campeia com ousadia, afrontando as vítimas, zombando da justiça e da lei, escarne-

---

8. Motivo, causa.
9. Dilatada, inchada.
10. Insuflada, propagada.
11. Presunção exacerbada.
12. Petulância, desfaçatez.
13. Na letra da lei: "Apropriar-se o empregado público, consumir, extraviar, ou consentir que outrem se aproprie, consuma ou extravie, em todo ou em parte, dinheiro ou efeitos públicos, que tiver a seu cargo". Cf. *Código Criminal do Império do Brasil*. Recife: Tipografia Universal, 1858, pp. 69–70.
14. Desavergonhada, descarada.

cendo[15] da moralidade pública; mas a calúnia é um crime, seus autores são conhecidos, os ofendidos têm direitos, os tribunais saberão cumprir o seu dever.

Não queremos o sedicioso[16] domínio das prevenções,[17] não queremos os processos secretos, não queremos as detenções por supostos indícios: queremos a prova dos fatos e da ignomínia[18] com que se pretendeu macular aos nossos constituintes, sob pena de infligida[19] ser aos inventores ardilosos das torpezas a pena infamante do caluniador.

Como advogados cumprimos conscienciosamente[20] o nosso dever; agora devem os homens honestos de todo o país cumprir também o seu.

São Paulo, 8 de janeiro de 1878
Os advogados,
DR. RIBEIRO CAMPOS
LUIZ GAMA

Antonio Luiz Ribeiro, escrivão do juízo de direito nesta cidade de Santos e seu termo. Certifico que a fl. 892 do processo crime de responsabilidade em que são: a justiça, autora, e Antonio Eustachio Largacha, réu, consta a sentença de teor seguinte:

Vistos e examinados estes autos, etc. Deles consta que o réu Antonio Eustachio Largacha é acusado de haver extraviado do cofre da Alfândega desta cidade a quantia de 185:650$679 réis, sendo 177:031$279 réis em dinheiro e 8:619$400 réis em estampilhas, que tinha a seu cargo como tesoureiro. Considerando que

15. Menosprezando, desdenhando.
16. Aqui no sentido de perturbado, insano.
17. Hostilidade gratuita, antipática, preconceituosa.
18. Humilhação, grande desonra pública.
19. Aplicada, imposta.
20. Conduta honesta com responsabilidade e cuidado.

não está provado que foi o réu o autor da subtração da referida quantia, pois conquanto se verifique do inquérito que, no dia 19 de fevereiro do corrente ano, por ocasião de achar-se aberto o mesmo cofre, não se encontrou vestígio algum de violência e escalada no exterior do edifício da Alfândega, e que o cofre-forte da mesma apresentava apenas sinais de violência no exterior do canhão da fechadura, devendo, por isso, ter sido aberto, ou com chave apropriada à fechadura, ou com gazua moldada pelo feitio da chave, fl. 71, verso, não são porém esses fatos outra cousa mais que meros indícios, que perdem toda a sua intensidade porquanto dos autos se vê estar provado:

Primeiro Que podia-se penetrar no edifício por meio de escalada sem deixar vestígio algum — fls. 48, verso, 840 e 844;

Segundo Que uma porta interior, que deita para o salão onde se achava o cofre-forte, foi encontrada com sinais de ter sido forçada — corpo de delito, fl. 50, exame a fl. 641;

Terceiro Que o mesmo cofre foi consertado quando chegou da Inglaterra e não se pode abrir aqui — depoimento do serralheiro Antonio de Padua do Coração de Jesus, a fl. 255, e de Benedicto José de Souza, a fl. 266, e outros documentos a fls. 262 e 263, sendo por aquele serralheiro feita mais tarde uma chave nova, apenas diferente da primitiva, não nos dentes que correspondem às peças interiores da fechadura e por conseguinte ao segredo, mas simplesmente na broca, que era cilíndrica e passou a ter forma de estrela, fls. 255 e 266;

Quarto Que a chave primitiva, vindo com o cofre, ficou em poder do tesoureiro de então, hoje falecido, não se sabendo onde a mesma existe, nem se tendo procedido a diligência alguma para esse fim, aliás importante por seu alcance.

Sendo assim, certos como são esses pontos, nenhum valor tem, como indício contra o réu, a falta de vestígios de escalada, pois era fácil não os ter deixado quem no edifício penetrasse, e nem tampouco o fato de ser o réu tesoureiro, Antonio Eustachio Largacha, quem tinha consigo a nova chave do cofre, que a ninguém a confiara, desde que uma outra chave existia, por onde se podia modelar uma gazua, caso, modificada a forma da broca no sentido do novo canhão (de estrela), não pudesse ela mesma ser empregada.

Sobreleva notar que a fechadura, depois do conserto referido, muito perdeu em sua especialidade, porquanto as cinco peças interiores que tinham movimento distinto e deviam ser movidas simultaneamente para abrir e fechar o cofre foram reduzidas a duas, como se vê do corpo de delito a fls. 53 e 60, verso, e pela inspeção ocular e exame da mesma fechadura, sendo também visivelmente claro que com o conserto prejudicou-se a complicação das peças interiores. Isto posto, nenhum préstimo têm as informações dos peritos ouvidos na Corte, fls. 576 e seguintes, tanto mais quanto referindo-se eles a uma fechadura em perfeito estado, não têm seus ditos aplicação à do cofre de que se trata, sendo ainda para estranhar que, consultados os ditos peritos e estando a fechadura em poder da autoridade policial que investigava o caso, não fosse ela remetida para ser examinada.

Não menos digno de reparo é que julgando-se necessário informações do fabricante e tratando-se de um cofre de Hobbs & Comp., fl. 62, se tenha consultado Chubbs & Son, por haver o intermediário da compra do cofre da Alfândega, Henrique Nottron, declarado não ter tido transações com Hobbs & Comp., fl. 601, o que não é exato como se vê dos documentos a fls. 261 e 263.

Considerando ainda que do corpo de delito consta que, por ocasião do exame no dia 19 de fevereiro, foram encontradas removidas as telhas de uma antiga abertura nas ripas do telhado (*gateira*), parecendo terem-no sido de dentro para fora, mas que semelhante indício de simulação não produz contra o réu.

Primeiro   Porque os próprios peritos declararam mais tarde que as telhas encontradas removidas podiam tê-lo sido da parte de fora — fl. 642, verso, (*corpo de delito*);

Segundo   Porque, mesmo não sendo assim, quem penetrasse no edifício, pela gateira, poderia tê-la de coberto para entrar e aí depois recomposto o telhado, e uma vez perpetrado o crime, removido da parte de dentro as mesma telhas, para sair;

Terceiro   Porque a aceitar-se como real a simulação, a hipótese a que conduz tal indício é ilógica ou incompreensível.

De fato   Se as telhas da gateira foram removidas da parte de dentro para simular que ali fora o lugar de entrada, pois não se deu a escalada como indica a falta de vestígios; se no edifício não houve violências que denotassem a entrada de alguém, quem descobriu a gateira deixou-se ficar no edifício no dia 17 de fevereiro antes de fechar-se a repartição.

Por onde, porém, saiu esse indivíduo, que não foi encontrado no dia 19 pelas autoridades que, como se vê dos autos, compareceram logo, nem pelos empregados que se conservaram junto à porta que estava aberta?

Pelas portas ou janelas? Não, porque dos autos consta que foram elas fechadas no dia 17 e não se abriu a repartição no dia 18, encontrando-se todas no dia 19 como haviam ficado.

Pela gateira? Também não, porque se da não existência de vestígios se conclui a não entrada por ela, é forçoso concluir-se igualmente a não saída, sendo, como é certo, que tanto importava caminhar da parede do edifício da nova Alfândega, do lado do Quartel, até a gateira, como desta àquela.

Considerando mais, que o fato de serem as violências simuladas não produz ainda contra o réu, porque, se é verdade que, a ter sido ele o autor do delito, lhe aproveitaria a simulação, não menos verdade é que reconhecida essa circunstância, muito o comprometia; e, portanto, estava no interesse de quem abrisse o cofre com gazua, ou com outra chave que não a do réu, "deixar sinais de simulação", facilmente reconhecíveis, que indigitando[21] o mesmo réu, desviassem as vistas das autoridades do verdadeiro culpado e induzissem a proceder desde logo contra o réu acusado.

Considerando que resultou do inquérito que o tesoureiro réu, Antonio Eustachio Largacha, aumentara consideravelmente sua fortuna de modo inexplicável, atendendo-se de um lado aos bens que houve por heranças aos que trouxe sua mulher, e são excluídos da comunhão por contrato antenupcial, aos vencimentos do seu cargo, etc., etc.; e de outro, as aquisições de vários prédios, a construção e reconstrução de outros, a ter ele montado uma serraria, comprado uma lancha a vapor, etc., e as suas despesas.

Considerando, porém, que ficou plenamente provado dos autos que menos exatas foram aquelas averiguações e destituídas de fundamento são as conclusões, que, sob este ponto, o mesmo inquérito autorizou, porquanto dos prédios que ali se diz terem sido adquiridos pelo réu, alguns existem que nunca lhe pertenceram ou estiveram sequer em seu nome, outros são de propriedade de sua mulher, havidos por herança, e outros adquiridos por ela com o seu rendimento antes de o réu ser tesoureiro da Alfândega (exceptuando um do valor de 1:273$200 réis), figurando apenas na coleta para o pagamento do imposto em nome do réu; existindo um só prédio por ele e sua mulher construído na vila de São Vicente[22] — documento a fl. 505, a fls. 649 a 661, e depoimento a fl. 467 e outros.

Considerando mais ainda sob esta relação que as despesas e rendimentos do réu e sua mulher não foram no inquérito calculados com exatidão e que a demonstração que faz o mesmo réu da receita e despesas com os prédios, serraria, edificação da casa na

---

21. Indicando, apontando.
22. Primeira vila da América portuguesa, São Vicente é um município paulista localizado na baixada Santista (SP).

vila de São Vicente, lancha a vapor, etc., e dos seus vencimentos durante o tempo que serviu como tesoureiro da Alfândega desta cidade, oito anos e meio, apresenta um saldo de 84:846$060 réis, para fazer face às despesas do seu tratamento e de sua família.

Considerando que assim é improcedente a suspeita que naquele pressuposto se fundara de ter o réu se apropriado dos dinheiros a seu cargo, ou para atender às suas despesas.

Considerando que é inaceitável, em vista dos autos, a hipótese de desvios anteriores por parte do réu, de dinheiros a seu cargo, porquanto, além do balanço geral a que se procedeu no cofre em 26 de setembro do ano passado (certidão da Alfândega a fl. 677), eram de 5 em 5 dias remetidos para o Tesouro Nacional balancetes demonstrativos do estado do mesmo cofre, e as remessas mensais dos saldos neles existentes confirmavam a exatidão daqueles balancetes, sendo que em janeiro do corrente ano recebeu e cumpriu o réu saques a esgotar o cofre — fls. 673, verso, 675, verso (certidão da Alfândega).

Considerando que das 190 testemunhas do inquérito nenhuma atribuiu ao réu autoria ou participação no crime praticado no cofre da Alfândega, nada constando contra o mesmo réu, a não ser o depoimento a fl. 498 da testemunha Sebastião Carlos Navarro de Andrade, primeiro escriturário daquela repartição, e que essa mesma testemunha declara "nada saber" quanto ao referido crime, e só diz que o réu fazia empréstimos pequenos de dinheiro a seus colegas e a estranhos, no que cai em contradição com o seu depoimento no sumário a fl. 754 e na delegacia de polícia a fl. 662, e ficou provado não ser exato a fls. 356, 741 e outras.

Considerando que as testemunhas do sumário nada depõem contra o réu e, pelo contrário, são lhe favoráveis e o abonam em seu caráter e reputação, e que o mesmo se dá com as testemunhas do plenário.

Considerando que está provado pelo depoimento do fiel[23]

---

23. No sentido de fâmulo, funcionário subalterno e diligente.

do tesoureiro, Manoel Geraldo Forjaz, a fls. 842 e seguintes, e do segundo escriturário, Manoel de Jesus Couto, a fls. 846 e seguintes, ambos maiores de toda exceção e que trabalhavam no biombo onde estava o cofre e o tesoureiro que, no dia 17 de fevereiro do corrente ano, o réu, durante as horas do serviço, esteve a contar, a emaçar[24] e rotular dinheiro para a remessa que no dia 19 devia ser feita para o Tesouro Nacional.

Considerando que o dito fiel afirma que no dia 17 ficaram contados, emaçados, rotulados e guardados no cofre cento e vinte contos de réis (parte dos quais ele recontou), além de grande quantidade por contar e emaçar; o que também foi visto pelo dito 2º escriturário, fl. 877, verso, pelo chefe da 2ª seção, fl. 30, pelo guarda-mór, fl. 360, e é confirmado pelo dito do atual tesoureiro a fl. 872, e de outros empregados que o mesmo ouviram dizer na repartição, fls. 362, 366, 367, verso, 372, verso, 376, 378, verso, 761, 769, e outras.

Considerando que está provado pelos depoimentos a fls. 843, 846, 847, verso, que o réu no dia 17 de fevereiro, depois de ter fechado o cofre e verificado o fato,[25] como de costume, retirou-se da repartição quando encerrado o expediente e em companhia de alguns colegas.

Considerando que está provado pelos depoimentos de fls. 840, 843, verso, 872, 878 e outras, que o réu no dia 18 de fevereiro, tendo notícia da chegada do paquete[26] *Rio Grande*, da linha subvencionada do Sul, que era esperado no dia 19, e devia ser o portador da remessa do saldo do cofre da Alfândega, apresentou-se com o seu fiel, a quem chamou à porta da repartição para fazer o serviço que lhe competia, caso a remessa tivesse de efetuar-se naquele dia.

---

24. Empacotar, organizar em maços.
25. Conjunto de bens móveis, nesse caso, as instalações da Alfândega.
26. Navio mercante que prestava serviço de correio e transporte de valores, mercadorias e passageiros.

Considerando o que foi alegado e provado pelo réu em sua resposta a fl. 619, em sua defesa no plenário e o mais que dos autos consta:

Absolvo o réu Antonio Eustachio Largacha da acusação que contra ele foi intentada, e mando que se expeça alvará de soltura em seu favor (argumento do art. 6º do Decreto nº 657 de 5 de dezembro de 1849, última parte, ibid. — continuando a prisão no caso de pronúncia) e se lhe dê baixa na culpa; pagas pela municipalidade as custas.[27]

Dos autos consta mais, que o réu Antonio Justino de Assis é acusado de ter, como inspetor da Alfândega desta cidade, deixado de cumprir a ordem do exmo. ministro da Fazenda, presidente do Tribunal do Tesouro Nacional, de 20 de março de 1876, e o art. 105, § 20, do regulamento que baixou com o decreto nº 6.272 de 2 de agosto do ano passado,[28] por não haver remetido para o mesmo Tesouro, no dia 18 de fevereiro do corrente ano, pelo paquete *Rio Grande*, da linha subvencionada do Sul, o saldo existente no cofre da mesma Alfândega até aquela data.

Considerando que o réu não foi denunciado por esse crime,

---

27. Enquanto a primeira parte do art. 6º cuidava da hipótese em que tesoureiros e outros oficiais de alfândega continuassem a faltar com a obrigação de restituir o dinheiro público faltante, no que se presumiria extravio ou mesmo apropriação indébita, a parte final, citada expressamente pelo juiz, mandava que se procedesse com a formação de culpa "pelo crime de peculato, continuando a prisão no caso de pronúncia e mandando-se proceder civilmente contra seus fiadores". Cf. *Coleção das Decisões do Governo do Império do Brasil*, 1849, tomo XII, parte II. Rio de Janeiro: Tipografia Nacional, 1850, pp. 213–215.

28. O *caput* do art. 105 definia que o inspetor era "o chefe superior da alfândega" e a ele incumbia, dentre diferentes atribuições e obrigações, aquelas inscritas no parágrafo 20, qual seja, a de "tomar conhecimento semanalmente do estado dos cofres e fazer efetivas as ordens sobre a remessa dos dinheiros, que neles existirem, à repartição competente". Cf. *Coleção das Leis do Império do Brasil de 1876*, tomo XXXIX, volume I, parte II. Rio de Janeiro: Tipografia Nacional, 1876, pp. 798–861, especialmente pp. 825–827.

para por ele responder, nos termos do art. 159 do Código do Processo [Criminal], e arts. 398 e 399 do Regulamento nº 120 de 31 de janeiro de 1842.[29]

Considerando, não obstante, porém, que está provado pelo depoimento a fls. 871, 876 e outras, e é público e notório que os paquetes daquela carreira[30], pelos quais na forma da referida ordem se fazem as remessas de saldo do cofre da Alfândega, entram sempre neste porto no dia 19 de cada mês, e que no dia 18 de fevereiro entrou sem ser esperado — fls. 871, v., 876, 197, 199, 353 e outras.

Considerando que, conquanto no mencionado dia 18, o mesmo paquete se demorasse neste porto, aproximadamente o tempo que devia demorar-se se entrasse no dia 19, era aquele dia domingo, a repartição estava fechada e os empregados teriam de ser chamados para o trabalho da remessa, o que consumiria mais tempo que o que se costumava gastar estando eles na repartição — depoimentos citados.

---

29. Por um lado, o art. 159 determinava que "as Relações, e mais juízes a quem compete a formação da culpa, logo que for presente uma queixa ou denúncia concludente contra qualquer empregado público da sua competência, fará ouvir a este por escrito; depois do que, proceder-se-á no termos da pronúncia". Cf. Araujo Filgueiras Junior. *Código do Processo do Império do Brasil*, tomo I. Rio de Janeiro: Eduardo & Henrique Laemmert, 1874, p. 85. Por outro lado, o art. 398 do regulamento de 1842 definia que assim que se apresentasse "uma queixa ou denúncia legal" regularmente formalizada, "o juiz de direito a mandará autuar, e ordenará, por seu despacho, que o denunciado seja ouvido por escrito, salvo verificando-se algum dos casos em que o não deve ser, conforme o art. 160 do Código do Processo Criminal"; e o art. 399 concluía que "para esta audiência, [o juiz de direito] expedirá ordem ao mesmo denunciado, diretamente ou por intermédio do juiz municipal respectivo, acompanhada da queixa ou denúncia, e documento com declaração dos nomes do acusador e das testemunhas, a fim de que responda no prazo improrrogável de quinze dias". Cf. *Coleção das Leis do Império do Brasil de 1842*, tomo V, parte II. Rio de Janeiro: Tipografia Nacional, 1843, pp. 39–134, especialmente p. 111.

30. Linha.

Considerando que, assim, não se pode dizer que o tempo de que disporia o réu na segunda-feira, 19, para providenciar sobre a remessa, era igual ao de que dispunha no domingo, 18.

Considerando que o réu, ao saber da entrada do dito paquete no dia 18, dirigiu-se à agência para informar-se da partida do mesmo e procurou saber se ela podia ser adiada, mostrando diligência com relação à remessa do saldo existente no cofre da repartição que debaixo de sua inspeção estava — depoimentos a fls. 197, 199, 872 e outros.

Considerando que o réu, não efetuando a mesma remessa no dia 18, por julgar insuficiente o tempo para o trabalho que tinha de fazer-se, telegrafou ao exmo. ministro da fazenda no sentido de realizá-la por um dos paquetes da Companhia de Navegação Paulista — certidão do telegrama a fls. 823, v., documento a fls. 124, 125 e 133.

Considerando que, com o procedimento exposto, provado dos autos, o réu não manifestou descuido, frouxidão, negligência ou omissão dos deveres impostos pela supradita ordem e regulamento.

Considerando o mais que foi alegado e provado pelo réu, e o que dos autos consta:

Absolvo o réu Antonio Justino de Assis da acusação contra ele intentada e mando que se lhe dê baixa na culpa, pagas as custas pela municipalidade.

E como dos presentes autos conste matéria que pode interessar a justiça no descobrimento do autor, ou autores, e partícipes do crime perpetrado no cofre da Alfândega desta cidade, mando que o escrivão extraia cópias das seguintes peças:

Portaria de fl. 45, certidão de fl. 45, v., auto de corpo de delito a fl. 46, petição de fl. 57, auto de fl. 58, com respectivos julgamentos e termos de fl. 62, v.

Auto de exame a fl. 155, 274, 339 e 524, com os respectivos julgamentos.

Depoimento de fls. 182, v., 191, v., 196, 427, 428, , 430, v., 432, 441, v., 515 e 545; petição de fl. 95, ofício de fl. 98 e certidão de fl. 523.

Ofício e documento de fls. 259 a 263 e depoimento de fl. 601.

Depoimentos a fls. 527, 548, 533, 530, 428, 531, 495, 548, 535 e 536.

Certidão a fls. 622 e seguintes.

Auto de corpo de delito de fls. 641 e seguintes.

Depoimento de fls. 838, v., 841, v., 851, 856, v., 862, v., e documentos de fls. 882 e seguintes: feito o que remeta ao meritíssimo juiz municipal do termo, para os fins convenientes.

Santos, aos 29 de dezembro de 1877
ALBERTO BEZAMAT[31]

---

31. Alberto Bezamat (?–1906), natural de Campos (RJ), foi advogado, juiz de direito e deputado provincial, geral e federal em diversas legislaturas entre o final do século XIX e início do século XX.

Capítulo 12
Mistério não tem remendo
Roubo da alfândega de Santos[1]

Comentário Gama responde as recentes incursões de Albuquerque Galvão nos jornais. A posição de Gama, Ribeiro Campos e Largacha após a vitória de final de dezembro de 1877, contudo, não exigia deles a permanência na trincheira da imprensa. Uma vez obtida a sentença favorável aos direitos de Largacha, quem agora deveria correr para reverter o curso do processo era Albuquerque Galvão e os demais implicados nas apurações de indícios e provas de autoria do roubo da alfândega de Santos. Ainda assim, Gama resolve redarguir Galvão em alguns pontos, destacando, no entanto, que a força normativa de duas sentenças em favor de Largacha restava fora de discussão. Gama discutiria outros pontos. Desde a epígrafe, diria ao público que o seu oponente estaria desassossegado. Estaria à busca de qualquer elemento que colocasse sua versão a salvo. Uma certidão do ministro da Fazenda, por exemplo, faria as vezes de prova cabal da sua narrativa. Gama, portanto, trata de alertar aos desprevenidos que aquela era tão só uma certidão administrativa ordinária. Mas ao fim, Gama voltava com tudo, sendo esta talvez a razão central do escrito. Avisava ele a Galvão, "permita-me que lhe dê um conselho gratuito: mude de rumo, porque perde a jornada. Os felizes ladrões da Alfândega de Santos hão de morrer impunes!... Filhos de alcaide não vão à cadeia. Um dos roubadores do cofre da Alfândega, dias depois da colossal proeza, por a mediação de alguém, de modo especial e cauteloso, na Corte, depositou em certo estabelecimento a quantia de réis...". Gama simplesmente avançava o sinal e dizia em alto e bom som um traço absolutamente marcante do ladrão da Alfândega — um filho de prefeito! —, e ainda agregava uma informação sobre o paradeiro do dinheiro roubado. Iriam as autoridades policiais e judiciárias atrás das hipóteses ventiladas por quem conhecia o inquérito e os processos como a palma de sua mão?

1. *A Província de S. Paulo* (SP), Seção Livre, 29 de março de 1878, p. 2.

... O desassossego de espírito é indício de enfermidade.

O sr. dr. L. M. De Albuquerque Galvão, alma de Euclides em corpo de Calafate,[2] "que não tolera fendas sem estopa", publicou na *Província* de hoje algumas magras considerações, muito suas, relativamente ao seu pesadelo — o audacioso roubo da Alfândega de Santos — que "ele" poética e calculadamente qualifica de "simulado"...

E acompanha essas suas desinteressadas considerações de um longo ofício, que há de todo sair à luz em volumosos trechos, firmado pelo exmo. sr. dr. Sebastião José Pereira,[3] ex-Presidente da Província. Ofício que vem a lume, assim, à guisa de parto estupendo, porém, que nada mais é do que a simples reprodução do Relatório-policial do exmo. sr. conselheiro Furtado de Mendonça,[4] e que já foi cabalmente refutado no auto do processo, em todos os seus pontos, mediante irrecusável prova legal.

O atiladíssimo[5] sr. dr. Galvão, que não só desta peça oficial, como de outras muitas, e há longo tempo, tinha particular conhecimento, vem, hoje, de ânimo estudado, exibí-la, como curiosa novidade ou surpreendente maravilha, para ele...

---

2. Embora o tom sarcástico salte aos olhos, os sentidos da metáfora escapam de algum modo ao leitor contemporâneo, afinal, a figura do calafate, profissional especializado em tapar fendas e buracos, não nos é tão próxima hoje em dia. O contraste, todavia, é chamativo. A referência ao célebre Euclides de Alexandria, escritor e matemático grego que viveu no séc. III a. C., como expressão da inteligência que animava o modesto corpo de calafate, guarda uma ironia afiada. Pode-se ler, em síntese, que Gama via em Galvão um sujeito que, sem cálculo e inteligência alguma, obrava desajeitadamente para tapar furos e buracos de sua narrativa sobre o crime da alfândega de Santos.
3. Ver n. 71, p. 144.
4. Para a biografia de Furtado de Mendonça, ver n. 7, p. 150. Para o artigo "Desagravo", uma defesa moral e política explícita do legado de Furtado de Mendonça, ver p. 351.
5. Pode ser lido, sarcasticamente, como escrupuloso e correto ou como espertíssimo, muito perspicaz.

E, para dar maior encanto ao seu deslumbrador sucesso, publica também a petição que fizera ao governo imperial, para pública obtenção de tal documento, e gaba-se com sonoroso entono[6] do favorável despacho que alcançara, não só do ministro da Fazenda, "mera entidade governamental", senão do exmo. sr. conselheiro dr. Gaspar da Silveira Martins![7]

E todo este alarde "por causa de um despacho concedendo uma certidão"!...

Ao ler esta parte do precioso escrito do sr. dr. Galvão, recordei-me de certa cavatina[8] em que o impagável "dr. Dulcamara" anuncia estrepitosamente[9] pós maravilhosos para matar mosquitos!...[10]

Desde já, com critério, e sem doesto,[11] cumpre corrigir um grave erro em que, por descuido ou por indústria[12], caiu o precavido sr. dr. Galvão.

Não é certo que o dr. Alberto Bezamat seja "o único juiz" que lavrou sentença absolutória em favor do major A. E. Largacha. Antes dele, já o exmo. juiz de direito de Santos, dr. Marcos de Souza, hoje desembargador, o havia absolvido. E a sentença do sr. dr. Bezamat corre impressa, até hoje, sem a menor contestação.

Agora duas palavras mais para terminar.

Se o sr. dr. Galvão, com estas suas custosas publicações, não tem em mira defender-se, porém malsinar os respeitabilíssimos

---

6. Orgulho, vaidade.
7. Gaspar da Silveira Martins (1835–1901), natural de Cerro Largo, Uruguai, foi advogado, magistrado e político. Eleito deputado e senador por sucessivos mandatos, também foi ministro da Fazenda (1878–1879) e presidente da província de São Pedro do Rio Grande do Sul (1889).
8. Termo musical para uma curta canção cantada por um personagem numa ópera.
9. Ruidosamente, com estardalhaço.
10. Ver n. 8, p. 271.
11. Insulto, acusação desonrosa.
12. Pelo contexto, se sugere que a indústria, a astúcia, resultou, parodoxalmente, na falta de perspicácia.

ladrões da Alfândega, permita-me que lhe dê um conselho gratuito: mude de rumo, porque perde a jornada. Os felizes ladrões da Alfândega de Santos hão de morrer impunes!...

Filhos de alcaide não vão à cadeia.

Um dos roubadores do cofre da Alfândega, dias depois da colossal proeza, por a mediação de alguém, de modo especial e cauteloso, na Corte, depositou em certo estabelecimento a quantia de réis...

Pôs no "seguro" os teres[13] e a "reputação".

São Paulo, 27 de março de 1878
O advogado,
LUIZ GAMA

---

13. Bens.

PARTE VI

O HOMICÍDIO

NOTA INTRODUTÓRIA Ao longo de seis textos, Gama discute na imprensa três casos que tratavam do crime de homicídio ou de tentativa de homicídio. Em todos os casos, Gama era o advogado de defesa em processos de habeas corpus que correram ou na primeira instância judiciária ou no Tribunal da Relação de São Paulo. Cada um dos supostos crimes, por sua vez, teve processamento inicial em cidades distantes da capital, respectivamente, conforme data de publicação, em Jaú, depois em Pirassununga e, por derradeiro, em Ribeirão Preto, todas elas no interior da então província e hoje estado de São Paulo. Isso indica como a advocacia de Gama era bem conhecida em diversas localidades. Por exemplo, quando João Franco de Moraes Octavio, homem branco e fazendeiro de Ribeirão Preto, precisou cuidar de sua liberdade, sem dúvida que optou em confiar em quem melhor podia lhe tirar da encalacrada judicial em que estava metido. No entanto, a escolha por Gama não foi imediata. O fazendeiro Octavio, mediante outro advogado que não Gama, já havia havia recorrido três vezes por sua soltura. Em todos os recursos, contudo, sua soltura foi negada. No quarto e último habeas corpus, Gama foi o seu advogado. Resultado? Votação unânime dos desembargadores da Relação de São Paulo pela soltura de Octavio. Como se verá, Gama mitigou a validade da prova testemunhal e descaracterizou elementos estruturantes da formação de culpa de seu cliente. Ganhou a causa. Além dessa, seguramente ganhou a de Pirassununga. Embora não se saiba o desfecho do processo de Jaú, é provável que o resultado tenha sido o mesmo dos demais aqui citados, haja vista seu posicionamento nos jornais. Em todo caso, temos aqui argumentos consistentes em causas criminais com o mesmo tipo penal defendidas por Gama no biênio 1878–1879.

Capítulo 1
Visão eleitoral
Jaú[1]

Comentário   *Embora não haja maiores detalhes sobre a suposta tentativa de homicídio de que versa o artigo, Gama afirma já ter discutido o mérito da causa no processo, ou seja, não deixa dúvida de que era o advogado do acusado. Por estratégia processual, contudo, Gama parece não ter voltado à imprensa para discutir esse caso. A advertência na última linha é fatal: "se o quiserem, discuti-la-ei pela imprensa". Ao que apurei nenhum figurão pagou para ver.*

Acabo de ler na *Província* de hoje uma correspondência firmada pelo sr. Antonio Benedicto de Campos Arruda, na qual se nota o trecho seguinte:

O processo dos Assiz, o subdelegado tratou do inquérito e o juiz competente do processo, sendo os réus acompanhados pelo seu advogado, o sr. Luiz Gama, e não me consta que houvesse qualquer ato vexatório, antes pelo contrário as autoridades têm sido benignas a tal ponto que *desde o inquérito ficou provada a tentativa de morte e os réus acharam-se em plena liberdade!*

Em que pese ao sr. Arruda, declaro-lhe que a sua afirmação é inexata.

A tentativa de homicídio atribuída aos irmãos Assiz é uma visão eleitoral que está plenamente conhecida.

Já discuti-a, nos autos; se o quiserem, discuti-la-ei pela imprensa.

São Paulo, 11 de outubro de 1878
O advogado,
LUIZ GAMA

1. *A Província de S. Paulo* (SP), Seção Livre, 12 de outubro de 1878, p. 1.

Capítulo 2
O crime não tem cara
Francisco Aldo de Oliveira[1]

Comentário *Gama defende publicamente seu cliente dos ataques que sofria na imprensa. Francisco Aldo de Oliveira era acusado e havia sido preso como autor do homicídio de um ex-juiz de direito de Bagé, Rio Grande do Sul. A redação da* Tribuna Liberal, *especialmente, saudava a sentença do juiz municipal de Pirassununga (SP), onde Oliveira fora capturado e julgado. Gama pontua que o juiz "analisou de improviso a fisionomia do suposto réu (...) até ao ponto de adivinhar as intenções!", isto é, tomou características físicas como marcas conclusivas da criminalidade do acusado. O homicídio em Bagé ocorreu em outubro de 1876; a prisão do suspeito, em finais de 1878 ou janeiro de 1879. Gama lutava pela soltura de seu cliente, sustentando que a "prisão de Francisco Aldo de Oliveira, realizada pelo honrado sr. dr. juiz municipal de Pirassununga, é mais do que um erro; é mais do que um desastre judicial; é mais do que um absurdo legal; é uma monstruosidade; é um crime". O réu, Gama avançava na crítica, deveria ser o juiz, na medida em que este transgredia deliberadamente as disposições normativas que o obrigariam a agir de outro modo.*

A ilustrada redação da *Tribuna Liberal*, em a notícia que ontem deu, do descustodiamento[2], por concessão de *habeas corpus*, de Francisco Aldo de Oliveira, revelou certos arreliques[3] censórios, com fumos de impertinente parcialidade, que seguramente se não coadunam com os seus louváveis intentos de reto e sisudo julgador.

Meteu-se a Lavater;[4] analisou de improviso a fisionomia do suposto réu e abalançou-se até ao ponto de adivinhar as intenções!...

---

1. *A Província de S. Paulo* (SP), Seção Livre, 23 de janeiro de 1879, p. 2.
2. Aqui empregado como soltura, liberação.
3. Questiúnculas, coisas de pouca importância.
4. Johann Kaspar Lavater (1741–1801), nascido em Zurique, Suíça, foi escritor, filósofo e teólogo protestante. Alcançou notoriedade com estudos sobre fisionomia, publicando o tratado, em livre tradução, *A arte de conhecer os homens pela fisionomia* (1775–1778).

Eu não discuto circunstâncias efêmeras, ocorrências casuais despidas de importância objetiva, e até ridículas.

Como é do meu dever, encaro os fatos em toda sua magnitude; considero-os em sua sindesmologia[5] legal; os avalio por os seus feitos sociais, jurídicos e políticos; e, em face do país, rendendo graças ao colendo Tribunal da Relação, declaro: a prisão de Francisco Aldo de Oliveira, realizada pelo honrado sr. dr. juiz municipal de Pirassununga,[6] é mais do que um erro; é umais do que um desastre judicial; é mais do que um absurdo legal; é uma monstruosidade; é um crime.

Preciso é que ponhamos de parte as anfibologias[7] cortesãs e que designemos as coisas claramente, pelos seus próprios nomes.

O juiz é a encarnação viva da lei; garantia inabalável dos direitos individuais: sua missão é a justiça. Aquele que transgride propositalmente as suas disposições, que ofende, em vez de proteger, e que atropela, em vez de garantir, é um déspota, um verdugo, ou um réu.

Isto é que, por a dignidade da causa que defende, por amor dos princípios da sua bandeira, deveria ter observado cimeira,[8] e profligado,[9] sem reservas, a ilustrada redação da *Tribuna*; e não os equívocos de palavras, os erros de nome, as mudanças de apelido,[10] as infelicidades, as misérias ou as defecções fisionômicas do paciente,[11] para quem já eram carga sobeja[12] o rigor das injustiças, e a humildade da posição.

São Paulo, 21 de janeiro de 1879
LUIZ GAMA

---

5. Ramo da anatomia que estuda os ligamentos e as articulações.
6. Pirassununga (SP), cidade do interior paulista, dista aproximadamente 200 km da capital.
7. Ambiguidades, duplicidade de sentidos.
8. Em alto nível.
9. Criticado, fustigado.
10. A depender do teor do processo pode significar alcunha ou sobrenome.
11. Pelo contexto, mudança drástica de aparência.
12. Bastante, de sobra.

Capítulo 3
A imprensa liberal e o juiz violento
Francisco Aldo de Oliveira[1]

Comentário *Neste artigo, já vitorioso no Tribunal da Relação, onde conseguiu a soltura de seu cliente, Gama categoriza as razões jurídicas da ilegalidade do mandado de prisão expedido pelo juiz municipal de Pirassununga (SP). Buscando a doutrina criminal do senador Pimenta Bueno, referência abalizada para assuntos dessa natureza, além da legislação processual aplicável ao caso, Gama dispara dezessete perguntas ao público, em geral, e aos defensores da ordem do juiz de Pirassununga, em particular. Dezessete perguntas que, lidas à contraluz dos excertos legais e doutrinários trazidos, faziam ruir a fundamentação do mandado de prisão. "Nada disto se sabe; tudo são conjecturas; tudo são suspeitas", bradava Gama como quem pergunta e quer a resposta, acrescentando, ainda, que "o próprio dr. juiz municipal de Pirassununga, no mandado que expediu, decreta a prisão por suspeitas que tem de que Francisco Aldo seja criminoso!". Ou seja, Gama pinça uma citação textual do mandado de prisão em que o juiz admite que se fundamenta tão somente em suspeitas; e não em provas. Por término, Gama voltava as baterias contra a redação da* Tribuna Liberal, *que, numa contradição que não o espantava, "em nome dos princípios liberais (...), tece elogios ao juiz violento!" Como visto, após dezessete interrogações vieram duas exclamações, uma direcionada ao juiz violento e outra aos liberais partidários do... juiz violento!*

Em que pese à ilustrada redação da *Tribuna*, torno à liça,[2] e pela última vez, para mostrar o descabimento das censuras que injustamente faz, por a concessão de *habeas corpus* a Francisco Aldo de Oliveira, e dos suspeitos encômios[3] com que calculadamente galardoa[4] o sr. juiz municipal de Pirassununga.[5]

5

1. *A Província de S. Paulo* (SP), Seção Livre, 25 de janeiro de 1879, pp. 1–2.
2. Arena.
3. Elogios.
4. Premia.
5. Pirassununga (SP), cidade do interior paulista, dista aproximadamente 200 km da capital.

Cinjamo-nos à questão; pouco nos importa saber se Francisco Aldo muda de apelidos,[6] *com a mesma facilidade com que muda de camisas; se é médico ambulante; se tem corrido seca e meca;*[7] ou se tem boa ou *má cara*...

Francisco Aldo foi preso como autor de homicídio na pessoa do ex-juiz de direito de Bagé, em S. Pedro do Sul, *perpetrado em outubro de 1876.*

É verdadeira esta imputação?

Onde a prova?

Realizou-se a prisão de Francisco Aldo sem infração da lei?

Foram respeitados seus direitos individuais?

Não está provado, de modo algum, que Francisco Aldo seja autor do crime que gratuitamente se lhe atribui.

A sua prisão realizou-se com a mais escandalosa violação da lei.

A prisão, antes de culpa formada, à exceção de flagrante delito, só pode ter lugar nos crimes inafiançáveis, por mandado escrito do juiz competente para a formação da culpa, ou à sua requisição, precedendo, neste caso, ao mandado ou à requisição, declaração de duas testemunhas, *que jurem de ciência própria*, ou prova documental, de que resultem veementes indícios contra o culpado, ou declaração deste *confessando o crime* (Lei nº 2.033 de 20 de setembro de 1871, art. 13, § 2º).[8]

Em matéria criminal, a *confissão* do culpado só é regular e admissível quando *feita em juízo competente, sendo livre, e coincidindo com as circunstâncias do fato* (senador Pimenta Bueno, Código de Processo Criminal, art. 94).[9]

---

6. A depender do teor do processo pode significar alcunha ou sobrenome.
7. Remete ao adágio português que assim se refere a quem viaja muitas terras.
8. Versão adaptada, porém, condizente com teor normativo do parágrafo 2º, art. 13. Cf. *Coleção das Leis do Império do Brasil de 1871*, tomo XXXI, parte I. Rio de Janeiro: Tipografia Nacional, 1871, pp. 126–139.
9. Não encontrei a citação a Pimenta Bueno. Possivelmente, Gama tenha se referido ao célebre *Apontamentos sobre o processo criminal brasileiro* (1857), de José Antonio Pimenta Bueno (1803–1878), conhecida autoridade política que desempenhou os cargos de juiz, desembargador (1844–1847), ministro da Justiça (1849), presidente do Conselho de Ministros (1870–1871) e senador

A prisão não poderá ser ordenada, ou requisitada, nem executada, de réu não pronunciado, se houver decorrido um ano, depois da perpetração do delito". (Lei nº 2.033, citada, art. 13, § 4º;[10] Decreto nº 4.824 de 22 de novembro de 1871, art. 29, § 3º).[11]

Onde a prova de que seja Francisco Aldo autor do homicídio que se lhe atribui?

Onde os depoimentos de duas testemunhas, que jurassem *de ciência própria* sobre o fato criminoso?

Onde os documentos comprobatórios do crime?

Onde a *confissão* do culpado?

Perante que juiz competente foi ela feita?

---

do Império (1853-1878). O conteúdo normativo do artigo citado, por sua vez, embora adaptado, também confere com o original. Cf, respectivamente, José Antonio Pimenta Bueno. *Apontamentos sobre o processo criminal brasileiro*. Rio de Janeiro: Imprensa Nacional do Diario, 1857; e Araujo Filgueiras Junior. *Código do Processo do Império do Brasil*, tomo I. Rio de Janeiro: Eduardo & Henrique Laemmert, 1874, p. 63.

10. O *caput* do art. 13 estabelecia requisitos para a legalidade do mandado de prisão e o seu parágrafo 4º disciplinava a matéria fixando que não teria "lugar a prisão preventiva do culpado se houver decorrido um ano depois da data do crime". Cf. *Coleção das Leis do Império do Brasil de 1871*, tomo XXXI, parte I. Rio de Janeiro: Tipografia Nacional, 1871, pp. 126-139, especialmente pp. 130-131.

11. O art. 29 do decreto de 1871 definia que "ainda antes de iniciado, o procedimento da formação da culpa ou de quaisquer diligências do inquérito policial, o promotor público, ou quem suas vezes fizer, e a parte queixosa, poderão requerer, e a autoridade policial representar, acerca da necessidade ou conveniência da prisão preventiva do réu indiciado em crime inafiançável, apoiando-se em prova de que resultem veementes indícios de culpabilidade, ou seja, confissão do mesmo réu, ou documento ou declaração de duas testemunhas; e, feito o respectivo autuamento, a autoridade judiciária competente para a formação da culpa, reconhecendo a procedência dos indícios contra o arguido culpado e a conveniência de sua prisão, por despacho nos autos a ordenará, ou expedindo mandado escrito, ou requisitando por comunicação telegráfica, por aviso geral na imprensa ou por qualquer outro modo que faça certa a requisição". O § 3º desse mesmo artigo, a sua vez, disciplinava que não poderia "ser ordenada ou requisitada, nem executada, a prisão de réu não pronunciado, se houver decorrido um ano depois da perpetração do crime". Cf. *Coleção das Leis do Império do Brasil de 1871*, tomo XXXIV, parte II. Rio de Janeiro: Tipografia Nacional, 1871, pp. 653-683, especialmente pp. 664-665.

Quais as circunstâncias do fato criminoso com que ela coincide?
Quando e porque autoridade foi Francisco Aldo processado?
Quando e por quem foi ele pronunciado?
Que juiz expediu precatória[12] para a sua prisão?
A quem foi ela dirigida?
Quem viu essa precatória ou requisição?
Onde se acha ela?
Houve requisição telegráfica ou pela imprensa?
Nada disto se sabe; tudo são conjecturas; tudo são suspeitas; e o próprio dr. juiz municipal de Pirassununga, no mandado que expediu, *decreta a prisão por suspeitas que tem de que Francisco Aldo seja criminoso!...*

Entretanto, é certo que a ilustrada redação da *Tribuna*, em face da lei, dando largas ao arbítrio, em nome dos princípios liberais, que defende, qualifica de precipitado o procedimento da Relação, e tece elogios ao juiz violento!...

São Paulo, 24 de janeiro de 1879
LUIZ GAMA

---

[12]. Carta precatória. Instrumento pelo qual um juiz de uma jurisdição pede ao juiz de outra jurisdição que cumpra um mandado ou sentença sua.

Capítulo 4
Certidão negativa
Francisco Aldo de Oliveira[1]

Comentário *Embora tenha afirmado que não voltaria mais a público tratar dessa questão, haja vista a vitória obtida no tribunal e a exposição de suas razões jurídicas, um fato novo fez Gama dar uma palavra a mais. O chefe de polícia do Rio Grande do Sul havia comunicado ao seu correspondente chefe de polícia paulista que Francisco Aldo de Oliveira não tinha participação alguma no homicídio do ex-juiz de Bagé e, mais, "que contra ele, ou contra outro, por tal motivo, jamais fora deprecada prisão". Certamente Gama havia diligenciado tal pedido de esclarecimento. Seria, caso acessada em tempo hábil, prova fatal no Tribunal da Relação. Não foi, contudo, necessária. Havia outros elementos probantes em sua defesa. A razão para Gama voltar à imprensa sobre esse caso, além de dar ao público uma notícia relevante, foi acenar aos redatores da* Tribuna *de que eles cometeram uma injutiça e deviam, portanto, "uma justa retificação" à vítima e ao tribunal.*

Quando o colendo Tribunal da Relação concedeu *habeas corpus* a este cidadão, preso como assassino do ex-juiz de direito de Bagé, na província de São Pedro do Rio Grande do Sul,[2] qualificando de ilegal a sua detenção, [e] o mandou pôr em liberdade, a ilustrada redação da *Tribuna* qualificou de imprudente este procedimento da Relação, que atirava ao seio da sociedade um grande criminoso, como tal reconhecido, e contra quem, pelo juízo competente, havia sido expedida ordem de prisão.

Está terminada a questão.

---

1. *A Província de S. Paulo* (SP), Seção Livre, 22 de fevereiro de 1879, p. 2.
2. Embora o autor já tenha anotado a localização do município, cabe realçar, apenas, que um caso ocorrido no extremo sul do país, precisamente na divisa com o Uruguai, repercutia em sua prática jurídica em São Paulo.

O sr. dr. chefe de polícia do Rio Grande acaba de declarar ao desta província que Francisco Aldo de Oliveira não tivera parte no assassinato do dr. juiz de direito de Bagé; e que contra ele, *ou contra outro*, por tal motivo, jamais fora deprecada³ prisão.

Os dignos redatores da *Tribuna*, por sua própria dignidade, devem ao sr. Francisco Aldo e ao colendo Tribunal uma justa retificação.

São Paulo, 21 de fevereiro de 1879
LUIZ GAMA

---

3. Ato escrito pelo qual um juiz, ou autoridade competente, pede a outro que cumpra algum mandado ou ordene alguma diligência.

Capítulo 5
Outra "prova" que virou fumaça
Ribeirão Preto[1]

Comentário   *Assinado por Afro, o artigo é uma das provas que evidenciam de modo concludente a autoria de Gama. Um fazendeiro de Ribeirão Preto, à época uma das localidades do interior paulista mais distante de sua capital, foi acusado e preso pelo crime de tentativa de homicídio. Após três habeas corpus denegados no juízo local, a causa do fazendeiro João Franco de Moraes Octavio chega ao Tribunal da Relação de São Paulo. Quem apresenta a petição e sustenta oralmente a demanda de habeas corpus? Luiz Gama. Quem apresenta a perspectiva da defesa ao público da capital? Afro. Ambos, Afro e Gama, em escritos diferentes, comentam o mesmo trecho da "prova exibida, em juízo policial". Afro e Gama usam até de uma frase praticamente igual. "Foi isto elevado à categoria de tentativa de homicídio", disse Afro, ao passo que Gama dizia que aquela prova fragílissima "foi elevada à categoria de tentativa de homicídio". Afro, nesse caso, introduz Gama ,que, dias depois, tomaria assento na tribuna da imprensa, agora em nome próprio, para defender a causa de seu cliente.*

Na vila do Ribeirão Preto foi preso, pelo delegado de polícia, à requisição do juiz municipal, o fazendeiro João Franco de Moraes Octavio, como *mandante de tentativa de homicídio*, na pessoa do coletor[2] da mesma vila, Antonio Bernardino Velloso.

É a seguinte a prova exibida, em juízo policial, contra o detido:

José Pedro de Almeida declara que seu ex-patrão, João Franco de Moraes Octavio, o incumbira de dar um tiro em Antonio Bernardino Velloso; e que ele, Almeida, em vez de dar o tiro, como havia prometido a seu amo, e tivera intenção de fazer, fora à Velloso e lhe denunciara o caso, pondo-o ao fato de toda a ocorrência.

1. *A Província de S. Paulo* (SP), Seção Livre, 30 de abril de 1879, p. 2.
2. Diz-se do funcionário do Ministério da Fazenda encarregado do lançamento e/ou arrecadação de tributos.

Foi isto elevado à categoria de tentativa de homicídio; o inquérito policial foi secreto e exigido em ofício reservado pelo dr. juiz de direito da comarca; e, em virtude deste inquérito, da exigência do juiz de direito e de depoimento de José Pedro de Almeida, foi Moraes Octavio recolhido à prisão!...

Interpôs por três vezes recurso de *habeas corpus* perante o dr. juiz de direito, e foi desatendido!...

Hoje, o cidadão Luiz Gama interpôs o mesmo recurso perante o colendo Tribunal da Relação do distrito, onde foi ouvida com admiração a leitura dos documentos exibidos e concedida unanimemente a ordem de *habeas corpus*, por entenderem os dignos desembargadores *que nem existe o crime arguido*.

Veja o público, e lamentem os jurisperitos o modo porque[3] se administra justiça no interior da província.

AFRO

3. Pelo qual.

Capítulo 6
Antes da lição de direito, a verdade dos fatos
Ribeirão Preto – resposta ao pé da letra[1]

Comentário *No meio do litígio em torno da legalidade da prisão de João Franco Moraes Octavio, Luiz Gama sai em defesa de seu cliente, que estava preso, respondendo os irmãos Camargo — um deles, juiz em Ribeirão Preto e responsável pela manutenção da prisão de Octavio. Embora a contenda tenha ganhado as páginas da* Província de S. Paulo, *Gama publica no* Jornal da Tarde, *optando em lançar a "resposta ao pé da letra" ainda no mesmo dia, haja vista que o* Jornal da Tarde, *como o nome indica, era um periódico vespertino e saía publicado horas depois da* Província. *De fato, o julgamento de Octavio pelo Tribunal da Relação estava na pauta. Gama conseguiu a soltura de seu cliente naquele mesmo dia. Teria o artigo influenciado os desembargadores que unanimemente votaram pela ilegalidade da prisão e, portanto, pela imediata soltura de Octavio? É bastante provável. Gama detalha aspectos do sumário criminal e da formação da culpa do suposto autor do crime. A argumentação de Gama desmonta a peça de acusação. Uma única testemunha ocular deporia em desfavor de Octavio e, segundo o depoimento de outras testemunhas no inquérito, aquela mesma testemunha ocular não seria digna de maior crédito. Gama fulmina: "Esta fantástica anedota, publicada por um ébrio, completamente nua de circunstâncias verossímeis, foi elevada à categoria de tentativa de homicídio e deu lugar à prisão, que se pretende justificar, de João Franco de Moraes Octavio!!!" A verve do publicista, contudo, cede lugar à sobriedade do jurista. Num rol de perguntas fundadas na razão jurídica e na interpretação legal, Gama devolve aos contendores (e leitores) evidências de que Octavio não estava preso legalmente. O resultado saiu no mesmo dia. Octavio fora da cadeia.*

O exmo. sr. dr. J. A. de Camargo, em defesa do seu estimável irmão, o sr. dr. Hyppolito de Camargo, juiz de direito da comarca do Ribeirão Preto, e no intuito de refutar um artigo, firmado pelo digno sr. dr. Candido Pereira Barreto, relativo à violenta prisão do sr. João Franco de Moraes Octavio, realizada com flagrante violação da lei, fez hoje inserir, na *Província*,[2] o injurídico

---

1. *Jornal da Tarde* (SP), Inedituriais, 11 de maio de 1879, p. 2.
2. Ver, por exemplo, *A Província de S. Paulo* (SP) de 09, 11 e 30 de maio de 1879.

despacho proferido pelo sr. dr. Hyppolito de Camargo, em que pretende moralizar a criminosa prisão que fora decretada pelo *juiz municipal suplente*, e uma consulta assinada pelos eminentes mestres — drs. Ramalho[3] e Francisco Justino de Andrade.[4]

A defesa do sr. Candido Barreto é, para mim, um dever; e é para cumpri-lo que venho à imprensa.

Antes da lição de direito, a verdade dos fatos.

José Pedro de Almeida, agregado de João Franco de Moraes Octavio, *denunciou* que o mesmo Octavio o imcumbira de *dar umas pauladas, ou matar ao coletor*[5] *Antonio Bernardino Velloso*; e que ele, em vez de cometer o crime (?!), dera aviso a Velloso.

Foi inquerido *José Pedro*, como testemunha, que exerceu o tríplice papel de *depoente, denunciante* e *co-réu*, se é que o fato constitui delito...

José Pedro é a única pessoa que refere a suposta ocorrência; as demais testemunhas ouviram dele.

Eusebio de Carvalho e Thomaz de Aquino, *testemunhas da acusação*, afirmaram, no sumário, *que José Pedro é bêbado habitual e indigno de crédito!...* e nenhuma outra testemunha o abona.

Esta fantástica anedota, publicada por um ébrio, completamente nua de circunstâncias verossímeis, foi elevada à categoria de *tentativa de homicídio* e deu lugar à prisão, que se pretende justificar, de João Franco de Moraes Octavio!!!...

Agora a lição de direito.

A prisão, antes de culpa formada, à exceção de flagrante delito, *só pode ter lugar* nos crimes inafiançáveis, por mandado escrito do juiz competente para a formação da culpa, ou à sua requisição, *precedendo*, neste caso, *ao mandado ou à requisição, declaração de duas testemunhas, que jurem de ciência própria* (Lei nº 2.033 de 20 de setembro de 1871, art. 13, § 2º; Decreto nº 4.824 de 22 de novembro de 1871, art. 19).[6]

---

3. Ver n. 8, p. 106.
4. Ver n. 5, p. 106.
5. Diz-se do funcionário do Ministério da Fazenda encarregado do lançamento e/ou arrecadação de tributos.
6. Aproveitando trechos inteiros da lei, Gama reelabora o texto normativo para

Peço agora ao exmo. sr. dr. Camargo que me conteste os fatos, comprovando imediatamente os seus assertos;

Que, perante o direito, demonstre que o fato atribuído a Moraes Octavio constitui crime de *tentativa de morte*;

Que a declaração de *José Pedro*, perante a lei, *equivale ao depoimento de duas testemunhas, que jurem de ciência própria*;

Que a prisão de Moraes Octavio foi regular, e que a lei não foi flagrantemente violada;

Que o despacho proferido pelo sr. dr. Hyppolito de Camargo tem senso jurídico;

Que, finalmente, o parecer firmado pelos exmos. srs. drs. Ramalho e Justino de Andrade tem aplicação ao caso vertente.

Sou amigo do sr. dr. Hyppolito de Camargo, cuja honestidade não pode ser posta em dúvida; sou apreciador da sua inteligência, como literário e como jurista; em minha palavra, e na sinceridade da minha consciência, nunca lhe faltaram encômios[7]; nesta questão, porém, quanto a mim, a sua defesa descansa exclusivamente na pureza incontestável das suas intenções.

São Paulo, 11 de maio de 1879

LUIZ GAMA

assim destacar e dar fluência na exposição da matéria. O *caput* do art. 13 definia as condições legais do mandado de prisão e o § 2°, nesse sentido, disciplinava que "à exceção de flagrante delito, a prisão antes da culpa formada só pode ter lugar nos crimes inafiançáveis, por mandado escrito do juiz competente para a formação da culpa ou à sua requisição; neste caso, precederá ao mandado ou à requisição declaração de duas testemunhas, que jurem de ciência própria, ou prova documental de que resultem veementes indícios contra o culpado ou declaração deste confessando o crime". Cf. *Coleção das Leis do Império do Brasil de 1871*, tomo XXXI, parte I. Rio de Janeiro: Tipografia Nacional, 1871, pp. 126–139, especialmente pp. 130–131. O *caput* do art. 19 do decreto de 1871, a sua vez, estabelecia que competia aos juízes de paz: "§ 1°. Processar e julgar as infrações de posturas municipais; § 2°. Obrigar a assinar termos de segurança e bem viver, não podendo, porém, julgar as infrações de tais termos; § 3°.Conceder a fiança provisória". Cf. *Coleção das Leis do Império do Brasil de 1871*, tomo XXXIV, parte II. Rio de Janeiro: Tipografia Nacional, 1871, pp. 653–683, especialmente p. 660.

7. Elogios.

PARTE VII

LADRÃO QUE ROUBA LADRÃO

NOTA INTRODUTÓRIA No curso da monumental defesa que Gama fez do funcionário público Antonio Lagarcha no caso do roubo da alfândega de Santos, surge na crônica forense da capital um certo Afro:., assim mesmo, com a conhecida pontuação maçônica no arremate da assinatura. A causa era de liberdade. Afro, portanto, tratava da demanda de liberdade de uma mulher escravizada que foi alforriada mediante o pagamento de uma alta quantia. Julgando-se lesado em seu direito de propriedade, um tal "prejudicado", assim se auto-intitulava, foi à imprensa reclamar daquela causa de liberdade, em particular, bem como do modo pelo qual se andava decidindo causas de liberdade em São Paulo. Afro não deixou por menos. Ciente do processo e dos bastidores inerentes ao andamento da causa, devolveu ao "prejudicado", agora na alcunha de "prejudicador", de que a legalidade da alforria era incontestável, ao contrário do passado e do presente duvidoso de homens da laia dele, homem branco, escravizador e afeito a outros negócios escusos e criminosos. O "prejudicado", por sua vez, voltou à carga com inédita virulência, formada tanto pelo racismo quanto pela soberba dos que se julgam impuníveis. Afro, contudo, deu a palavra final sobre o caso que tinha como argumento jurídico de fundo o conflito entre direitos de liberdade e direitos de propriedade. O "prejudicado" atacava a lisura do meio como foi constituído o pecúlio da mulher alforriada, alegando ter sido produto de roubo. Afro, após defender a legalidade do modo pelo qual o dinheiro foi adquirido, sarcástica e sobriamente contra-atacava dizendo que o "prejudicado" não só teria enriquecido por uma séria de roubos, como também queria roubar no próprio arbitramento da então alforrianda. A moral da história quem dava era Afro. Afinal, se o "prejudicado" havia feito fortuna através da pilhagem e, "sabendo que o dinheiro era roubado", queria tomar parte no suposto butim, o que seria ele? Ao que Afro concluía fatalmente, não com uma citação do Código Criminal, mas sob a licença poética que o uso do pseudônimo conferia ao autor e com o ditado popular que, aplicado ao contexto, deixava a vitória no tribunal ainda mais saborosa: "Bem diz o povo: 'Ladrão que rouba ladrão/ Tem cem anos de perdão'". Em outras palavras, ainda que o escravizado tivesse roubado o dinheiro que foi doado para a alforria, o que Afro não acede, estava ele devolvendo a paga de uma propriedade formada sob os auspícios de roubo pregresso. Daí a quadrinha popular na boca do defensor da legalidade da alforria. Quem ousaria contestar Afro?

PREJUÍZOS
ESCÂNDALO – I [1]

Comentário   *O auto-intitulado "prejudicado", homem socialmente branco e senhor de escravizados, estava revoltado pelo modo como se deram (e se davam, de modo geral) as alforrias mediante pagamento no juízo de direito de São Paulo. Um caso concreto — a alforria de uma mulher escravizada — motivou o "prejudicado" a vir a público. Ele alegava que um escravizado doou o valor da alforria da mulher através de recursos obtidos por meios ilícitos. O "prejudicado", em suma, estava preocupado em prejudicar potenciais direitos de liberdade. A réplica, como se veria, mostrava que essa causa de liberdade era instrumentalizada por alguém bastante experiente em firmar o entendimento jurídico criticado pelo "prejudicado", a saber, o rito da petição inicial seguida de depósito e arbitramento favorável ao demandante.*

Declarada livre uma escrava pertencente a um indivíduo residente nesta capital, é conveniente que todos saibam quanto caminha adiantada a *especulação*, aliás honrosíssima.

Um escravo que não possuía pecúlio[2] para sua liberdade, firmando título de doação a fim de ser preenchida a prescrição legal!, quando provas existem que a quantia exibida e depositada por determinação judicial não foi adquirida por meios lícitos! É extraordinário!

---

1. *A Província de S. Paulo* (SP), Seção Livre, 13 de setembro de 1877, p. 2.
2. Patrimônio, quantia em dinheiro que, por lei (1871), foi permitido ao escravizado constituir a partir de doações, legados, heranças e diárias eventualmente remuneradas.

Se a liberdade deve ser protegida, não pode todavia ser ao ponto de causar violação do direito de propriedade, garantido amplamente pela Constituição;[3] entretanto, é uso inveterado[4] no foro desta capital o arbitramento em prejuízo do senhor.

Feliz foro para tão vantajoso *negócio!*

Os depositários, que também são *determinados amigos*, aproveitam-se dos serviços e concorrem para a boa vida dos *felizes depositados*.

UM PREJUDICADO

---

3. Referência indireta ao *caput* do art. 179, que declarava que a "inviolabilidade dos direitos civis e políticos dos cidadãos brasileiros, que tem por base a liberdade, a segurança individual e a propriedade, é garantida pela Constituição do Império". Cf. *Constituição Política do Império do Brasil*. Rio de Janeiro: Tipografia Nacional, 1824, pp. 41–43.
4. Estabelecido, arraigado.

Capítulo 1
Que lhe sirva a carapuça
Escândalo – I[1]

Comentário *A resposta é tanto sóbria quanto sarcástica. Afro demonstrava estar bastante a par das "questões manumissórias no foro da capital". Ao estilo de um advogado recém-vitorioso na corte, Afro limitava-se a dizer que a alforria era legítima e legal porque, em síntese, o "pecúlio foi doado por quem podia fazê-lo; porque adquiriu o dinheiro pelo seu trabalho". Contudo, devolvia na réplica que conhecia mais do que a causa de liberdade da alforriada: conhecia o passado do "prejudicador", que teria adquirido posses e propreidades "surrupiando o alheio".*

Resposta ao sr. Prejudicado que, na *Província* de ontem, publicou um artigo relativamente a questões manumissórias[2] no foro da capital.

O pecúlio[3] foi doado por quem podia fazê-lo; porque adquiriu o dinheiro pelo seu trabalho.

Saiba o sr. prejudicador que nem todos adquirem fortuna surrupiando o alheio, *como alguém*; nem todos têm a felicidade de contar [com] tuteladas ricas, com as quais se casem vantajosamente; nem tanta falta de pudor, como... que recebe (e acha pouco!!!) 1:200$ pela alforria *da mãe do seu sobrinho carnal!*...

Só homens desta laia podem, sem fundamento, invectivar[4] juízes honestos.

AFRO:.[5]

1. *A Província de S. Paulo* (SP), Seção Livre, 15 de setembro de 1877, p. 2.
2. Formas processuais em que se demanda a liberdade.
3. Patrimônio, quantia em dinheiro que, por lei (1871), foi permitido ao escravizado constituir a partir de doações, legados, heranças e diárias eventualmente remuneradas.
4. Afrontar por meio de linguagem insultante.
5. Mantive a grafia com os três pontos dispostos triangularmente após a assinatura pois, ao que parece, o autor poderia estar enfatizando o seu pertencimento maçônico.

ESCRAVOS E CANALHAS
ESCÂNDALO – II[6]

Comentário *A tréplica do tal "prejudicado" ilustra de maneira categórica os interesses, ideias e inimigos com que Afro-Gama costumava lidar na trincheira pelo direito à liberdade. Refutando prolongar a discussão sob explícito pretexto racista, o auto-intitulado "prejudicado" dá outros elementos sobre a causa de liberdade que o faziam vir a público criticar o juízo de direito da capital; e estende quais os pressupostos de sua reclamação, a saber, a suposta constituição fraudulenta do pecúlio e "o roubo como meio legal de adquirir a propriedade". Essas duas chaves de leitura seriam exploradas na contestação feita por Afro, que, pelo teor do ataque que recebia, não era um ocasional defensor de uma eventual demanda de liberdade; demonstrava conhecer o processo por dentro, estava a par da liberalidade de terceiros na constituição do pecúlio da mulher escravizada e tinha em sua biografia alguns dos traços estruturantes da ofensa racial e política que o "prejudicado" tentava, afinal e sem sucesso, prejudicar.*

Apareceu *Afro:*. pela *Província* nº 775 de 16 do corrente,[7] e pelo que se nota é *pedreiro livre*, não obstante ser escravo.[8]

Para declarar que o *pecúlio*[9] foi doado por quem podia fazê-lo, porque adquiriu o dinheiro pelo seu trabalho, não precisava vir
5 à imprensa, porquanto todos percebem que o *trabalho* a que se refere é sobremodo lícito, máxime[10] para aqueles que consideram o roubo como meio legal de adquirir a propriedade.

---

6. *A Província de S. Paulo* (SP), Seção Livre, 16 de setembro de 1877, p. 3.
7. Em realidade, como visto, Afro publicou na edição do dia 15 de setembro de 1877.
8. É de se notar o escárnio nas entrelinhas — entre o grifo e a ofensa. A designação de "pedreiro livre" pode ser lida como eufemismo para trabalhador pobre, não escravizado, e sem insígnia alguma — canudo, anel, título — que o qualificasse como bacharel ou fidalgo. A definição seguinte — "não obstante ser escravo" — é implacável com o estatuto jurídico com que faziam perseguir o ex-escravizado que, embora alcançasse a liberdade, seria comumente estereotipado pela marca da escravização pregressa.
9. Patrimônio, quantia em dinheiro que, por lei (1871), foi permitido ao escravizado constituir a partir de doações, legados, heranças e diárias eventualmente remuneradas.
10. Principalmente, especialmente.

Quanto às outras *cantigas* do pedreiro livre, petas, petas, petas,[11] não merecem resposta; mesmo por não ser honrosa qualquer discussão com escravo, e outros canalhas, apenas diremos: "só homens de alma tão negra podem, mentindo, levantar tantas calúnias."[12]

UM PREJUDICADO

---

11. Mentiras, engodos.
12. Se a abjeta qualificação do primeiro parágrafo parecia excessiva, no arremate o auto-intitulado "prejudicado" fez o aparentemente impossível: a um só tempo subiu o tom da injúria e baixou o nível da contenda. Insistiu na marca pregressa da escravização de *Afro* como pretexto para fugir da discussão; somou o adjetivo "canalha" ao seu já prejudicado ataque e, como cusparada final, assacou uma ideia — "só homens de alma tão negra" — que expressava o racismo que dominava sua reflexão. A réplica a esse texto, que viria na edição seguinte — o leitor a lerá —, demonstra que *Afro* não deixaria esse ponto sem resposta.

Capítulo 2
Conheço o seu passado
Escândalo – II[1]

Comentário   *A discussão teria fim com a palavra de Afro. Às injúrias do "prejudicado", aqui tratado como "homem branco" e ladrão, Afro reiteraria um ponto-chave de sua primeira réplica, a saber, a imoralidade senhorial no arbitramento de uma alforria mediante pagamento da própria mãe de um seu sobrinho carnal, o que explicitava relações familiares social e juridicamente espúrias. Uma vez que o argumento central do "prejudicado" era de que o pecúlio seria fraudulento, Afro retorquia-lhe que, mesmo "sabendo que o dinheiro era roubado", teria ele, o auto-intitulado "prejudicado", pedido mais dinheiro ainda. Ou seja, enquanto era possível lucrar com o suposto roubo, o "prejudicado" estava pronto para a rapina; não mais o sendo, escandalizou-se com a infâmia de que estava antes contente em participar. Batendo nesse ponto, Afro castigava a imoralidade da figura do senhor da escravizada que alcançou a liberdade, acrescentando que, "se o roubo não fosse causa lícita", o "prejudicado" não teria feito fortuna "naquele celebérrimo contrato para o Mato Grosso!" Afro-Gama voltava ao passado do "homem branco" para contestá-lo onde certamente lhe doía mais. E tirava o chão de futuros "prejudicados" que não passavam de prejudicadores.*

Sr. Prejudicado,

Com que então o negrinho doador do pecúlio[2] é *cativo* e é *ladrão*!!

E v. s., *homem branco* (!), *sabendo que o dinheiro era roubado*, pediu 4:000$000 pela alforria da *mãe de seu sobrinho*!!

Que nobreza de sentimentos!!!

Que pureza de consciência!!!

Bem diz o povo:

---

1. *A Província de S. Paulo* (SP), Seção Livre, 18 de setembro de 1877, p. 2.
2. Patrimônio, quantia em dinheiro que, por lei (1871), foi permitido ao escravizado constituir a partir de doações, legados, heranças e diárias eventualmente remuneradas.

Ladrão que rouba ladrão
Tem cem anos de perdão

Ora, sr. *Prejudicado*, estes juízes são mesmo uns *corruptos!*...
e os protetores dos escravos uns especuladores vis!...
Confesse, sr. *Prejudicado*, se o roubo não fosse causa lícita,
v. s. não teria dado *passos* adiante do seu ex-sócio naquele celebérrimo[3] contrato para o Mato Grosso!...

Tanto não fez o *negro ladrão!*
AFRO∴

---

3. Superlativo de célebre, algo como muitíssimo célebre.

PARTE VIII

CARTAS AO MISTER JOSÉ BONIFÁCIO
E A OUTROS MISTERS

NOTA INTRODUTÓRIA "*Procurem o Luiz Gama — original; porque há, por aí, em cavilosas brumas, um Luiz Gama — de imitação...*" A bem humorada tirada demonstra a maneira franca e confortável com que Gama tratava os leitores. Própria, aliás, de quem dominava os macetes do ofício da escrita. Nada, a essa altura da partida, que nos surpreendenda. Nessa seção, contam-se onze cartas escritas por Gama. Entre elas, cartas privadas e cartas públicas; cartas com endereçamento amplo — "Aos homens de bem", "Carta aos cidadãos franceses", etc. —, ou direcionado — "Carta a José Bonifácio", "Carta a Francisco Antonio Duarte", etc. Todas, sublinha-se, firmadas em seu nome próprio. Lidas em conjunto, considerado obviamente o triênio desse volume, pode-se observar uma rede pessoal e profissional variada e eclética. Há o célebre professor de direito e político José Bonifácio, o mister José, numa referência que atesta senão amizade ao menos alguma proximidade entre colegas; mas há também a declaração pública de apreço ao modesto cabo de esquadra Francisco Antonio Duarte, num sinal que soa evidente de uma amizade construída ainda nos tempos de quartel, quando Gama servia como oficial da Força Pública. É de se destacar que duas de suas cartas são dirigidas aos seus médicos. Cada uma, todavia, datada de um ano diferente — 1878, 1879. Pode-se entender, lidas a contrapelo, que tratam de uma mesma e grave enfermidade que insistentemente acompanhava Gama desde seu súbito aparecimento, provavelmente em fevereiro 1878. Seria a diabetes que o fulminou em agosto de 1882? Não se sabe com toda precisão. Contudo, a partir de então, pode-se conjecturar que Gama passou a lidar com o trabalho e a vida com novas e indesejadas preocupações.

Capítulo 1
Tenho pressa
Carta a José Bonifácio[1]

Comentário   *A carta é reveladora da relação pessoal e profisisonal que Gama tinha, em 1877, com José Bonifácio. Entre possíveis observações nesse sentido, notem a forma como Gama pede que Bonifácio lhe envie livros. "Tenho pressa", finalizava Gama, sugerindo nas entrelinhas que a urgência se devia a algum estudo ou artigo que estivesse escrevendo.*

Mister José,

Saúde, bom apetite, paz de espírito, e áureas inspirações.

Não me faça como o Bernardo,[2] que, de tudo quanto lhe pedi, arranjou, apenas, o improvimento[3] de uma Revista, no Supremo Tribunal de Justiça…

Manda vir, para mim, e me remeta, se na Corte não houver, o Dicionário Jurídico Pereira e Souza;[4]

A obra sobre acontecimentos políticos do Brasil, pelo Antonio Pereira Rebouças;[5]

---

1. Biblioteca Mário de Andrade, Seção de Obras Raras, Correspondências de José Bonifácio, P 9 D 77, 20 de maio de 1877.
2. Não foi possível identificar quem seria esse Bernardo.
3. Decisão desfavorável no mérito de um recurso processual, nesse caso mais exatamente de uma Revista no âmbito do Supremo Tribunal de Justiça.
4. Escrito pelo jurista português Joaquim José Caetano Pereira e Sousa (1756–1819), este *Dicionário Jurídico* foi um famoso livro normativo-pragmático que se destinava a dar instruções práticas para o advogado atuar no foro. Cf. Joaquim José Caetano Pereira e Sousa. *Esboço de um Dicionário Jurídico, Teorético e Prático*. Lisboa: Tipografia Rollandiana, 1825.
5. Embora a descrição sucinta sugira que se tratasse das *Recordações da vida patriótica* do advogado, jurista e político baiano Antonio Pereira Rebouças (1798–1880), o mais provável, no entanto, é que a obra encomendada por Gama fosse as *Recordações da vida parlamentar: moral, jurisprudência, política*

Mello Freire, Direito Civil em português;⁶ — Creio que a tradução é de Pernambuco.⁷
Tenho pressa.

Disponha do
Am[ig]o
LUIZ
20 de maio de 1877

e liberdade constitucional, publicada em 1870 pelo mesmo Rebouças. Descartei a hipótese de se tratar das *Recordações da vida patriótica* em razão do ano de lançamento daquela que parece ser a sua primeira edição, a saber, 1879. Feita a ressalva, cf. Antonio Pereira Rebouças. *Recordações da vida parlamentar: moral, jurisprudência, política e liberdade constitucional*. Rio de Janeiro: Tipografia Universal de Laemmert, volume I, 1870.
6. A referência é intrincada. Provavelmente, Gama esteja falando da obra *Instituições de Direito Civil Português*, do célebre jurista português Pascoal José de Mello Freire dos Reis (1738–1798) professor de Direito Civil da Faculdade de Direito da Universidade de Coimbra e desembargador da Casa de Suplicação em Lisboa. Como o original fora publicado em latim, a observação do pedido para que lhe remetesse o livro em português ganha sentido. Tratando-se, então, da versão em português dessa obra escrita em latim, é possível que Gama tivesse em vista a adaptação das *Instituições* feita pelo jurista português Liz Teixeira (1790?–1847). Nesse sentido, cf. Antonio Ribeiro de Liz Teixeira. *Curso de Direito Civil Português, ou Comentário às Instituições do sr. Paschoal José de Mello Freire sobre o mesmo Direito*. Coimbra: Imprensa da Universidade, 1848.
7. Ao invés de tradução, talvez deva-se ler edição.

Capítulo 2
Mensagem cifrada
Bilhete para José Bonifácio[1]

Comentário *Mais uma carta cifrada — e uma peça a mais para o quebra-cabeça das relações pessoais e profissionais de Gama. Quem seria o Fructuoso e do que trataria o folheto por ele confiado?*

Mister,
    O Fructuoso confiou-me o folheto.
    Leia-o com atenção.

Seu ami[g]o,
LUIZ   5

---

1. Biblioteca Mário de Andrade, Seção de Obras Raras, Correspondências de José Bonifácio, Cx. 02, P 9 D 77, s. d.

Capítulo 3
Amanhã na congregação
Carta a José Bonifácio[1]

Comentário *Breve e eloquente, essa carta a José Bonifácio tem um conteúdo cifrado. Não se sabe exatamente quais as razões do "tão grande empenho" que Gama tomou em favor do "estudante Tito Antonio da Cunha". Ainda assim, a carta é uma peça interessantíssima no quebra-cabeça das relações pessoais de Gama. Qual seria o requerimento do aluno Tito que seria deliberado na congregação da Faculdade de Direito de São Paulo?*

Exmo.,

Peço-lhe encarecidamente que seja favorável, amanhã, na congregação,[2] ao estudante Tito Antonio da Cunha.[3]

Depois lhe direi porque tomo tão grande empenho.

Seu amigo obrigadíssimo, 5
LUIZ

---

1. Biblioteca Mário de Andrade, Seção de Obras Raras, Correspondências de José Bonifácio, Cx. 02, P 9 D 75, s. d.
2. Órgão colegiado decisório da Faculdade de Direito de São Paulo
3. Ainda não encontrei informações detalhadas desse personagem, nem mesmo indícios concretos que teriam levado Gama a interceder por ele. Uma pista, no entanto, é digna de nota: na "lista das faltas dos estudantes da Faculdade de Direito dadas até o fim de maio de 1870", um certo Tito Antonio da Cunha aparece entre os cinco alunos mais faltosos de uma turma de trinta e nove quartanistas (cf. *Correio Paulistano* (SP), 16 de junho de 1870, p. 4. Qual o motivo para tão enérgico empenho em favor de um estudante é uma pergunta em aberto.

Capítulo 4
A reforma pela revolução
Carta aos redatores da Província[1]

Comentário *Um dos mais significativos textos da militância republicana de Gama. Fazendo um balanço crítico dos últimos dez anos do movimento republicano paulista e brasileiro, Gama denuncia a capitulação e cooptação de antigos correligionários para uma agenda reformista inconsistente, moderada e tutelada pelos partidos do Império. "Somos radicais; este é o nosso estandarte", dizia Gama, lamentando, antes de tudo, a fraqueza programática da ala majoritária do Partido Republicano e, por outra parte, valorizando a tenacidade da "minguada fração do grande Partido Republicano", que clamava com todas as letras: "Queremos a reforma pela revolução; temos princípios, temos programa". Gama respondia o editorial do jornal* Tribuna Liberal *como se lesse nele a voz de um antigo aliado. Ainda que não saibamos precisamente a quem individualmente ele replicava, pode-se ler o artigo como uma página da história do movimento republicano e um testemunho valioso dado por um veterano de suas fileiras. Reconhecida liderança política, ainda que fora dos mecanismos institucionais de poder, a exemplo do parlamento e dos gabinetes do Executivo, Gama reunia como poucos condições para fazer um balanço dessa natureza.*

Quando, em tempos passados, que não muito se distanciam do presente, nos reunimos sob a bandeira, e à luz dos princípios da democracia pura, cristã e socialista, animavam-nos dois grandes pensamentos, tínhamos duas grandes ideias: derruir a monarquia, em nome do país e da civilização; estabelecer a República em nome da liberdade.

Então constituíamos um partido, o partido nacional, o partido radical, o partido da revolução; não se media a sua força pelo número dos congregados, senão pelo arrojo das concepções, pela firmeza da vontade, pela singularidade da abnegação, pelo trasonismo[2] das manifestações.

1. *A Província de S. Paulo* (SP), Seção Livre, 06 de novembro de 1877, p. 2.
2. Atrevimento, ousadia excessiva.

Éramos demolidores das obras do despotismo sob todas as formas conhecidas, e construtores de uma nacionalidade inteiramente livre.

Declaramos[3] guerra formal aos partidos militantes do Império, mórbidas coortes[4] de valetudinários[5] Druidas,[6] entibiados[7] há muito pelo fumo do incenso e da mirra[8] dos palácios; condenamos, sem detença,[9] o parlamento e as assembleias, sáfaras[10] chancelarias do rei e dos seus agaloados[11] sátrapas;[12] e votamos à execração pública essa mentira codificada pela hipocrisia, que a ironia dos poderosos, por mero escárnio, qualificou de — *Constituição política do império.*

Queríamos construir, depois da luta, da completa derrota e do aniquilamento indispensável dos nossos adversários, sob a égide de uma ditadura provisória e necessária, ilustrada e intransigente, inspirada pelo direito, dirigida pela razão, e dominada pela justiça, não sobre ruínas, porque tudo seria removido, até os alicerces, mas *em uma superfície plana*, o edifício moderno da nova sociedade, sem municípios atrelados, sem magistratura cômica, sem parlamentos subservientes, sem eleitores autômatos, sem ministérios de fâmulos,[13] sem religiões de estado, sem

---

3. Pelo contexto e pelos tempos verbais adotados em diversos parágrafos, faz mais sentido que se leia como "Declarávamos".
4. Tropa, força armada.
5. Débeis, doentes.
6. Sacerdote, por metonímia, aquele investido de algum cargo político ou judiciário por delegação do imperador.
7. Enfraquecidos, debilitados.
8. Por metonímia, a resina vegetal aromática, junto ao incenso, fazem as vezes das benesses e privilégios do poder político.
9. Delonga.
10. Toscas, grosseiras.
11. Indivíduo que usa galão no vestuário. Espécie de adorno que sinaliza condecoração, distinção de patente, privilégio ou classe.
12. Déspotas, tiranos.
13. Criados domésticos, serviçais subservientes.

ciência oficial e professores tutelados, sem regimentos monocráticos,[14] sem exército de janízares,[15] e sem escravos, porque estava proscrito[16] o senhor.

Tínhamos um programa infinito, encerrado em uma só palavra, Progresso; alterável todos os dias, porque um programa político não é um evangelho sedicioso,[17] que desafia à revolta, quando não planta o indiferentismo, pelo estoico[18] sofisma da sua desastrosa imutabilidade; é o relatório fiel das necessidades públicas, e de todas as aspirações legítimas; e da sua restrita satisfação dependem a felicidade dos povos, a segurança dos governos, a tranquilidade dos estados, e a conservação das instituições; em política não há dogmas; os deuses foram-se com a mitologia.

Eis o que, há dez anos, pretendiam os validos[19] republicanos do Brasil.

Hoje, este programa pertence a uma minguada fração do grande Partido Republicano, disseminado em todo o país.

Somos radicais; este é o nosso estandarte.

Escrevemos estas linhas em resposta ao editorial da *Tribuna Liberal* de hoje.

Queremos a reforma pela revolução; temos princípios, temos programa.

Somos homens, enfim, temos futuro!

São Paulo, 3 de novembro de 1877

L. GAMA

---

14. Autocráticos, absolutos.
15. Capangas, guarda-costas de déspota.
16. Extinto.
17. Insurgente, indisciplinado.
18. Inflexível, rígido.
19. Prezados.

UMA RESPOSTA[20]

Comentário *A réplica da redação da* Tribuna Liberal *é tão dura quanto dissimulada. Há que se ter cuidado na leitura, pois nem tudo o que está posto à mesa parece mesmo pertencer ao debate aberto por Gama. Há trechos inteiros atribuídos ao abolicionista negro — entre aspas, inclusive — que sequer sabemos se de fato foram enunciados por ele. Chama atenção, contudo, o fato de a poderosa* Tribuna Liberal *eleger Gama como desafeto público e direcionar-lhe tal resposta ácida. Por um lado, isso evidencia a estatura política do líder "socialista" Gama e alguns prováveis componentes de suas ideias revolucionárias. Por outro lado, joga luzes sobre as fissuras entre liberais, republicanos moderados e republicanos revolucionários no último quartel do século* XIX. *Mais do que o desdobramento da carta precedente de Gama, a réplica da* Tribuna Liberal *evidencia como sua liderança incomodava setores importantes do liberalismo brasileiro. É de se notar, por fim, que Gama não deu uma resposta. Naquele início de novembro de 1877, ele estava envolvido com todas as suas forças na escrita do célebre "O misterioso roubo da alfândega de Santos", que sairia a lume em alguns dias. Talvez por isso tenha optado em não contestar o ultra-positivista editorial da* Tribuna Liberal*; ou talvez tenha deixado a resposta para dias futuros, como os de dezembro de 1880, quando destrincharia o "positivismo da macia escravidão" no contexto das célebres cartas a Ferreira de Menezes, reunidas em* Liberdade, 1880–1882, *o oitavo volume destas* Obras Completas.

Veio ontem na seção livre da *Província* o nosso distinto colega Luiz Gama contestar o que dissemos em relação aos republicanos brasileiros no artigo sob a epígrafe "O partido liberal".[21]

Mas, como já o esperávamos, o artigo do sr. Luiz Gama não é senão uma brilhante confirmação do que dissemos.

O que querem os republicanos do Brasil?, perguntamos nós; qual o seu fim, quais as suas ideias, qual o seu programa?

E a esta interpelação formal, dirigida aos republicanos em geral, responde-nos Luiz Gama: "nós, meia-dúzia de pensadores coerentes, queremos a revolução, e depois da revolução, a república socialista, com a ditadura".[22]

Aqui está o principal da questão.

20. *Tribuna Liberal* (SP), [Editorial], 07 de novembro de 1877, p. 1.
21. O editorial "O partido liberal" pode ser lido na *Tribuna Liberal* (SP), 07 de novembro de 1877, p. 1.
22. Gama não escreveu esta frase, como a *Tribuna* dá a entender, no artigo precedente. Não se exclui, no entanto, a possibilidade de tê-la falado em público.

Não se lembra o nosso ilustre adversário que falando assim põe-se em flagrante contradição com os republicanos brasileiros? Esses poucos homens que declaram guerra formal aos partidos militantes do Império, *mórbidas coortes*[23] de valetudinários[24] *Druidas,*[25] *entibiadas*[26] *há muito pelo fumo do incenso e mirra*[27] *dos palácios*, que condenam sem detença o parlamento e as assembleias; e que votam à execração pública a Constituição política do Império, não se arreceiam de encontrar no seu caminho os republicanos que pregam o dogma das maiorias e o governo do país pelo país, o regime parlamentar?[28]

Esses homens que falam em nome dos socialistas não terão por primeiros e mais ardentes inimigos os próprios endeusadores da Revolução Francesa, de Robespierre[29] e da Convenção?[30]

E esses poucos, que se dizem coerentes e definidos, poderão dizer-se também os legítimos representantes da ideia republicana no Brasil?

Não, de certo.

Eles formam uma diminuta fração que por ora nenhum peso pode ter na balança dos acontecimentos políticos da pátria.

E assim, longe de provar o contrário do que nós dissemos, a sua existência não faz mais do que corroborar a nossa afirmativa.

Mas poderá dizer o sr. Luiz Gama: "não nos importa a nós que a maioria republicana do Brasil tenha ideias contrárias às

---

23. Tropa, força armada.
24. Débeis, doentes.
25. Sacerdote, por metonímia, aquele investido de algum cargo político ou judiciário por delegação do imperador.
26. Enfraquecidas, debilitadas.
27. Por metonímia, a resina vegetal aromática, junto ao incenso, fazem as vezes das benesses e privilégios do poder político.
28. Parte importante do parágrafo é tirada do contestado artigo de Gama. A *Tribuna*, contudo, grifou em itálico e acrescentou conclusão diversa da do autor.
29. Maximilien de Robespierre (1758-1794) foi um advogado e estadista francês de importância singular para a Revolução Francesa.
30. Referência ao regime político denominado Convenção Nacional, que vigorou entre 1792 e 1795, fundando a Primeira República Francesa.

nossas, que não haja mesmo de comum entre nós senão a palavra república, porque nós somos autoritários e eles são liberais, nós queremos o despotismo claro e eles querem umas formas de liberdade abstrusas e hipócritas; nós queremos o governo de um e eles querem o governo de muitos ou de todos".[31]

E dizer mais: "Dissestes que não tínhamos ideias, aqui estão as nossas ideias; dissestes que não tínhamos programa, aqui está o nosso programa".[32]

Mas que ideias, que programa?

A República? Eles também a querem! A ditadura? E vós falais em nome da democracia!

Pois não achais perfeito antagonismo entre democracia e ditadura? Pois não vedes que a democracia é o governo de todos e a ditadura é o governo de um só?

Ditadura e progresso? Mas não compreendeis que a primeira é a negação do segundo, e que aventar semelhante ideia nesta época é desconhecer as conquistas da ciência política como ciência social?

A ditadura, quer monárquica, quer republicana, está condenada pela ciência, pelos próprios princípios que invocais, está condenada pela história.

Ditadura foi a dos césares romanos, que levou o Estado ao desmembramento e à morte; ditadura foi a de Solano López,[33] que arrastou o Paraguai ao suicídio; ditadura foi a de Napoleão III,[34] que conduziu a França a Metz[35] e a Sedan.[36]

---

31. Novamente, não há comprovação de que Gama tenha escrito esta frase ou tenha defendido estas ideias.
32. Como visto acima, não há registro de que Gama tenha escrito essa frase.
33. Francisco Solano López (1827-1870) foi presidente da República do Paraguai entre 1862-1870.
34. Napoleão III de França (1808-1873), sobrinho de Napoleão Bonaparte (1769-1821), foi presidente (1848-1852) e imperador da França (1852-1870).
35. Referência ao Cerco de Metz, cidade francesa que foi palco de uma longa batalha ocorrida no contexto da Guerra Franco-Prussiana, em 1870.
36. Refere-se à Batalha de Sedan, cidade localizada no leste da França, ocorrida

O princípio da divisão dos poderes é a mais bela conquista da ciência política, e tanto mais bela e mais segura porque se funda na observação dos fenômenos físicos, uma vez que a ciência é uma e as regras gerais absolutas e imutáveis.

No mundo biológico se observa que quanto mais adiantado é o animal, mais apurada é nele a localização das funções; mais perfeita a divisão do trabalho; esta verdade observativa deu em resultado os dois grandes princípios da divisão dos poderes e da sua concentração, e tal foi o rápido caminho que fizeram estes princípios que logo as máximas contrárias foram condenadas por absurdas e falsas.

E quereis sacrificar todas as conquistas da ciência, quereis ceder todo o terreno ganho para voltar aos velhos tempos dos homens excepcionais e necessários, dos enviados de Deus e dos predestinados?

Quereis, então, ceder uma outra conquista do direito moderno, a livre votação do imposto pelo contribuinte, para substituí-la pela vontade de um homem, imensamente sábio, imensamente bom, infinitamente grande?

Napoleão III é do vosso partido; deveis reconhecê-lo por um dos vossos chefes, porque ele nas suntuosas Tulhérias[37] escreveu a história de César e provou ele que não podia falar em nome da hereditariedade; a utilidade dos homens extraordinários, enviados de tempos a tempos pela Providência para dar nova direção ao mundo, ele que justificou e até endeusou a ditadura.

Porque desenganem-se de uma vez os homens das fórmulas vagas; república e monarquia são questões secundárias quando se trata de princípios; monarquistas e republicanos militam nas mesmas fileiras, inconscientemente talvez, sempre que se acham unidos pelos mesmos princípios gerais.

---

durante a Guerra Franco-Prussiana, em 1870. A batalha pôs fim à guerra, decretando a vitória das forças alemãs sobre o exército francês. Derrotado, Napoleão III, imperador da França, foi levado como prisioneiro para a Prússia.
37. Então residência oficial dos monarcas franceses.

É assim que debalde querem os republicanos amantes da ditadura acobertar-se com o manto da democracia; democracia quer dizer o governo do povo pelo povo, e o lugar deles deve ser ao lado de Cromwell,[38] de Napoleão, de López e de César.

Esses todos formam um só partido, chamem-se o governo de uns de monarquia e o de outros de república.

A palavra nada vale quando a ideia é tudo.

Assim ainda afirmais o que dizemos quando juntais as palavras ditadura, democracia, progresso e revolução.

Quanta incoerência, senhores republicanos coerentes.

Ditadura e democracia, isto é, o governo de um e o governo de todos!

Progresso e revolução, isto é, a ciência e a violência, a marcha natural e a força, a ordem e o tumulto!

Se a isto chama-se bandeira de um partido, o que se chamará a um manto de retalhos?

E atentei:

Ainda não dissestes tudo; em nome de que princípio, de acordo com que lei governará o ditador?

Em nome do arbítrio?

E bansi [sic] a monarquia!

Em nome da lei?

E quem há de fazê-la?

Em nome da ciência?

Mas vós a negais!

---

38. Oliver Cromwell (1599-1658) foi um estadista e militar inglês que se notabilizou por defender a execução do rei Charles I e consequentemente abolir a monarquia inglesa.

Capítulo 5
Aos homens da medicina
Carta pública aos seus médicos[1]

Comentário *Ao dirigir publicamente "um sincero voto de profunda gratidão" a três médicos que o acompanharam na "grave enfermidade" de que sofria, Gama revelava que vivia tempos difíceis. Pelo tom da carta, pode-se notar que passou por maus bocados. Qual teria sido a moléstia? Que doença o acometera? Teria sido a diabetes que o vitimou fatalmente em 1882? Ou possuía outra comorbidade? Não se sabe com toda a exatidão. O que se vê, todavia, é que escapou com vida de uma grave enfermidade e expressava seu reconhecimento e gratidão aos médicos que, pode-se dizer, o salvaram de uma situação complicada.*

Ilmos. Srs. Redatores,[2]

Devo aos meus respeitáveis amigos, distintos médicos, drs. Jayme Serva,[3] Clímaco Barbosa[4] e Adolpho Gad,[5] um sincero voto de profunda gratidão pelo muito interesse e notável

---

1. *A Província de S. Paulo* (SP), Noticiário, 27 de fevereiro de 1878, p. 2.
2. A carta é precedida pela seguinte nota da redação do jornal: "Este distinto cidadão, já restabelecido da grave enfermidade que há dias sofreu, nos envia as seguintes linhas".
3. Jayme Soares Serva (1843-1901), baiano, natural de Salvador, onde se formou em medicina em 1867. Foi voluntário da pátria durante os combates na Guerra do Paraguai e de lá voltou com a patente de major médico. Fez carreira médica em São Paulo.
4. Clímaco Barbosa (1839-1912), natural de Salvador (BA), foi médico, político e jornalista, sendo redator-proprietário da *Gazeta do Povo* (SP) no início da década de 1880. Na qualidade de perito e avaliador, colaborou com Luiz Gama em diversas ações judiciais.
5. Não encontrei referências detalhadas sobre Adolpho Gad, contudo, pode-se dizer que foi um médico dinamarquês, formado pela Universidade de Copenhague, especializado em oftalmologia, que se radicou em São Paulo, onde fundou e chefiou o 1º Serviço de Moléstias dos Olhos da Santa Casa de Misericórdia de São Paulo, entre 1885-1892. Aparentemente irrelevante, o indicativo de sua especialização médica — que se encontra em dezenas de anúncios de jor-

perícia com que trataram-me na grave enfermidade de que fui repentinamente acometido; e imploro-vos a graça de consentirdes que, pelo vosso conceituado jornal, eu dê publicidade a este meu voto de reconhecimento e gratidão.

São Paulo, 26 de fevereiro de 1878
Vosso respeitador e amigo,
LUIZ GAMA

---

nais — sinaliza um traço importantíssimo para compreender o quadro clínico de Luiz Gama: diagnosticado com diabetes, provavelmente sofria de sintomas da "grave enfermidade" relacionada à visão, razão pela qual um médico oftalmologista o acompanhava.

Capítulo 6
Vive la France!
Carta aos cidadãos franceses[1]

Comentário *Talvez por complicações de saúde, Gama não compareceu ao jantar festivo em comemoração ao aniversário da República da França. Promovido por cidadãos franceses, o evento também reunia militantes do Partido Republicano Paulista, entre outros entusiastas das relações amistosas entre Brasil e França. Contudo, mesmo não se fazendo presente, Gama endereçou uma carta pública aos cidadãos franceses, provavelmente lida na solenidade realizada no Hotel da Paz, na qual renovava suas convicções republicanas por meio de um repertório de metáforas políticas bastante eloquente. Transitando entre temporalidades distintas, Gama escreve uma peça que, embora laudatória, acena para a luta — e utopia — internacional pela emancipação e união dos povos.*

> Lá está 92, a esplêndida epopeia
> Escrita por um povo à luz de cem batalhas,
> Lá está 92 para provar que a ideia
> Não morre com metralhas![2]
>
> G. JUNQUEIRO[3]

Não faltei ao convite; aqui estou.
Vim na palavra; e vim para saudar-vos.

---

1. *A Província de S. Paulo* (SP), Noticiário, 08 de setembro de 1878, p. 2. Preâmbulo que contextualiza o mote da carta de Gama: "*O quatro de setembro* — Damos aqui a carta que o cidadão Luiz Gama, ausente, enviou aos cidadãos franceses, reunidos no Hotel da Paz, a 4 do corrente, para solenizar o aniversário da instituição de governo republicano em França. S. Paulo, 4 de setembro de 1878".
2. *Victoria da França* (1870), versos de Guerra Junqueiro publicados pela Livraria Internacional de Ernesto Chardron, Porto-Braga, 20 pp.
3. Abílio Manuel Guerra Junqueiro (1850–1923), nascido em Ligares, Portugal, foi político, jornalista e diplomata, além de poeta e escritor que alcançou grande notoriedade na vida cultural luso-brasileira.

Saúdo, em vós, a República, na República, a liberdade, e na liberdade, o eterno luzeiro dos povos.

Comemorais, nesta esplêndida festa, o maior dos prodígios populares, o terceiro estabelecimento da República em França; relembrais, ao clarão do mais notável dos séculos, o mais importante dos acontecimentos que registra a história da humanidade.

Este fato aviventa aos cidadãos; os servos tauxiam[4] de opróbrio[5] e fazem estremecer os tiranos.

Esta imponente reunião, estes irrompimentos de júbilo, este civismo inquebrantável, que tão brilhante se eleva, constituem o hino sagrado da grande vitória da justiça e da verdade; são os cânticos matinais entoados por milhões de vozes ao despontar do Sol no oriente: o Sol é a República; o oriente, a França.

Mas... silêncio!

Estes cânticos sublimes são por Vós entoados perigosamente, na melhor porção da velha Turquia americana...

Cautela!... Não acordeis, com as vossas abundâncias de alegria, os súditos felizes, que repousam, em calma, e sonham com a infalibilidade do Rei...

Moderai as vozes.

Vossos cânticos patrióticos partiram de além século; passaram por sobre túmulos reais; rememoram as lutas homéricas da revolução; reboaram[6] em Versalhes quando se derruía um trono; foram ouvidos na Convenção,[7] quando julgaram o neto de São Luiz; e na *praça da revolução*, quando o decapitaram.[8]

Vossos cânticos foram escritos com o sangue divino do Cristo

---

4. Coram, enrubescem.
5. Grande vergonha.
6. Ecoar com estrondo, retumbar.
7. Referência ao regime político denominado Convenção Nacional, que vigorou entre 1792 e 1795, fundando a Primeira República Francesa.
8. Refere-se a Luís XVI (1754–1793), rei francês deposto e decapitado em decorrência dos julgamentos da Revolução Francesa.

das monarquias; assinalam o despertar do mundo; recordam a data de uma sentença imortal; traduzem a verdadeira Ilíada;[9] chamam-se — 93 ou a emancipação do povo.

Aqui, porém, neste vastíssimo incógnito paraíso, os republicanos são como Corifeus[10] olímpicos, trajam cândida pretexta; querem a liberdade por a conquista da inteligência; por armas têm a pena e a palavra; são suas trincheiras a imprensa e a tribuna; têm por baluarte as urnas; por facho as eleições; e por bandeira a lei do orçamento. Descansa a liberdade em berço de esmeraldas; medra[11] por entre flores de retórica; brilham ao seu colo rubis e diamantes: temos uma democracia erótica.

Aqui os republicanos são os Serafins[12] da paz; e a paz é a base da liberdade.

Aqui convivem o Império com a República; a democracia tem por emblema a coroa; o povo é Rei!

Cautela!...

Onde o povo é Rei os livres falam de manso; porque não é um direito, é um crime a revolução.

~

Há na superfície do globo dois pontos culminantes — Filadélfia e Paris —, e são como dois pedestais enormes construídos pela natureza.

---

9. No sentido de epopeia, associando com o contexto revolucionário francês à *Ilíada* da Grécia Antiga, narrativa épica dos acontecimentos da Guerra de Troia.
10. Metáfora que remete ao personagem-chave do teatro grego, indicando, nesse contexto, a proeminência dos republicanos brasileiros.
11. Cresce, desenvolve.
12. No sentido de mensageiros.

Sobre um está Washington;¹³ no outro Thiers;¹⁴ são dois marcos do destino, erguidos no seio do infinito; um pela América, o outro pela Europa.

Um dia, esses colossos se abraçarão, à face do oceano; e as nacionalidades livres formarão os — Estados Unidos do mundo.

Em nome do futuro e da liberdade eu vos saúdo.

Vosso correligionário e amigo,
LUIZ GAMA

---

13. George Washington (1732-1799) foi um comandante militar, líder político e estadista, sendo o primeiro presidente da República dos Estados Unidos da América (1789-1797).
14. Adolphe Thiers (1797-1877), natural de Marselha, França, foi advogado, jornalista, historiador e estadista. Foi presidente da França (1871-1873).

Capítulo 7
Virtudes de um homem de bem
Carta da comissão popular em homenagem a Joaquim Lebre[1]

Comentário *Assinada por uma Comissão Popular de três membros, Gama entre eles, a carta pública homenageava um português que havia sido agraciado, pelo rei de Portugal, com o título nobiliárquico de barão. Embora o escopo da carta seja incomum com outros escritos de Gama, haja vista nunca ter homenageado a titulação de qualquer fidalgo, a carta tem evidentes marcas estilísticas próprias da autoria de Gama, sugerindo, por outra parte, que o "testemunho público do muito apreço e admiração em que o povo tem o alto caráter" de Joaquim Lebre demonstrava o bom trânsito que Gama possuía com a colônia portuguesa na capital paulista.*

Ao muito digno sr. Joaquim Lopes Lebre,

A honradez, o trabalho e a perseverança constituem três virtudes que formam o homem de bem.

V. Excia. para constante prática destas virtudes e pelos generosos sentimentos do seu coração magnânimo, dando a mão aos fracos, remediando aos pobres e socorrendo aos infelizes,

---

1. *A Província de S. Paulo* (SP), Noticiário, Manifestação, 24 de dezembro de 1878, p. 2. Antes de reproduzir a íntegra do ofício da Comissão Popular, *A Província* noticiou o contexto da homenagem. Vejamos: "O sr. Joaquim Lopes Lebre recebeu anteontem em sua casa, à noite, um grande número de pessoas que, reunidas e com uma banda de música, foram cumprimentá-lo pela graça que lhe fez o governo de Portugal enviando-lhe o título de barão. Uma comissão entregou ao agraciado o ofício que abaixo transcrevemos por cópia, sendo em seguida servida uma esplêndida mesa de doces. Houve entusiásticos brindes e discursos e calorosas saudações, tomando parte nelas os srs. dr. Zeferino Candido, Luiz Gama, Cardim, J. M. Lisboa, coronel Rodovalho, Domingos Coelho, Serpa e outros cidadãos. O sr. Joaquim Lopes Lebre, profundamente comovido, agradeceu a todas aquelas manifestações de apreço".

constituiu-se, para com os homens de bem, um êmulo digno da maior consideração; para os fracos, um seguro protetor; e para os infelizes, pelo seu notável desinteresse, um verdadeiro pai.

O governo de S. M. El-Rei de Portugal, conferindo à V. Excia o título de barão de S. Joaquim, pagou à V. Excia. uma dívida de honra, contraída pelos bons portugueses, que não podiam saldá-la.

Os assinados nesta carta, mal interpretando, por sua minguada inteligência, os sentimentos nobilíssimos dos amigos de V. Excia., estrangeiros e nacionais, vêm dar testemunho público do muito apreço e admiração em que o povo tem o alto caráter de V. Excia. e de quanto aprecia o ato de benemerência de que, com tanto acerto, acaba de ser alvo.

Digne-se V. Excia., pois, de aceitar esta pequena prova da mais elevada consideração dos de V. Excia. criados atentos respeitadores.

São Paulo, 22 de dezembro de 1878
MANOEL ANTONIO FERREIRA DO VALLE
MANOEL JOSÉ MAIA
LUIZ G. P. DA GAMA
MEMBROS DA COMISSÃO POPULAR

Capítulo 8
Testemunho de gratidão
Agradecimento[1]

Comentário *Carta de agradecimento ao seu médico particular, seu conterrâneo e amigo, Jayme Serva. Indica, por um lado, que a saúde de Gama inspirava sérios cuidados no início de 1879 e, por outro lado, que possuía uma estreita relação de amizade com o baiano que, assim como Gama, fazia carreira profissional em São Paulo.*

Ao meu distinto e honrado amigo sr. dr. Jayme Serva[2] devo um público testemunho de gratidão que, destarte, apresso-me de saldar.

Prevalecendo-me da oportunidade, venho dar de minha boa razão por faltas antigas; e sinceramente agradecer aos bons amigos e dignos cavalheiros, que longo fora nomear, as provas inequívocas de apreço de que, por atos de nímia e espontânea delicadeza, lhes sou devedor.

São Paulo, 14 de fevereiro de 1879

L. GAMA

---

1. *A Província de S. Paulo* (SP), Seção Livre, 15 de fevereiro de 1879, p. 2.
2. Jayme Soares Serva (1843-1901), baiano, natural de Salvador, onde se formou em medicina em 1867. Foi voluntário da pátria durante os combates na Guerra do Paraguai e de lá voltou com a patente de major médico. Fez carreira médica em São Paulo.

Capítulo 9
Desagravos
Aos homens de bem[1]

Comentário   *Às vésperas do seu aniversário de 49 anos de idade, Gama publica um testemunho em abono ao caráter e à boa-fé do seu "venerando mestre e amigo", Furtado de Mendonça, famosa autoridade policial de São Paulo, que havia sido demitido de seu posto em meio a uma crise política. A carta pode ser lida como uma pá de cal na interpretação que se revela equivocada do suposto rompimento definitivo que teria se dado entre ambos, dez anos antes, em 1869. O desagravo de Gama em benefício de Furtado de Mendonça explicita que mantinham uma relação afetuosa mesmo depois do conflito deflagrado na década anterior. O testemunho, contudo, tinha outro agraciado, o também amigo Lins de Vasconcellos, com quem trabalhou — em lados opostos ou no mesmo lado da banca — diversas vezes. "Aos homens de bem", todavia, não era uma carta com direcionamento genérico ou escrita para simples satisfação de seus amigos. A carta tinha o objetivo de abaixar a fervura da crise política denunciando, por um lado, os "ataques sorrateiros" que Lins de Vasconcellos vinha sofrendo; e, por outro lado, solidarizando-se com ele e com o delegado Furtado de Mendonça, que, envolvido na crise, foi injustamente demitido pelo presidente da província.*

Acostumado a sentir, como meus, as ofensas e os desastres de que são vítimas os meus amigos, tenho presenciado, com profunda mágoa, as levianas indelicadezas, se não indignidades, de que se hão servido inimigos, que parecem jactar-se[2] do próprio menosprezo, contra o digno e ilustrado sr. dr. Lins de Vasconcellos.[3] 5

---

1. *A Província de S. Paulo* (SP), Seção Livre, 20 de junho de 1879, p. 2.
2. Gabar-se, vangloriar-se.
3. Luiz de Oliveira Lins de Vasconcellos (1853–1916), nascido em Maceió (AL), foi um advogado, promotor público e político, chegando a exercer a presidência da província do Maranhão (1879–1880). Na advocacia foi um colaborador em diversas demandas de liberdade junto a Luiz Gama, muito embora também tenha atuado, em matéria comercial, no polo oposto de Gama.

Os ataques sorrateiros; as inventivas[4] pungentes; a ofensa ao caráter, sem respeito até à vida íntima de um homem solteiro, até hoje impoluta,[5] não têm sido poupados.

Esquecem-se de que o ódio e a paixão são cegos e têm o dom da ubiquidade...[6]

Agora mesmo, entre os pasquins[7] escritos e verbais que circulam, atinge-se a ponto mais odioso: procura-se envolver nesta cena lamentável, própria das aldeias, e das sociedades viciosas, os nomes de inimigos da vítima, incapazes, pelo seu caráter e critério, de associarem-se a semelhantes desregramentos; e este é o motivo que obriga-me imperiosamente a romper o silêncio diante de fatos tão contristadores[8] que enlutam os corações nobres.

∽

Neste momento (duas e meia horas da tarde) garantem-me que fora demitido do cargo de delegado de polícia da capital, o meu venerando mestre e amigo, o exmo. sr. conselheiro Furtado de Mendonça;[9] e que o fato desta demissão filia-se a outros em que se há envolvido, indébita ou levianamente, o nome do sr. dr. Lins!

Não quero antecipar defesas, se bem que, de modo algum, eu arrecei-me das ocorrências e das suas consequências naturais e, sem fazer a mínima censura ao fato da demissão, que parte do primeiro magistrado da província, perguntarei, apenas, aos velhos, aos dignos, e aos honrados paulistas:

Quem, nesta briosa província, mais se dedicou à causa pública do que o conselheiro Furtado?

Quem melhor defendeu o lar, a segurança e a fortuna dos habitantes desta cidade?

---

4. Invencionices, fantasias.
5. Sem mancha, honesta.
6. Onipresença.
7. Jornal ou panfleto crítico, satírico. Pelo contexto da frase, Gama também a estende para além do texto escrito, incluindo discursos e discussões.
8. Desoladores, que entristecem.
9. Ver n. 7, p. 150.

Quem, com mais segura observância da lei, deu caça aos criminosos e garantiu os interesses dos oprimidos?

Quem, com maior lealdade, tem servido à causa da justiça, sem envolver-se nem prejudicar interesses políticos?

Quem melhor do que ele, ou com maior dedicação e desinteresse, sacrificou a sua saúde e o seu bem-estar no inglório e onerosíssimo serviço da polícia, desde o ano de 1842?...

Diante de certas catástrofes sociais, os patriotas sinceros, consultando a própria consciência, encontram justificação para o quanto veem e contemplam nesta brilhante sentença:

O Estado é como as valas ou as piras dos campos de batalha, onde se enterram ou queimam tanto os corpos dos heróis, como os dos pusilâmines.

São Paulo, 19 de junho de 1879

LUIZ GAMA

Capítulo 10
O antigo soldado presta sua continência
Carta a Francisco Antonio Duarte[1]

Comentário *Curta e direta, a carta pública ao amigo Francisco Duarte tem a grande valia de jogar luz a um dos aspectos pouco conhecidos da vida de Gama: o tempo de quartel, isto é, a carreira militar. A homenagem de Gama, portanto, revela esse traço estruturante de um homem que foi soldado e dizia conservar "certas manias inerentes à farda".*

Meu caro tenente-coronel,

Fui soldado e conservo ainda certas manias inerentes à farda;[2] uma delas é a predileção pelos antigos colegas.

Li nos jornais que fora condecorado com o hábito da imperial ordem da Rosa, como cavalheiro, o cabo de esquadra Francisco Antonio Duarte.

Remeto-vos, com esta carta, uma venera[3] para que o presenteeis com ela.

É uma homenagem que presto ao seu civismo e ao seu nobre caráter.

Vosso amigo obrigadíssimo,
L. GAMA
São Paulo, 3 de julho de 1879

1. *Jornal da Tarde* (SP), Noticiário, 5 de julho de 1879, p. 2. Tiramos da *Tribuna* de hoje: "Nas mãos do exmo. sr. dr. presidente da província prestou ontem juramento de cavalheiro da ordem da Rosa o cabo do corpo de permanentes, Francisco Antonio Duarte, que em Itu defendeu a cadeia do assalto do povo, por ocasião dos acontecimentos daquela cidade, de que os nossos leitores têm notícia. O sr. Luiz Gama brindou o condecorado com a venera da ordem, que lhe pregou ao peito o comandante daquele corpo, enviando com ela a seguinte carta."
2. Aqui Gama revela uma curta e valiosa informação pessoal que, ainda antes da *Carta a Lúcio de Mendonça*, atesta sua formação militar.
3. Insígnia, medalha condecorativa, distintivo de honra.

Capítulo 11

Procurem o Luiz Gama original
Cautela![1]

Comentário *"O artigo é simplesmente saboroso de se ler. O humor finíssimo e os causos que conta merecem ser lidos linha por linha. Um negociante de fora de São Paulo vai até a casa de Luiz Gama para lhe cobrar um certo dinheiro. Lá chegando, estando à presença do líder abolicionista, não o reconhece como Luiz Gama, haja vista ter feito o negócio com outra pessoa que assim se apresentava. "Compreendi então o caso", disse o nosso Luiz Gama, prevenindo o público de que havia um golpe na praça, isto é, de que alguém andava se apresentando como Luiz Gama para assim colher créditos e dinheiro dos desavisados. Aconteceu ao comerciante de Guarulhos, que foi bater à porta de Gama exigindo-lhe o pagamento de uma certa quantia, e a um preso que pedia-lhe um recurso criminal que possibilitaria sua soltura. O arremate certeiro prevenia os inocentes, é verdade, mas atacava o estelionatário, certamente atento aos passos do "Luiz Gama — original".*

Hoje apareceu, em minha casa, à rua do Rosário, nº 10, sobrado, o sr. José Alves Ferreira, residente na Conceição dos Guarulhos, e exigiu a quantia de 240$, importância de um crédito que confiara a Luiz Gama, para cobrar.

Apresentei-me surpreendido, pela novidade, ao sr. Ferreira; e ele mais surpreendido ficou com a minha presença, dizendo que havia tratado com *Luiz Gama*, e não comigo!...

Compreendi então o caso; e fiquei sabendo que, em S. Paulo, há um só Luiz Gama, *em dois volumes*; que eu sou uma entidade dupla; tenho duas formas, dois tamanhos, duas cores e um só nome!

---

1. *Jornal da Tarde* (SP), Ineditoriais, 02 de julho de 1879, p. 2.

Há dias, um preso, na cadeia, agradeceu-me serviços que eu lhe prestara, em uma sua apelação, em razão de uma carta que trouxera-me; e que *há dois meses*, mandara pagar-me os 200$, por mim exigidos!... e pedia-me que desse pronto andamento à sua revista!...[2]

Só então eu tive conhecimento de tal negócio, que havia sido cuidado por *outro Luiz Gama*, que não eu!...

Ora, visto está que um destes dois *volumes é incorreto, clandestino e de falsa erudição*; que pode ir ter a mãos desastradas, que, em momento de cólera, o *desencaderne*; e também pode dar-se o fracasso de, por equívoco, *desencadernado ser bom volume*!...

Peço, pois, às pessoas que tiverem de tratar negócios com Luiz Gama, que sejam cautelosas, que procurem, com cuidado, o verdadeiro, para evitar prejuízos, que lhes poderá causar o falso.

Procurem o Luiz Gama — *original*; porque há, por aí, em cavilosas[3] brumas, um *Luiz Gama — de imitação*...

Eu não tenho agentes; não autorizei pessoa alguma para contratar em meu nome.

São Paulo, 1º de julho de 1879
LUIZ GAMA

---

2. Espécie de recurso, cabível para instâncias superiores, em que se discute divergência de interpretação do direito.
3. Enganosas, fraudulentas.

Bibliografia

ALMEIDA, Candido Mendes de. *Código Filipino, ou, Ordenações e Leis do Reino de Portugal*. Livro II. Rio de Janeiro: Tipografia do Instituto Filomático, 1870.

AMBROSINI, Diego Rafael; SALINAS, Natasha Schmitt Caccia. *Memória do IASP e da advocacia: de 1874 aos nossos dias*. Campinas: Millenium Editora, 2006.

ASHBROOK, William. *Donizetti and his Operas*. Cambridge: Cambridge University Press, 1982.

AZEVEDO, Manoel Mendes da Cunha. *O Código Penal do Império do Brasil*. Recife: Tipografia Comercial de Meira Henriques, 1851.

BORGES, José Ferreira. *Dicionário jurídico-comercial*. Porto: Tipografia de Sebastião José Pereira, 1856.

BREMEU, Antonio Cortez. *Universo jurídico, ou Jurisprudência Universal, Canônica e Cesárea Regulada pelas Disposições de ambos Direitos, Comum e Pátrio*, tomo I. Lisboa: Oficina de Domingos Rodrigues, 1749.

CORRÊA TELLES, José Homem. *Comentário crítico à Lei da Boa Razão*. Lisboa: Tipografia de Maria da Madre de Deus, 1865.

DUMAS, Alexandre. *Dieu Dispose*. Bruxelles: Librairie de C. Muquardt, 1851.

_____. *Le Trou de l'Enfer*. Paris: Michel Lévy Frères Libraires-Éditeurs, 1862.

FILGUEIRAS JUNIOR, Araujo. *Código do Processo do Império do Brasil*, tomo I. Rio de Janeiro: Eduardo & Henrique Laemmert, 1874.

LIMA LOPES, José Reinaldo de. *O Oráculo de Delfos: o Conselho de Estado no Brasil-Império*. São Paulo: Saraiva, 2010.

LOUREIRO, Lourenço Trigo de. *Instituições de Direito Civil Brasileiro*, tomo I. Pernambuco: Tipografia da Viúva Roma & Filhos, 1851.

PERDIGÃO MALHEIRO, Agostinho Marques. *A escravidão no Brasil: ensaio histórico-jurídico-social*, 1ª parte. Rio de Janeiro: Tipografia Nacional, 1866.

PEREIRA E SOUSA, Joaquim José Caetano. *Esboço de um Dicionário Jurídico, Teorético e Prático*. Lisboa: Tipografia Rollandiana, 1825.

PIMENTA BUENO, José Antonio. *Apontamentos sobre o processo criminal brasileiro*. Rio de Janeiro: Imprensa Nacional do Diario, 1857.

_____. *Direito Público Brasileiro e Análise da Constituição do Império*. Rio de Janeiro: Tipografia Imperial e Constitucional de J. Villeneuve e C., 1857.

POTHIER, Robert Joseph. *Le Pandette di Giustiniano*, vol. v. Venezia: Coi Tipi di Antonio Bazzarini e Co, 1835.

REBOUÇAS, Antonio Pereira. *Recordações da vida parlamentar: moral, jurisprudência, política e liberdade constitucional*. Rio de Janeiro: Tipografia Universal de Laemmert, vol. I, 1870.

RIBAS, Antonio Joaquim. *Consolidação das leis do processo civil*, vol. 2. Rio de Janeiro: Dias da Silva Junior, 1879.

SANDARS, Thomas Collet. *The Institutes of Justinian: With English Introduction, Translation, and Notes*. London: Longmans, Green, and Co., 1878.

SAVIGNY, Friedrich von. *Traité de Droit Romain*, tomo IV. Paris: Librairie de Firmin Didot Frère, 1856.

SCHAFER, Judith Kelleher. "Roman Roots of the Louisiana Law of Slavery: Emancipation in American Louisiana, 1803–1857", in: *Louisiana Law Review*, 1996, pp. 409–422.

SHAW, Eyre Massey. *Fire Protection: A Complete Manual of the Organization, Machinery, Discipline, and General Working of the Fire Brigade of London*. London: Charles and Edwin Layton, 1876.

TEIXEIRA DE FREITAS, Augusto. *Consolidação das Leis Civis*, vol. I. Rio de Janeiro: B. L. Garnier, 1876.

TEIXEIRA, Antonio Ribeiro de Liz. *Curso de Direito Civil Português, ou Comentário às Instituições do sr. Paschoal José de Mello Freire sobre o mesmo Direito*. Coimbra: Imprensa da Universidade, 1848.

ZUPPETTA, Louis. *Leçons de métaphysique de la science des lois pénales*. Paris: Joubert, Libraire-Éditeur, 1847.

In memoriam

Devo expressar o meu reconhecimento a mestres que me acolheram, ouviram a minha procura por Luiz Gama, e me deram ideias e instrumentos para buscar a minha *fórmula mágica da paz*. Maria Emília Gomes Barbosa (1922-2006), a minha tia Lula, mãe de santo e então matriarca do Quilombo Brotas, em Itatiba (SP), encorajou os meus primeiros passos no estudo da vida de Gama. No agitado curso das lutas pela titulação da terra quilombola (2002-2005), encampada pela Associação Cultural Quilombo Brotas, de que tenho a honra de ser sócio fundador, desde a assembleia de 23 de março de 2003, tia Lula explicou-me a história da abolição da escravidão no Brasil e acompanhou-me nas primeiras leituras que fiz dos escritos de Gama. Na cidade da Bahia, em 2009, Deoscóredes Maximiliano dos Santos (1917-2013), o saudoso mestre Didi, então sumo sacerdote do culto dos ancestrais nagôs na Bahia e autor do *Yorubá tal qual se fala* (1946), entre outros misteres e sacerdócios, recebeu-me de modo inesquecível no Ilê Axipá e vivamente aconselhou-me, dando-me senhas para tal, a prosseguir com os estudos em Gama. Deraldino Batista Lima (1928-2014), artista plástico fundador da Galeria 13 e zelador da rua do Gravatá, levou-me ao Bângala e contou-me a história de Luiz Gama tal qual falada nos becos e ruas da velha cidade de São Salvador da Bahia de Todos os Santos. Em sua casa, reunimo-nos muitas vezes para celebrar a poesia e a memória de Gama. No Ilê Axé Opô Afonjá, Maria Stella de Azevedo Santos (1925-2018), a nossa querida mãe Stella de Oxóssi, assentou-me no caminho do direito. Guardo comigo, e oxalá cedo revele, palavras suas sobre a vida de Luiz Gama, dos bons tempos em que lia para ela, em sua casa, textos escritos pelo filho de Luiza Mahin. Maria Laís Morgan (1941-2021), professora da Escola de Dança da Universidade Federal da Bahia, esteve presente na minha banca de conclusão de curso em direito, na Universidade do Estado da Bahia, onde apresentei a monografia *Questão jurídica (1880): o pensamento político brasileiro de Luiz Gama*. Naquele 3 de janeiro de 2013, Laís Morgan deu-me título tão importante quanto a aprovação acadêmica, a sua benção de artista. A todos eles, a quem não poderei entregar em mãos essas *Obras Completas*, o meu profundo agradecimento, reconhecimento e votos de paz de espírito na eternidade.

Agradecimentos

Estas *Obras Completas* de Luiz Gama contaram com o apoio decisivo do Instituto Max Planck de História do Direito e Teoria do Direito – Frankfurt am Main, Alemanha. As condições de trabalho excepcionais oferecidas em Frankfurt, notadamente a incrível biblioteca do Instituto, permitiram que eu pudesse me dedicar integralmente ao estudo da obra de Luiz Gama. A par disso, o debate acadêmico de excelência que encontrei no Instituto Max Planck faz com que eu seja devedor às muitas contribuições, críticas, sugestões de colegas e professores do mundo todo, com quem pude aprender e dialogar, e que estão refletidas no método de pesquisa e nos comentários ao texto.

Devo, assim, expressar o mais profundo agradecimento ao professor Thomas Duve, diretor do Instituto Max Planck de História do Direito e Teoria do Direito, e meu orientador de doutorado, que me apoiou desde o primeiro minuto em minhas pesquisas de recuperação e difusão do conhecimento sobre a obra de Luiz Gama. Muito obrigado pela confiança. A combinação rara de seriedade e generosidade intelectual do professor Thomas Duve, que é por todos conhecida, é para mim um exemplo de vida.

Agradeço igualmente ao professor Marcelo Neves, catedrático de Direito Público na Universidade de Brasília, que me convenceu e fez de tudo para que eu prosseguisse com os estudos de Luiz Gama na Alemanha. Sua paixão pela ciência do direito e a sociologia alemã, que o inscreve como extemporâneo discípulo do mestre de todos nós, Tobias Barreto, beneficia quem o cerca, alimenta a chama do conhecimento e dignifica o direito.

Sou grato, também, ao professor Tâmis Parron, do Instituto de História da Universidade Federal Fluminense e do conselho editorial da Hedra, que acompanha essa pesquisa há sete anos e leu rigorosamente todas as linhas destas *Obras Completas*. Todos no Brasil já sabem que o professor Tâmis Parron é um dos maiores historiadores dessa geração. O que talvez ainda não saibam é de seu talento em despertar o que há de melhor dentro do aluno que procura aprender. Por isso, igualmente, devo lhe agradecer.

Ao Jorge Sallum, editor da Hedra, devo também um agradecimento pela confiança e investimento no Projeto Luiz Gama. Desde julho de 2017, tem contribuído com sua leitura crítica e sugestões para a organização dos textos. A visão de longo alcance, mirando a perenidade desta empreitada, sem descurar das minúcias da feitura de cada volume, são atributos que fazem dele um editor raro.

O meu muito obrigado também vai aos colegas historiadores que me receberam tão bem em seus fóruns de debates. Apresentei trechos destas *Obras Completas* em seminários internos no Instituto Max Planck de História do Direito e Teoria do Direito, na Universidade Estadual de Campinas, Universidade de Flensburg, Universidade de Princeton e na Universidade de São Paulo; assim como em congressos temáticos abertos em Bruxelas, Madri e no Rio de Janeiro. Agradeço, então, aos colegas que me convidaram para apresentar nos respectivos espaços, bem como àqueles que discutiram minha pesquisa sobre a obra de Gama, destacadamente, Alain El Youssef; Alec Thompson; Alexandre Rocha da Silva; Ana Carolina Couto Barbosa; Anna Clara Lehmann Martins; Arthur Barrêtto de Almeida Costa; Bruno Tadeu Buonicore; Bruno Fonseca Miranda; Clemente Penna; Constanza Dalla Porta; Damian Gonzales Escudero; David Domínguez Cabrera; Fabiane Bordignon; Felice Physioc; Fernando Liendo Tagle; Gilberto Guerra Pedrosa; João Marcos Mesquita; Jonas Brito; José Evando Vieira de Melo; José Luís Egío Garcia; Karla Escobar; Leonardo Carrilho; Lindener Pareto; Lívia Tiede; Lloyd Belton; Manuel Bastias Saavedra; Marcelo Ferraro; Marco in't Veld; Mariana Armond Dias Paes; Matteo Lazzari; Osvaldo Rodolfo Moutin; Pablo Pryluka; Paulo Henrique Rodrigues Pereira; Maria del Pilar Mejía Quiroga; Marial Iglesias Utset; Pól Moutin; Raquel Sirotti; além dos professores Alejandro de la Fuente; Ana Flávia Magalhães Pinto; Hauke Brunkhorst; Isadora Mota; Manuela Bragagnolo; Maria Pia Guerra; Tâmis Parron; Thomas Duve; e Rebecca Scott.

Porém, mesmo com toda a paciência e generosidade dos mestres e colegas de ofício, estas *Obras Completas* não existiriam se não fossem os funcionários dos arquivos e bibliotecas de obras raras, que me franquearam o acesso aos valiosos originais e à literatura de apoio. Fui atendido com presteza por dezenas e dezenas deles. Mencioná-los todos agora seria impossível porque inevitavelmente eu incorreria em indesculpável omissão de nomes. Agradeço, pois, às instituições arquivísticas pelo cuidado com o acervo e a sempre atenciosa disposição e competência que suas equipes têm em auxiliar o pesquisador. O meu muito obrigado aos funcionários do Acervo Histórico da Assembleia Legislativa do Estado de São Paulo; Arquivo da Cúria Metropolitana de São Paulo; Arquivo Edgard Leuenroth; Arquivo do Estado de São Paulo; Arquivo Geral da Cidade do Rio de Janeiro; Arquivo Geral do Tribunal de Justiça do Estado de São Paulo; Arquivo Histórico de Juiz de Fora; Arquivo Histórico Municipal de São Paulo; Arquivo Histórico Dr. Waldomiro Benedito de Abreu; Arquivo Municipal de Itatiba; Arquivo Nacional; Arquivo Público do Estado da Bahia; Arquivo Público Mineiro; Biblioteca Acadêmico Luiz Viana Filho (Senado Federal); Biblioteca da Faculdade de Direito do Largo de São Francisco; Biblioteca da Faculdade de Direito da Universidade Federal de Pelotas; Biblioteca da Faculdade de Direito da Universidade Federal do Paraná; Biblioteca da Faculdade de Direito da Universidade Federal de Pernambuco; Biblioteca Guita e José Mindlin; Biblioteca Pedro Aleixo (Câmara dos Deputados); Biblioteca Pública do Estado da Bahia; Biblioteca do Supremo Tribunal Federal; Centro Cultural Martha Watts – Espaço Memória Piracicabana; Centro de Memória da Universidade Estadual de Campinas; Fundação Arquivo e Memória de Santos; Fundação Casa de Rui Barbosa; Fundação Biblioteca Nacional; Hemeroteca Roldão Mendes Rosa; e Loja Maçônica Luiz Gama.

Devo, também, uma palavra escrita de agradecimento à minha família. Elaine Aparecida Rodrigues e Helio Martins de Lima, os meus pais, e Daniel Rodrigues de Lima, o meu irmão mais velho, apoiaram incondicionalmente cada passo dessa pesquisa com o entusiasmo e a alegria que sempre fizeram sala em nossa casa. Amigos como Luiz Eduardo Parreiras, Oraida Parreiras, João Acuio, Mariana Campos, Daniel Lerner, Geraldo Figueiredo, Clyde Alafiju Morgan, Diva Maria Martins de Oliveira, José Roberto Barbosa, Jéssica Aparecida Rodrigues, Saulo Miguez, Diogo Miguez e Jaime Miguez estiveram por perto ao longo da preparação das *Obras Completas*; Joel Miguez, amigo e mestre, fez-me ver melhor o quanto Gama andou "fadigado e farto de clamar às pedras, de ensinar justiça ao mundo pecador".

Para Luiza Simões Pacheco, que tanto beneficiou este trabalho com sua diligente revisão e correção textual, a par dos comentários de mérito e estilo, um muito obrigado só não basta: é preciso que eu lhe agradeça mandando "um abraço pra ti, Pequenina, como se eu fosse o saudoso poeta, e fosses a Paraíba".

Índice remissivo

1º Distrito Criminal da comarca da capital, 141
2ª Vara de São Paulo, 105
2º Distrito Criminal da comarca da capital, 136, 141

Abranches, Frederico J. C. de A., 107
Airton, Emilio, 216
Alexandria, Euclides de, 294
alfândega de Santos, 159, 162, 168, 172, 174–176, 179, 185, 189, 224, 236, 247, 261, 264, 266, 270, 278, 279, 293, 294, 296
Almeida, José Pedro de, 309, 310, 312
Amarante, Carvalho, 153, 154
América, 346
Andrada, Martim Francisco R. de, 106
Andrade, Francisco Justino Gonçalves de, 106, 312
Andrade, Justino de, 313
Andrade, Sebastião Carlos Navarro de, 218, 220, 225, 257, 287
Anotações ao Código Criminal, 131
Apontamentos jurídicos, 94
Apontamentos sobre o processo criminal brasileiro, 133, 304
Aquilino, 154
Araraquara, 63, 65, 66, 260
Araripe, Tristão de Alencar, 75
Argos Panoptes, 261
Arruda, Antonio Benedicto de Campos, 299
Assembleia Geral, 129
Assis, Antonio Justino de, 176, 259, 263, 279, 289, 291
Azevedo, Manuel Antonio Duarte de, 223
Azevedo, Pedro Vicente de, 107
Azevedo, Thomaz Antonio de, 193

Babel judiciária, 79, 100
Bagé, 304, 307, 308
Bandeira, Antonio Francisco, 220, 222
Baptista, Dias, 151
Barbosa, Clímaco, 341
Barca, Aníbal, 242
Barreto, Candido Pereira, 312
Barros, Luiz Antonio de, 225, 229
Benevides, José Maria Corrêa de Sá e, 106
Bezamat, Alberto, 292, 295
Bhering, Lucas Ribeiro, 224, 230, 238
Bonifácio, José, 106, 326, 327, 329, 331
Bremeu, António Cortez, 93
Brito, Laurindo Abelardo de, 107, 112, 118
Brito, Luiz Barbosa Accioli de, 159, 180, 191, 234, 235, 247, 265
Brito, Manoel Augusto de M., 107

Bueno, Antonio D. da. C., 150
Bueno, Antonio Dino da Costa, 107
Bueno, J. B. da Silva, 217
Bueno, José Antonio Pimenta, 126, 133, 223, 304
Bueno, João Alves de Siqueira, 107

Caballero, José, 221
Calafate, 294
Camargo, Hyppolito de, 311, 313
Camargo, Joaquim Augusto de, 107, 311, 313
Campos, Américo Brazilio de, 133, 143
Campos, José Emílio Ribeiro, 177, 183, 188, 265–267, 282
Capão, Bernardo Marques, 110–112, 117
Carneiro, Borges, 98
Carrão, João da Silva, 107
Carvalho, Arthur de, 107
Carvalho, Joaquim José Vieira de, 107
Carvalho, Leoncio de, 106
Carvalho, Paulo Egydio de Oliveira, 107
Castro, Moyses de, 237
Castro, Olegário Herculano de Aquino e, 64, 75
Chaves, M. C. Quirino, 150
Chicherio, Carlos, 110
Chubbs & Son, 284
Coelho, José Fernandes, 107
Comentário à Lei da Boa Razão, 67
Comissão Popular, 347, 348
Companhia de Navegação Paulista, 291
Conceição dos Guarulhos, 357
Conselho do Estado, 127
Consolidação das Leis Civis, 69, 96

Constituição, 66, 128–130, 318
Constituição Política do Império, 74, 76, 82, 83, 90, 91, 141, 334
Convenção Nacional, 344
Corifeus, 345
Coroa, 71, 345
Costa, Antonio Paes da, 193
Costa, João Alberto Casimiro da, 224
Costa, Moyses Rodrigues de Araujo, 216, 221
Couto, Manoel de Jesus, 288
Cristo, 344
Cunha, Joaquim Fernandes da, 151, 152
Cunha, M. da, 131
Cunha, Tito Antonio da, 331
Câmara Municipal, 238
Código Criminal, 91, 113–115, 117, 123, 131, 132, 137–140, 173, 187, 264, 281
Código da Louisiana, 96
Código das Duas Sicílias, 114
Código de Processo Criminal, 134, 136, 141, 170, 187
Código Filipino, 67, 68, 74, 77, 81, 84, 89, 94, 95, 98, 129, 130, 276

Direito Civil, 82, 90, 98
Direito Público Brasileiro, 125, 126
Duarte, Francisco Antonio, 355
Dulcamara, 271, 295
Dumas, Alexandre, 152

Esboço de um Dicionário Jurídico, Teorético e Prático, 327
Estado, 80, 83–85, 163, 353
Estados Unidos, 346

Europa, 100, 255, 346

Faria, José Francisco de, 64, 159
Ferraz, Antonio Januario Pinto, 107
Ferreira, José Alves, 357
fio de Ariadne, 182
Fonseca, Antonio Clemente da, 193
Forjaz, Manoel Geraldo, 221, 288
Forjaz, Theodoro de Menezes, 221
França, 344
Freitas, Augusto Teixeira de, 96

Gad, Adolpho, 341
Galvão, Luiz Manoel de Albuquerque, 193, 216, 224, 227, 228, 236, 247, 277, 294
Gama, Agostinho Luiz da, 75, 154, 158, 265
Gazeta Jurídica, 69, 172, 174
Gelb, Samuel, 152
governo, 69, 71, 72, 83, 128, 136, 182, 214, 215, 237, 244, 257, 260, 261, 295, 335, 348

Herstzberg, Frederico Guilherme, 206
Hobbs & Co., 211, 284
Hotel Central, 229

Ilíada, 345
Império, 71, 77, 79, 148, 334, 345
Instituições de Direito Civil Brasileiro, 95
Instituições de Direito Civil Português, 327

Jardim, Antonio A. de Bulhões, 106
Jesus, Antonio de Padua do Coração de, 217, 230, 251, 283

Junqueiro, Abílio Manuel Guerra, 343
Justiniano I, 94
Justiniano I, 88–90, 92
Juízo Municipal de Santos, 235
Júnior, Antonio Cerqueira Lima, 64

Kronlsin, Guilherme, 222, 258
Kroulein, Guilherme, 277

Largacha, Antonio Eustachio, 158, 172, 176, 181, 182, 186, 187, 192, 205, 214, 216, 218, 219, 224–229, 238, 239, 241, 256, 258, 262, 277, 279, 282, 286, 295
Lavater, Johann Kaspar, 301
Lebre, Joaquim Lopes, 347
legislação
    Acórdão da Relação da Corte de 20 de outubro de 1872, 92
    Acórdão da Relação da Corte de 21 de outubro de 1848, 89
    Acórdão da Relação da Corte de 23 de junho de 1873, 92, 97
    Acórdão da Relação da Corte de 24 de abril de 1847, 89
    Acórdão da Relação da Corte de 29 de fevereiro de 1848, 89
    Acórdão da Relação de Porto Alegre, 69
    Acórdão de 15 de setembro de 1865, 128
    Acórdão de 19 de outubro de 1877, 191, 192, 230, 234, 260, 262

Acórdão de 20 de março de 1874, 85
Acórdão de 22 de agosto de 1848, 125
Acórdão de 9 de março de 1849, 126
Acórdão do Supremo Tribunal de Justiça de 20 de dezembro de 1873, 89
Acórdão do Supremo Tribunal de Justiça de 29 de outubro de 1864, 92
Acórdão do Supremo Tribunal de Justiça de 5 de fevereiro de 1850, 89
Acórdão do Tribunal da Relação do Recife de 5 e 8 de abril de 1862, 138
Alvará 2º de 16 de janeiro de 1773, 94
Alvará de 17 de outubro de 1768, 129
Alvará de 28 de junho de 1808, 162, 163, 186, 264
Apelação nº 428 de 1877, 172, 174
Assento 3º de 9 de abril de 1772, 79, 91
Assento de 16 de novembro de 1700, 79, 91, 129, 141
Aviso de 15 de janeiro de 1851, 125, 127
Aviso de 21 de junho de 1877, 128
Aviso nº 262 de agosto de 1857, 128
Aviso nº 83 de 6 de fevereiro de 1866, 127
Aviso nº 97 de 6 de abril de 1872, 69

Decreto de 12 de abril de 1832, 80
Decreto de 14 de outubro de 1850, 81
Decreto de 15 de março de 1842, 64, 67
Decreto de 5 de dezembro de 1849, 162, 164, 166, 172, 186, 187, 264, 289
Decreto nº 4.824 de 22 de novembro de 1871, 130, 135, 141, 231, 232, 278, 305
Decreto nº 2.647 de 19 de setembro de 1860, 218
Decreto nº 4.835 de 1º de dezembro de 1871, 80
Decreto nº 5.467 de 12 de novembro de 1873, 64, 66, 67, 70, 71
Decreto nº 6.272 de 2 de agosto de 1876, 218
Lei 30 de julho de 1609, 84, 94
Lei de 10 de março de 1682, 81
Lei de 12 de maio de 1840, 130
Lei de 16 de janeiro de 1756, 94
Lei de 18 de agosto de 1769, 91, 98
Lei de 20 de outubro de 1823, 71, 77, 79
Lei de 20 de setembro de 1830, 124, 125, 128, 130, 141
Lei de 28 de outubro de 1848, 164, 165, 186, 264
Lei de 28 de setembro de 1871, 74, 76, 79, 89

Lei de 29 de novembro de
    1753, 91
Lei de 4 de outubro de 1831,
    162
Lei de 4 de setembro de
    1850, 81
Lei de 6 de julho de 1755,
    91, 94
Lei de 7 de novembro de
    1831, 80
Lei Eusébio de Queiroz *cf.*
    Lei de 4 de setembro
    de 1850
Lei nº 2.033 de 20 de setembro de 1871, 68, 159,
    170, 173, 233, 304, 312
Lei nº 2.040 de 28 de setembro de 1871, 80, 95
Lei nº 261 de 3 de dezembro
    de 1841, 141
Ordem de 20 de março de
    1876, 289
Parecer de 8 de novembro
    de 1855, 94
Regulamento de 1873, 69
Regulamento nº 120 de 31
    de janeiro de 1842,
    141, 233, 234, 290
Regulamento nº 5.135 de 13
    de novembro de 1872,
    79
Resolução de 3 de
    novembro de 1792, 67
Lima e Barbosa, 96
Lima, João A. Ribeiro de, 123
Lima, João Baptista de, 263, 279
Lima, Leopoldo da Camara, 228
Lisboa, José Maria, 134, 347
Londres, 255
Loureiro, F. H. Trigo de, 150
Loureiro, Lourenço Trigo de, 95
Luís XVI, 344
Lyrio, J. Moreira, 150

Machado, E. de Oliveira, 150
Maia, Manoel José, 348
Malheiros, Perdigão, 97, 99
Marques, José Candido de
    Azevedo, 106
Martins, Gaspar da Silveira, 295
Mato Grosso, 324
Mattos, Victorino José de, 224
Mello, Bellarmino Peregrino da
    Gama e, 105, 148
Mendonça, Maria de Sousa
    Furtado de, 150, 227,
    244, 294, 352
Metaphysica da Sciencia das leis
    criminais, 114
Ministério da Fazenda, 162, 309,
    312
Ministério Público, 181
Mittermaier, Carl Joseph Anton,
    180

Nothmann, Victor, 223
Nottron, Henrique, 284
nó górdio, 127

Octavio, João Franco de Moraes,
    309, 311, 312
Oliveira, Francisco Aldo de, 301,
    303, 307, 308
Oliveira, José Rubino de, 107
ordem da Rosa, 355
Ordenações, 71, 84, 94, 97, 98,
    129, 130, 141, 276

Pandectas, 93, 99
Partido Republicano, 335, 345
paróquia da Sé, 136, 141
Pedro Augusto Pereira da Cunha,
    228
Pereira, José Theodoro dos Santos,
    227
Pereira, Sebastião José, 131, 144,
    294

Pestana, Francisco Rangel, 134, 135, 143
Pestana, Tiburtino Mondim, 219, 220
Pinho, Antonio Joaquim de, 220, 222, 237
Pirassununga, 302, 303, 306
Poder Executivo, 66, 71, 72, 125, 127, 187, 281
Poder Judiciário, 72, 162, 186
Poder Legislativo, 81, 129, 130
Porto Alegre, 65
Portugal, 78, 85, 100, 348
Pothier, Robert Joseph, 93, 99
Promotoria de Santos, 235
Promotoria Pública, 207, 211, 240

Ramalho, Joaquim Ignacio, 106, 312
Rebouças, Antonio Pereira, 327
Rei, 85, 344, 345
Repertório das Ordenações e Leis do Reino de Portugal, 78, 95
República, 333, 344, 345
Revista Industrial – Turim, 255
Ribeiro, Antonio Luiz, 282
Ribeirão Preto, 309, 311
Rio Claro, 278
Rio da Prata, 219
Rio de Janeiro, 217, 226, 227, 254, 258
Rio Grande do Sul, 225
Rocha, Antonio Candido da, 180
Rosa, João R. da. F., 150
rua Direita, 151
rua do Rosário, 357
Rêgo, Marcellino Pinto do, 271

S. M. El-Rei de Portugal, 348
S. Vicente, Marquês de, 126, 223
Sampaio, Antonio Moreira, 193
Santo Antonio da Patrulha, 65, 72

Santos, 151, 158, 169, 170, 181, 182, 214, 217, 219, 224, 226, 229, 230, 235, 238–241, 243, 251, 254, 257–259, 262, 277, 278, 282, 292, 295
Santos, José Norberto do, 75
Savigny, Friedrich Carl von, 93, 96
Serafins, 345
Serva, Jayme Soares, 341, 349
Silva, Antonio Carlos Ribeiro de Andrada Machado e, 101, 106
Silva, Candido Justiniano, 123, 143
Silva, Vicente Ferreira da, 65, 107
Silveira, Nicolau Ignacio da, 193
Sistema de Direito Romano atual, 88, 93, 96
Soares, Caetano Alberto, 88, 94
Souza, Antonio Proost de, 224
Souza, Benedicto José de, 217, 230, 283
Souza, Joaquim José Caetano Pereira e, 327
Superior Tribunal, 139
Sydow, Adolpho, 206, 252, 267, 269, 273
São Pedro do Rio Grande do Sul, 307
São Vicente, 286

Tal, Custodio de, 221, 256
Telles, José Homem Corrêa, 67
Teseu, 244
Tesouraria da Fazenda, 234, 238
Tesouro Público Nacional, 261
Themistas, 127
Thiers, Adolphe, 345
travessa do Rosário, 271

Tribunal da Relação, 65, 73, 87, 88, 110, 112, 113, 153, 158, 159, 162, 170–173, 175, 176, 179–181, 185, 187, 189, 191, 192, 234, 259, 281, 302, 307
Tribunal da Relação da Corte, 79, 85, 97, 127, 172, 174
Tribunal da Relação de Pernambuco, 125
Tribunal da Relação de Porto Alegre, 72
Tribunal da Relação de São Paulo, 66, 109, 186, 310
Tribunal do Júri, 124, 128, 260
Tribunal do Tesouro Público Nacional, 159, 162, 164–168, 264, 289
Turquia, 344

Uchôa, Ignacio José de Mendonça, 159, 181, 265

Valle, Manoel Antonio Ferreira do, 348

Vasconcellos, Luiz de Oliveira Lins de, 351, 352
Vasconcellos, Victor Telles de Rebello e, 148, 149, 151, 153
Velloso, Antonio Bernardino, 309, 312
Verny, Esprik de, 148, 149
Versalhes, 344
Vicori, Carlos, 110–112
Vicori, Julio, 110–112
Victoria da França, 343
Villaça, Joaquim Pedro, 65, 181, 265
Vincent, Henrique Antonio Barnabé, 107, 148, 150

Washington, George, 345
Wright, Henrique, 225, 229, 230
Wursten, Rodolpho, 216, 220, 228, 240, 256–258
Wynem, Leonce, 220

Xavier, João Theodoro, 106

Zuppetta, Luigi, 114

COLEÇÃO HEDRA

1. *Iracema*, Alencar
2. *Don Juan*, Molière
3. *Contos indianos*, Mallarmé
4. *Auto da barca do Inferno*, Gil Vicente
5. *Poemas completos de Alberto Caeiro*, Pessoa
6. *Triunfos*, Petrarca
7. *A cidade e as serras*, Eça
8. *O retrato de Dorian Gray*, Wilde
9. *A história trágica do Doutor Fausto*, Marlowe
10. *Os sofrimentos do jovem Werther*, Goethe
11. *Dos novos sistemas na arte*, Maliévitch
12. *Mensagem*, Pessoa
13. *Metamorfoses*, Ovídio
14. *Micromegas e outros contos*, Voltaire
15. *O sobrinho de Rameau*, Diderot
16. *Carta sobre a tolerância*, Locke
17. *Discursos ímpios*, Sade
18. *O príncipe*, Maquiavel
19. *Dao De Jing*, Lao Zi
20. *O fim do ciúme e outros contos*, Proust
21. *Pequenos poemas em prosa*, Baudelaire
22. *Fé e saber*, Hegel
23. *Joana d'Arc*, Michelet
24. *Livro dos mandamentos: 248 preceitos positivos*, Maimônides
25. *O indivíduo, a sociedade e o Estado, e outros ensaios*, Emma Goldman
26. *Eu acuso!*, Zola | *O processo do capitão Dreyfus*, Rui Barbosa
27. *Apologia de Galileu*, Campanella
28. *Sobre verdade e mentira*, Nietzsche
29. *O princípio anarquista e outros ensaios*, Kropotkin
30. *Os sovietes traídos pelos bolcheviques*, Rocker
31. *Poemas*, Byron
32. *Sonetos*, Shakespeare
33. *A vida é sonho*, Calderón
34. *Escritos revolucionários*, Malatesta
35. *Sagas*, Strindberg
36. *O mundo ou tratado da luz*, Descartes
37. *O Ateneu*, Raul Pompeia
38. *Fábula de Polifemo e Galateia e outros poemas*, Góngora
39. *A vênus das peles*, Sacher-Masoch
40. *Escritos sobre arte*, Baudelaire
41. *Cântico dos cânticos*, [Salomão]
42. *Americanismo e fordismo*, Gramsci
43. *O princípio do Estado e outros ensaios*, Bakunin
44. *O gato preto e outros contos*, Poe
45. *História da província Santa Cruz*, Gandavo
46. *Balada dos enforcados e outros poemas*, Villon
47. *Sátiras, fábulas, aforismos e profecias*, Da Vinci
48. *O cego e outros contos*, D.H. Lawrence
49. *Rashômon e outros contos*, Akutagawa
50. *História da anarquia (vol. 1)*, Max Nettlau
51. *Imitação de Cristo*, Tomás de Kempis
52. *O casamento do Céu e do Inferno*, Blake
53. *Cartas a favor da escravidão*, Alencar
54. *Utopia Brasil*, Darcy Ribeiro

55. *Flossie, a Vênus de quinze anos*, [Swinburne]
56. *Teleny, ou o reverso da medalha*, [Wilde et al.]
57. *A filosofia na era trágica dos gregos*, Nietzsche
58. *No coração das trevas*, Conrad
59. *Viagem sentimental*, Sterne
60. *Arcana Cœlestia e Apocalipsis revelata*, Swedenborg
61. *Saga dos Volsungos*, Anônimo do séc. XIII
62. *Um anarquista e outros contos*, Conrad
63. *A monadologia e outros textos*, Leibniz
64. *Cultura estética e liberdade*, Schiller
65. *A pele do lobo e outras peças*, Artur Azevedo
66. *Poesia basca: das origens à Guerra Civil*
67. *Poesia catalã: das origens à Guerra Civil*
68. *Poesia espanhola: das origens à Guerra Civil*
69. *Poesia galega: das origens à Guerra Civil*
70. *O chamado de Cthulhu e outros contos*, H.P. Lovecraft
71. *O pequeno Zacarias, chamado Cinábrio*, E.T.A. Hoffmann
72. *Tratados da terra e gente do Brasil*, Fernão Cardim
73. *Entre camponeses*, Malatesta
74. *O Rabi de Bacherach*, Heine
75. *Bom Crioulo*, Adolfo Caminha
76. *Um gato indiscreto e outros contos*, Saki
77. *Viagem em volta do meu quarto*, Xavier de Maistre
78. *Hawthorne e seus musgos*, Melville
79. *A metamorfose*, Kafka
80. *Ode ao Vento Oeste e outros poemas*, Shelley
81. *Oração aos moços*, Rui Barbosa
82. *Feitiço de amor e outros contos*, Ludwig Tieck
83. *O corno de si próprio e outros contos*, Sade
84. *Investigação sobre o entendimento humano*, Hume
85. *Sobre os sonhos e outros diálogos*, Borges | Osvaldo Ferrari
86. *Sobre a filosofia e outros diálogos*, Borges | Osvaldo Ferrari
87. *Sobre a amizade e outros diálogos*, Borges | Osvaldo Ferrari
88. *A voz dos botequins e outros poemas*, Verlaine
89. *Gente de Hemsö*, Strindberg
90. *Senhorita Júlia e outras peças*, Strindberg
91. *Correspondência*, Goethe | Schiller
92. *Índice das coisas mais notáveis*, Vieira
93. *Tratado descritivo do Brasil em 1587*, Gabriel Soares de Sousa
94. *Poemas da cabana montanhesa*, Saigyō
95. *Autobiografia de uma pulga*, [Stanislas de Rhodes]
96. *A volta do parafuso*, Henry James
97. *Ode sobre a melancolia e outros poemas*, Keats
98. *Teatro de êxtase*, Pessoa
99. *Carmilla — A vampira de Karnstein*, Sheridan Le Fanu
100. *Pensamento político de Maquiavel*, Fichte
101. *Inferno*, Strindberg
102. *Contos clássicos de vampiro*, Byron, Stoker e outros
103. *O primeiro Hamlet*, Shakespeare
104. *Noites egípcias e outros contos*, Púchkin
105. *A carteira de meu tio*, Macedo
106. *O desertor*, Silva Alvarenga
107. *Jerusalém*, Blake
108. *As bacantes*, Eurípides
109. *Emília Galotti*, Lessing
110. *Contos húngaros*, Kosztolányi, Karinthy, Csáth e Krúdy
111. *A sombra de Innsmouth*, H.P. Lovecraft

112. *Viagem aos Estados Unidos*, Tocqueville
113. *Émile e Sophie ou os solitários*, Rousseau
114. *Manifesto comunista*, Marx e Engels
115. *A fábrica de robôs*, Karel Tchápek
116. *Sobre a filosofia e seu método — Parerga e paralipomena (v. II, t. I)*, Schopenhauer
117. *O novo Epicuro: as delícias do sexo*, Edward Sellon
118. *Revolução e liberdade: cartas de 1845 a 1875*, Bakunin
119. *Sobre a liberdade*, Mill
120. *A velha Izerguil e outros contos*, Górki
121. *Pequeno-burgueses*, Górki
122. *Um sussurro nas trevas*, H.P. Lovecraft
123. *Primeiro livro dos Amores*, Ovídio
124. *Educação e sociologia*, Durkheim
125. *Elixir do pajé — poemas de humor, sátira e escatologia*, Bernardo Guimarães
126. *A nostálgica e outros contos*, Papadiamántis
127. *Lisístrata*, Aristófanes
128. *A cruzada das crianças/ Vidas imaginárias*, Marcel Schwob
129. *O livro de Monelle*, Marcel Schwob
130. *A última folha e outros contos*, O. Henry
131. *Romanceiro cigano*, Lorca
132. *Sobre o riso e a loucura*, [Hipócrates]
133. *Hino a Afrodite e outros poemas*, Safo de Lesbos
134. *Anarquia pela educação*, Élisée Reclus
135. *Ernestine ou o nascimento do amor*, Stendhal
136. *A cor que caiu do espaço*, H.P. Lovecraft
137. *Odisseia*, Homero
138. *O estranho caso do Dr. Jekyll e Mr. Hyde*, Stevenson
139. *História da anarquia (vol. 2)*, Max Nettlau
140. *Eu*, Augusto dos Anjos
141. *Farsa de Inês Pereira*, Gil Vicente
142. *Sobre a ética — Parerga e paralipomena (v. II, t. II)*, Schopenhauer
143. *Contos de amor, de loucura e de morte*, Horacio Quiroga
144. *Memórias do subsolo*, Dostoiévski
145. *A arte da guerra*, Maquiavel
146. *O cortiço*, Aluísio Azevedo
147. *Elogio da loucura*, Erasmo de Rotterdam
148. *Oliver Twist*, Dickens
149. *O ladrão honesto e outros contos*, Dostoiévski
150. *O que eu vi, o que nós veremos*, Santos-Dumont
151. *Sobre a utilidade e a desvantagem da história para a vida*, Nietzsche
152. *Édipo Rei*, Sófocles
153. *Fedro*, Platão
154. *A conjuração de Catilina*, Salústio

«SÉRIE LARGEPOST»

1. *Dao De Jing*, Lao Zi
2. *Cadernos: Esperança do mundo*, Albert Camus
3. *Cadernos: A desmedida na medida*, Albert Camus
4. *Cadernos: A guerra começou...*, Albert Camus
5. *Escritos sobre literatura*, Sigmund Freud
6. *O destino do erudito*, Fichte
7. *Diários de Adão e Eva*, Mark Twain

8. *Diário de um escritor (1873)*, Dostoiévski

«SÉRIE SEXO»

1. *A vênus das peles*, Sacher-Masoch
2. *O outro lado da moeda*, Oscar Wilde
3. *Poesia Vaginal*, Glauco Mattoso
4. *Perversão: a forma erótica do ódio*, Stoller
5. *A vênus de quinze anos*, [Swinburne]
6. *Explosao: romance da etnologia*, Hubert Fichte

COLEÇÃO «QUE HORAS SÃO?»

1. *Lulismo, carisma pop e cultura anticrítica*, Tales Ab'Sáber
2. *Crédito à morte*, Anselm Jappe
3. *Universidade, cidade e cidadania*, Franklin Leopoldo e Silva
4. *O quarto poder: uma outra história*, Paulo Henrique Amorim
5. *Dilma Rousseff e o ódio político*, Tales Ab'Sáber
6. *Descobrindo o Islã no Brasil*, Karla Lima
7. *Michel Temer e o fascismo comum*, Tales Ab'Sáber
8. *Lugar de negro, lugar de branco?*, Douglas Rodrigues Barros

COLEÇÃO «ARTECRÍTICA»

1. *Dostoiévski e a dialética*, Flávio Ricardo Vassoler
2. *O renascimento do autor*, Caio Gagliardi

Adverte-se aos curiosos que se imprimiu este livro na gráfica Meta Brasil, em 14 de agosto de 2023, em papel pólen soft, em tipologia Minion Pro e Formular, com diversos sofwares livres, entre eles LaTeX & git.
(v. cf2d232)